# Handbuch
# Medienarbeit

# Handbuch Medienarbeit

## Medienanalyse
## Medieneinordnung
## Medienwirkung

Herausgegeben vom Projekt-Team
Gerd Albrecht, Ulrich Allwardt
Peter Uhlig, Erich Weinreuter

Mit Beiträgen von
Gerd Albrecht, Tilman Ernst
Martin Lenk, Rainer Salm
Bernd Schorb

Leske Verlag + Budrich GmbH, Opladen 1979

CIP- Kurztitelaufnahme der Deutschen Bibliothek

**Handbuch Medienarbeit:** Analyse, Einordnung, Wirkung / Hrsg.: Gerd Albrecht ... Mit Beitr. von: Gerd Albrecht ... – Leverkusen: Leske und Budrich, 1979.
ISBN 3-8100-0247-X

NE: Albrecht, Gerd [Hrsg.]

© by Leske Verlag + Budrich GmbH, Opladen
Satz: G. Beermann, Leverkusen 3
Druck und Verarbeitung: Hain-Druck KG, Meisenheim
Printed in Germany

# Zu diesem Buch

Medien, insbesondere die AV-Medien Film und Fernsehen, pädagogisch nutzbar zu machen, ist ein naheliegender und deswegen kein neuer Gedanke, und es ist in dieser Hinsicht schon manches unternommen worden. Aber zum einen verändern sich die qualitativen Bedingungen dafür – weil Sozial- und Erziehungswissenschaften neue Vorgaben liefern –, und zum anderen auch die quantitativen, weil wir uns einem wahrhaft massenhaften Ansturm von AV-Massenmedien gegenübersehen. Wer heute mit pädagogischer Verantwortung im Medienbereich arbeitet, empfindet mit Bedrückung das Mißverhältnis zwischen dem Medienangebot einerseits und der oft geringen Kompetenz des Publikums, damit fertigzuwerden, andererseits. Dabei muß man wohl unter Publikum nicht nur die „Endverbraucher", sondern auch die „Mittler", also die Pädagogen und in vieler Hinsicht auch die „Macher" selbst verstehen.
Die Herausgeber dieses Buches – tätig in verschiedenen Institutionen (Institut für Medienforschung, Köln; Bundeszentrale für politische Bildung, Bonn; Landeszentrale für politische Bildung, Baden-Württemberg; Landesbildstelle Württemberg) – hatten unabhängig voneinander diese Rechnung aufgemacht, dieselbe Bedrückung empfunden und – gemeinsam – den Beschluß gefaßt, etwas zu tun. Sie entwickelten ein Projekt der Qualifizierung von „Mediatoren", also von Vermittlern zwischen Medien und Endverbrauchern: Einsetzer von Medien – Lehrer, Erwachsenenbildner, Mitarbeiter der außerschulischen Jugendarbeit – und Berater für den Medieneinsatz – AVBerater, Bildstellenleiter –, sollen über ein System von Fortbildungsveranstaltungen mit Möglichkeiten vetraut gemacht werden, AV-Medien kundiger, also effektiver einzusetzen. Darüber hinaus aber sollen sie in den Stand gesetzt werden, ihrerseits derartige Veranstaltungen durchzuführen. Dafür bedurfte es einer gedanklichen und organisatorischen Konzeption und entsprechend eingerichteten Arbeitsmaterials.
Ein erster „Testlauf" fand statt, an dem Direktoren von Landesbildstellen, Produzenten, AV-Experten und – als eine Art „Vorhut" – Kreisbildstellenleiter eine Woche lang Methoden zur erweiterten qualitativen Nutzung audiovisueller Angebote kennenlernen und diskutieren konnten.

Mit der inhaltlich-organisatorischen Gliederung des Seminars in Themenbereiche/Arbeitsgruppen „Medienanalyse", „methodisch-didaktische Medieneinordnung", „Medienwirkung" ergab sich die Grundanlage dieses Buches. Eine erste schriftliche Fassung über die Referentenpapiere hinaus entstand im Anschluß an eine Seminarveranstaltung vom Dezember 1977, die nach dem Tagungsort die Bezeichnung „Ludwigshafen I" erhielt und darunter in die „Geschichte" des Projekts eingegangen ist, und auf der erstmalig der Teilnehmerkreis real der Zielsetzung der Initiatoren entsprach.

Auf zwei weiteren Seminarveranstaltungen wurden die Arbeitspapiere erprobt und erfuhren aufgrund der Anregungen durch die Teilnehmer und die Arbeitserfahrungen zahlreiche Veränderungen. So entstand die hier im Druck vorgelegte „vorläufig endgültige" Form. Ihre Endgültigkeit ist technischer Natur. Ihre Vorläufigkeit begründet sich in der Hoffnung der Projektinitiatoren und Herausgeber dieses Buches, möglichst viele weitere Erfahrungen vom Umgang mit Material und Konzeption und damit Anregungen zur Verbesserung mitgeteilt zu bekommen.

Dieses Buch ist also zugleich Produkt und Instrument des Fortbildungsprojekts. Gerade aber die Praxiserprobung hat schließlich zu einer Gestalt geführt, die auch denjenigen Leser Nutzen daraus gewinnen läßt, der nicht selbst an den Veranstaltungen teilnehmen kann.

Die erläuterten Instrumente zur Medienanalyse, zur pädagogischen Einordnung von Medien und zur — vorsichtigen und bescheidenen — Bestimmung ihrer vermuteten Wirkung sollen insgesamt die Praxis des Medieneinsatzes verbessern helfen. Dies wird umso besser gelingen, je vertrauter der Leser mit ihnen geworden ist. Optimal wäre es demnach, wenn die vermittelten Betrachtungs- und Beurteilungsverfahren dem Leser „in Fleisch und Blut" übergingen, ohne daß er freilich seine kritische Distanz dazu aufgäbe. (Der routinierte Autofahrer achtet ja auf die Vorfahrt auch „automatisch" *und* zugleich bewußt.) Das erfordert Übung durch Anwendung, verheißt aber dem Geduldigen, daß er hinsichtlich der Lerneffekte beim Medieneinsatz über Zufälligkeiten hinausgelangt.

Analyse, Einordnung und Wirkungsmessung sind gedankliche Differenzierungen eines einheitlichen Gegenstandes. Daher kann es dafür keine zwingende Reihenfolge geben; weder das Medium, noch die Anwendung der Instrumente selbst bestimmen sie. Der Anwender selbst hat die Reihenfolge in der Hand; er wird sie nach seinen jeweiligen pädagogischen Zielsetzungen und nach den gegebenen äußeren Bedingungen festlegen.

Aus der Erprobung des Materials heraus ergaben sich einige Erweiterungsbedürfnisse für die Buchversion: das Glossar, Erläuterungen zur Filmsprache und — als Kopier- und Einsatzmaterial — die verschiedenen Fragebogen als lose Beigabe in der Tasche auf dem hinteren Einbanddeckel.

Die Praktiker haben's so gewollt. Es möge der Praxis nutzen!

Das Projekt-Team

# Inhalt

Vorwort .................................................... 5

*Gerd Albrecht*
Filmanalyse ................................................ 9
A. Ziele .................................................. 12
B. Fragestellungen ....................................... 15
   I. Gesellschaftsbezug (pragmatisch akzentuiert) ........... 16
   II. Wirklichkeitsbezug (semantisch akzentuiert) ........... 18
   III. Geschehen (syntaktisch akzentuiert) .................. 20
C. Verfahren ............................................. 24
D. Arbeitsgrundsätze ..................................... 27
E. Individualanalysen .................................... 29
Anmerkungen zur Filmanalyse .............................. 32
Literatur ................................................ 40
Texte zum Thema .......................................... 43

*Bernd Schorb*
Pädagogische Einordnungsverfahren für Medien .............. 87
Thesen zur pädagogischen Einordnung von Medien ............ 91
Technische und inhaltliche Matrix zum Medieneinsatz ....... 94
   1. Technische Matrix ................................... 94
   2. Inhaltliche Matrix ................................. 102
Dokumentation: Medienpädagogische Einordnungsverfahren ... 108

*Tilman Ernst / Martin Lenk*
Filmwirkung .............................................. 151
Warum Wirkungsmessung? ................................... 153
Was ist Wirkung? ......................................... 157
Wirkungsebenen ........................................... 163
Schaubild für Wirkung, Ansätze für Wirkung;
   Interessen und Bereiche .............................. 165
Wie mißt man Wirkung? .................................... 166
Unser Ansatz ............................................. 179

Einsatz des Fragebogens . . . . . . . . . . . . . . . . . . . . . . . . . . . . . . . . 185
Verwertung der Ergebnisse . . . . . . . . . . . . . . . . . . . . . . . . . . . . . 187

Anhang . . . . . . . . . . . . . . . . . . . . . . . . . . . . . . . . . . . . . . . . . . . 189
*Gerd Albrecht*
Wichtige Elemente der Filmsprache . . . . . . . . . . . . . . . . . . . . . . . 191
Anleitung zur Inhaltsanalyse von Filmen und
Fernsehsendungen (Kurzfassung) . . . . . . . . . . . . . . . . . . . . . . . . 196

*Rainer Salm*
Glossar wichtiger medien-pädagogischer Begriffe . . . . . . . . . . . . . . 204

Fragebogen . . . . . . . . . . . . . . . . . . . . . . . . . . . . . . . . . Umschlagtasche

Gerd Albrecht

# Filmanalyse

# Vorwort

Um was es auf den kommenden Seiten geht, kann man sehr schnell übersehen, wenn man die folgenden Anweisungen durchsieht. Dann merkt man auch bald, was das Instrument, das hier vorgestellt wird, leisten soll. Ob es das auch leisten kann, muß man ausprobieren — wie bei allen Instrumenten, die einem fremd sind, da man ihnen ihre Leistungsfähigkeit nicht ansehen kann.
Hier also die Anweisungen, die übrigens auch als eine zusammenfassende Kurzform am Schluß dieses Handbuch-Teils stehen könnten und von einem Film reden, wo man auch von einer Sendung sprechen könnte:
1. Mit je 3 - 7 Teilnehmern werden 3 - 7 Gruppen gebildet.
2. Jede Gruppe erhält eine der Aufgaben:

*1. Was weiß man über die Entstehung und die Bedeutung des Films, über die Absichten und Überzeugungen der Filmhersteller? (B.I.1)*

*2. An welche anderen Darstellungen erinnert er? (B.I.2)*

*3. In welcher Zeit und in welchen Räumen spielt er? (B.II.4)*

*4. Was wird durch die Auswahl der Gestalten besonders deutlich? (B.II.3)*

*5. Was wird durch den Aufbau der Handlung besonders deutlich? (B.III.5)*

*6. Was wird durch das Bild hervorgehoben? (B.III.6)*

*7. Was wird durch den Ton hervorgehoben? (B.III.7)*

3. Alle sehen gemeinsam den Film, damit sie ihn kennenlernen; dann ein zweites Mal, damit sie sich Notizen machen.
4. Die Gruppen diskutieren den Film im Blick auf ihre Aufgaben.
5. Die Gruppen berichten den anderen von ihren Ergebnissen.
6. Die Ergebnisse werden zueinander in Beziehung gesetzt.
7. Der Film wird zur Kontrolle der Ergebnisse noch mal vorgeführt.
   Merke: Anfangs sollten die Filme möglichst kurz sein.

So einfach ist es mit der Aussagenanalyse als einem Instrument der Medienpädagogik und -kritik. Insofern kann man jetzt vermutlich entscheiden, ob man weiterlesen will.

# A. Ziele

1. Die Aussagenanalyse ist eine systematische Untersuchung von gestalteten Materialien (Fernsehsendungen, Filmen, Büchern, Bildern, Zeitungen, Inszenierungen, Funksendungen) (1). [Ziffern in ( ) siehe Anmerkungen!]
Diese Materialien werden als „Aussagen" verstanden, die Kommunikation mit ihren Empfängern (Rezipienten) zum Ziel haben (2). Derartige Aussagen sind gestaltet aufgrund der Absichten, die mit der Kommunikation angestrebt werden; sie haben auf jeden Fall Zielsetzungen und Tendenzen; „künstlerische" Gestaltung ist bei ihnen manchmal vorzufinden, aber für die Analyse nicht Voraussetzung (3).

2. Sendungen und Filme müssen nach Inhalt wie Gestaltung als Kommunikation, das heißt als
— Darstellung von Tatbeständen,
— Ausdruck ihrer Bewertung,
— Appell gegenüber den Betrachtern
ernstgenommen werden (4). Wenig gewonnen ist mit Erkenntnissen darüber,
— wie ein Film oder eine Sendung entstanden ist (Technik),
— ob sie angemessen gestaltet sind (Ästhetik),
— ob ihre Ziele und Tendenzen bejahenswert sind (Ethik) (5).
Vielmehr ist zu fragen, was der Film bzw. die Sendung
— im Blick auf die Wirklichkeit, die sie darstellen, und
— im Blick auf die Wirklichkeit ihrer Zuschauer
„aussagen": Filme und Sendungen sind unter dem Gesichtspunkt zu behandeln, welche Erfahrungen sie vermitteln (6). Gestaltungsmittel des Films können in diesem Zusammenhang behandelt werden; ihre Kenntnis ist aber im wesentlichen vorausgesetzt (6a).

3. Die Aussagenanalyse kann immer nur zu einem konkreten Zweck, unter einem bestimmten Lernziel in Angriff genommen werden (7). Man kann daher einzelne Filme (Sendungen), aber auch mehrere unter einer einzigen Fragestellung untersuchen, kann den gleichen Gegenstand unter verschiedenen Gesichtspunkten, aber auch Teile von Filmen und Sendungen der Analyse zugrundelegen (8).
Die Ziele, die eine Analyse haben kann, sind so vielfältig wie die Gründe, warum

Filmanalyse

- Menschen miteinander in Kommunikation treten (Aussagen machen)
- sich kommunizierend mit Kommunikation beschäftigen (Aussagen über Aussagen machen) (9).

Der Wunsch nach Intensivierung der eigenen aktiven und passiven Kommunikationsmöglichkeiten ist ein häufiger Grund für Aussageanalysen; er läßt weitgestreute unterschiedliche Fragestellungen bei den Analysen zu (10).

4. Die Interessen und Wertungen der Analysierenden bestimmen bei der Analyse die Fragestellungen und die Interpretation der Ergebnisse in entscheidendem Maße (11). Logisch umfaßt die Aussagenanalyse
- die „Analyse" ihres Objekts
- die „Synthese" ihrer Ergebnisse (12).

5. Alle „tatsächlichen" Filme und Sendungen werden durch die interpretierende Wahrnehmung des Betrachters zu unterschiedlich „erlebten" Filmen und Sendungen (Konkretionen) (13).
Die „Analyse" wie die „Synthese" erfassen also die individuell verschieden erlebten und damit die tatsächlichen Filme und Sendungen, die den individuellen Erlebnissen zugrunde liegen (Wirkungsästhetik) (14). Die Aussagenanalyse ermöglicht insofern eine Unterscheidung zwischen eigenem Erlebnis und tatsächlicher Aussage, zwischen den Interessen der Betrachter und den Interessen der Filme/Sendungen (Rezeptionsgeschichte) (15).

6. An den Sendungen und Filmen ist ein „Strukturlernen" (16) zu praktizieren. Es hat einerseits
- den historisch-geschichtlichen Zusammenhang
- den zeitgenössisch-gesellschaftlichen Zusammenhang
der sozio-kulturellen Phänomene zum Gegenstand (17). Es geht andererseits von Fragestellungen aus, die
- nicht Einzelphänomene erheben („Fliegenbeinzählen") (18),
- vielmehr nach Wechselwirkungen und -abhängigkeiten fragen.
„Strukturelles Lernen" ist demnach ein globales Lernziel.

7. Es dürfen nicht nur „gute", sondern müssen auch „schlechte" Filme und Sendungen analysiert werden (19). Die Qualitätsmerkmale beziehen sich dabei sowohl auf die (ideologischen) Zielsetzungen wie die (handwerkliche) Gestaltung. Im Konsum der Massenmedien begegnen nämlich grundsätzlich Darstellungen unterschiedlicher Qualität. Die Behandlung nur einer der vier schematisch angedeuteten Merkmalsgruppierungen

| Ideologie | Gestaltung |
|---|---|
| gut | gut |
| gut | nicht gut |
| nicht gut | gut |
| nicht gut | nicht gut |

führt leicht dazu, daß die Kriterien und Kategorien, die für sie gelten, nur wiedererkannt, aber nicht konkret angewandt werden können (20).

8. Gegenstand der Analyse ist die konkrete Gestaltung (die Aussage/ Tendenz/Zielsetzung) eines Films oder einer Fernsehsendung, das heißt entsprechend dem semiotischen Grundmodell (21)
— die wechselseitige Beziehung der Gestaltungselemente (Syntaktik): Welche Gestaltungselemente werden benutzt und wie ist ihre Beziehung untereinander?
— die Bedeutung der Gestaltungselemente bezüglich der Darstellung und der Wirklichkeit (Semantik): Auf was beziehen sich die Gestaltungselemente und wie ist die Beziehung zwischen ihnen und dem, wofür sie stehen?
— die Funktion der Gestaltung und ihrer Elemente im Rahmen der Realitäten von Gesellschaft, Kultur und Zuschauern (Pragmatik): Was bezwecken und was bewirken die Gestaltung und die Gestaltungselemente wechselseitig? (22)
„Gestaltungselemente" sind alle feststellbaren und deutbaren Bestandteile des Inhalts und der Gestaltung (23).
„Aussage" meint die in einem Film oder einer Sendung nachweisbaren gestalterischen, thematischen und kommunikativen Tendenzen, die akzentuiert zum Ausdruck gebracht oder abgelehnt werden (Zielsetzung) (24).

9. Im folgenden wird das Verfahren der Aussagenanalyse von Filmen und Fernsehsendungen angegeben. Bei letzteren ist ein Videorekorder unerläßlich. Im einzelnen gibt es zwischen Film und Fernsehen oft erhebliche gestalterische Unterschiede (25).
Für Spielfilme wie für Dokumentarfilme, für Fiktions- und Dokumentarsendungen gelten nicht nur die gleichen Ziele (Teil A) und die gleichen Fragestellungen (Teil B), sondern auch das gleiche Verfahren (Teil C) und die gleichen Arbeitsgrundsätze (Teil D) (26).
Als Gruppenanalysen werden Aussagenanalysen bezeichnet, bei denen jede Fragestellung gleichzeitig von mehreren Personen protokolliert und analysiert wird.
Übungsanalysen dienen der Einführung in die Arbeitsweisen der Aussagen- bzw. der Gruppenanalyse. Am Anfang der Übungen sollten die Beispielfilme bzw. -sendungen möglichst kurz (3-10 Minuten) sein.

# B. Fragestellungen

Prinzipiell sind die in A.8 genannten drei Fragestellungen zu unterscheiden, die sich (im kommunikationstheoretischen Sinne und also unter Einbezug der jeweiligen gesellschaftlichen Situation) auf
- die Sender,
- die Aussage bzw. das Medium,
- die Empfänger

beziehen (A. 1-2) (27). Für ein möglichst vollständiges und sachgemäßes Erfassen eines Filmes oder einer Sendung sind daraus angemessene Teilfragen zu entwickeln (Kategorien und Indikatoren (A. 3-9) (28). Denn die grundsätzlichen Fragestellungen (A.8) müssen je nach
- Zweck der Analyse (A. 3)
- Teilnehmern und ihren Interessen (A. 4-5)
- didaktischen Zielen (A. 6-7)
- Film bzw. Sendung (A. 8)

unterschiedlich aufgeschlüsselt werden.
So ergeben sich konkrete Einzelfragen, die im Sinne einer Mehrstufenanalyse von unterschiedlicher Wichtigkeit sind. Sie können sich aber nicht auf eindeutig getrennte Sachverhalte beziehen, sondern müssen sich überschneiden, weil die Sachverhalte innerhalb eines Films bzw. einer Sendung nicht voneinander zu trennen sind. Diese Überlappung der Fragen ermöglicht eine wechselseitige Kontrolle und Korrektur der Arbeitsergebnisse und erlaubt von jeder Frage aus die Einbeziehung aller anderen Fragen (29).
Es ergeben sich im Sinne einer Mehrstufenanalyse hauptsächlich sieben verschiedene Fragen in drei Komplexen:

# I. Gesellschaftsbezug
## (pragmatisch akzentuiert)

Sendungen existieren im Kontext der gesellschaftlichen Entwicklung bei ihren Produzenten wie ihren Rezipienten und sind ohne dessen Kenntnis nur begrenzt aussagefähig (Frage 1-2) (30). Diese Zusammenhänge von Einwirkung und Gegenwirkung müssen in ihren konkreten Ausprägungen festgestellt und auf die Sendung/den Film zurückbezogen werden (Frage 3-4) (31).
Ziel dieser Untersuchung der Wechselbeziehungen zwischen dem Produkt und seinem Kontext ist die Feststellung der besonders akzentuierten Aussagen (Tendenz/Zielsetzung) (32).
Dabei gilt: Was mit der spezifischen Gestaltung und den Gegebenheiten bei der Entstehung und Auswertung eines Films/einer Sendung beeinflussend nicht wenigstens andeutungsweise in Verbindung steht, ist für seine Tendenz unerheblich (33).
Die Fragen 1-2, die sich nicht unmittelbar an die Sendung/den Film richten und nur anhand weiterer Materialien hinreichend beantwortet werden können, machen erhebliche Nachforschungen vor oder nach der Analyse nötig. Sie werden aus Zeitgründen daher oft vernachlässigt (41).

*1. Kontextvergleich*

Die Tendenz/Aussage/Zielsetzung eines Films/ der Sendung ist zu erarbeiten aufgrund der darauf einwirkenden gesellschaftlich-ökonomischen Faktoren (34):
Durch welche Materialien (Texte, Bilder, Filme, Sendungen) ist (35) was
— über Produktion und daran Beteiligte,
— über Förderungs- und Vertriebsinstitutionen,
— über beabsichtigtes und tatsächliches Publikum,
— über Absichten, Wirkungen und Beurteilungen,
— über gesellschaftliche, ökonomische, kulturelle Zusammenhänge (36)
    → eindeutig belegbar (37)
    → entgegen berechtigten Erwartungen nicht zu belegen? (38)
Ziel: Was ergibt sich aus diesen Feststellungen über die Aussage/Tendenz/Zielsetzung des Films/der Sendung (39).

Filmanalyse

## 2. Medienvergleich

Die Aussage/Tendenz/Zielsetzung des Films/der Sendung ist zu erarbeiten aufgrund der soziokulturellen Beziehungen zu vergleichbaren Darstellungen (40):
Durch welche Zusammenhänge (der Darstellung, der Absicht, der Wirkung) ist (35) was
- bei Gestaltung und Gestaltungselementen (B.III)
- beim Gesellschafts- und Wirklichkeitsbezug (B.I-II)

in den gestalteten Materialien
- der gleichen oder anderen Perioden
- der gleichen oder anderer Gestalter
- des gleichen oder anderer Medien
  → deutlich als Parallele oder Alternative aufeinander zu beziehen (37)
  → entgegen berechtigten Erwartungen ohne derartige Beziehung? (38)

Ziel: Was ergibt sich aus diesen Feststellungen über die Aussage/ Tendenz/Zielsetzung des Films/der Sendung? (39)

# II. Wirklichkeitsbezug (semantisch akzentuiert)

Die Handlung und die Gestaltung von Bild und Ton vergegenwärtigen und schaffen für den Film und jede Sendung eine spezifische „mediale" Welt (Frage 5-7) (42). Diese gestaltete Wirklichkeit (in ihren besonderen Akzentsetzungen) muß mit den (in der „ungestalteten" Wirklichkeit anzutreffenden) Realitäten sachgemäß verglichen werden (Frage 3-4) (43).
Ziel des Vergleichs zwischen Gestaltung und Wirklichkeit ist die Feststellung der besonders akzentuierten Aussagen (Tendenz/Zielsetzung) (32).
Dabei gilt: Was in der spezifisch gestalteten Wirklichkeit eines Films oder einer Sendung nicht wenigstens andeutungsweise zum Ausdruck kommt, existiert für sie nicht und interessiert sie nicht (33).

## 3. Sozialdarstellung (44)

Die Aussage/Tendenz des Films oder der Sendung ist zu erarbeiten aufgrund jener Akzentsetzungen, die er gegenüber den Realitäten des menschlichen Zusammenlebens vornimmt (45):
Durch welche Gestaltungsmittel der Gesellschaftsdarstellung, vor allem
— Haupt-, Neben- und Randfiguren
— Schauspielertypen, Image, Rollen, Funktionen
— Handlungsabläufe, Filmgattungen
— Identifikations-, Projektionsangebote
ist was (35), besonders
— Personen, Gegenstände, Institutionen
— Konflikte, Kooperationen
— Wertungen, Selbstverständlichkeiten
— Verhaltensweisen, Einstellungen (36)
  → deutlich hervorgehoben (akzentuiert) (37)
  → entgegen berechtigten Erwartungen übergangen (vernachlässigt) (38)?
Ziel: Was ergibt sich aus diesen Feststellungen über die Aussage/Tendenz/Zielsetzung des Films/der Sendung? (39)

# Filmanalyse

*4. Realdarstellung* (44)

Die Aussage/Tendenz des Films oder einer Sendung ist zu erarbeiten aufgrund jener Akzentsetzungen, die gegenüber den Realitäten von Zeit und Raum vorgenommen werden (46):
Durch welche Gestaltungsmittel der Raum-Zeit-Darstellung, vor allem
- „Bezugs-Zeit" = Gegebenheiten der realen Zeit, auf die sich der Film/die Sendung durch konkrete Zeitangaben bezieht, die der Handlung, dem Ton, den Bildern entnommen werden können (47)
- „Handlungs-Zeit" = jene Teile der Bezugszeit, die tatsächlich in der Handlung der Sendung/des Films eine Rolle spielen (48)
- „Lauf-Zeit" = jene konkrete Zeit, die für die Vorführung des Films/ der Sendung bzw. einzelner Teile benötigt wird (49)
- „Bezugs-Raum" = Gegebenheiten des realen Raums, auf die sich der Film/ die Sendung durch Raumangaben bezieht, die der Handlung, dem Ton, den Bildern entnommen werden können (50)
- „Handlungs-Raum" = jene Teile des Bezugsraums, die tatsächlich in der Handlung des Films/der Sendung eine Rolle spielen (51)
- „Bild-Raum" = jene konkreten Bilder, die im Film/der Sendung vom Bezugs- und Handlungsraum tatsächlich zu sehen sind (52)

ist was (35), besonders
- Personen, Gegenstände, Institutionen
- Konflikte, Kooperationen
- Wertungen, Selbstverständlichkeiten
- Verhaltensweisen, Einstellungen (36)
    → deutlich hervorgehoben (akzentuiert) (37)
    → entgegen berechtigten Erwartungen übergangen (vernachlässigt)? (38)

Ziel: Was ergibt sich aus diesen Feststellungen über die Aussage/Tendenz/Zielsetzung des Films/der Sendung? (39)

# III. Geschehen (syntaktisch akzentuiert)

Jeder Film und jede Sendung ist zu einer spezifischen „medialen" Welt gestaltet, die mit der realen Wirklichkeit nicht übereinstimmt (Frage 1-4) (42). Auch die Handlung ist geformt – wie die Form den Inhalt „macht" (53).
Der Aufbau sowie die Aufnahme und Montage von Bild und Ton akzentuieren (verdeutlichen) die Eigentümlichkeiten dieser Welt und damit die Zielsetzung/ Tendenz/Aussage des Films oder der Sendung (Frage 5-7) (54).

*5. Aufbau*

Die Aussage/Zielsetzung des Films/der Sendung ist aufgrund der Akzentsetzungen durch die dramaturgische Gliederung der Handlung zu erarbeiten (55):
Durch welche Gestaltungselemente der Gliederung, vor allem
– Länge der einzelnen Teile
– Auf-, Ab-, Überblendungen
– Inserts
– Zeit- und Ortszusammenhänge
– inhaltliche Beziehungen
– sonstige Gestaltungsmittel (35)
ist was, besonders
– Personen, Gegenstände, Institutionen
– Konflikte, Kooperationen
– Wertungen, Selbstverständlichkeiten
– Verhaltensweisen, Einstellungen (36)
  → deutlich hervorgehoben (akzentuiert) (37)
  → entgegen berechtigten Erwartungen übergangen (vernachlässigt)? (38)
Ziel: Was ergibt sich aus diesen Feststellungen über die Aussage/Tendenz/Zielsetzung des Films/der Sendung? (39)

*6. Montage*

Die Aussage/Tendenz des Films/der Sendung ist – unter Berücksichtigung der Tongestaltung – aufgrund der Akzentsetzungen durch die Bild-„Partitur" zu erarbeiten (Kamera, Bild, Montage) (56):

Filmanalyse 21

Durch welche Gestaltungsmittel des Bildes, vor allem
- Einstellungsgrößen und -längen
- Perspektiven und Kamerabewegungen
- Montageformen
- Ausleuchtung, Farbe
- sonstige Gestaltungsmittel (35)

ist was, besonders
- Personen, Gegenstände, Institutionen
- Konflikte, Kooperationen
- Wertungen, Selbstverständlichkeiten
- Verhaltensweisen, Einstellungen (36)
    → deutlich hervorgehoben (akzentuiert) (37)
    → entgegen berechtigten Erwartungen übergangen (vernachlässigt)? (38)

Ziel: Was ergibt sich aus diesen Feststellungen über die Aussage/ Tendenz/Zielsetzung des Films/der Sendung? (39)

## 7. Ton

Die Aussage des Films/der Sendung ist — unter Berücksichtigung der Bildgestaltung — aufgrund der Akzentsetzungen durch die Ton-„Partitur" zu erarbeiten (Sprache, Geräusche, Musik) (57):

Durch welche Gestaltungsmittel des Tons, vor allem
- inhaltliche Aussagen und Formen der Sprache
- Verwendung charakteristischer Geräusche und Musik
- Besonderheiten und Klischees des Sprechens
- sonstige Gestaltungsmittel (35)

ist was, besonders
- Personen, Gegenstände, Institutionen
- Konflikte, Kooperationen
- Wertungen, Selbstverständlichkeiten
- Verhaltensweisen, Einstellungen (36)
    → deutlich hervorgehoben (akzentuiert) (37)
    → entgegen berechtigten Erwartungen übergangen (vernachlässigt)? (38)

Ziel: Was ergibt sich aus diesen Feststellungen über die Aussage/Tendenz/Zielsetzung des Films/der Sendung? (39)

# Methodische Anmerkung

Die Fragestellungen sind vorstehend nach ihrer Wichtigkeit geordnet. Bei Gruppenanalysen ist es oft angebracht, die Bearbeitung der Fragestellungen in einer anderen Reihenfolge vorzunehmen.
Die Ergebnisse zu den Fragen 1-2 können vor wie nach allen anderen Berichten eingebracht werden; Ergebnisse zu Frage 2 können auch jeweils den anderen Einzelberichten folgen. Aus der Entscheidung, an welcher Stelle der Berichte die Ergebnisse dieser beiden Gruppen einbezogen werden, ergeben sich andere Arbeitsabläufe bei der ,,Synthese".
Hinsichtlich der anderen Fragestellungen zeigt sich bei Übungsanalysen:
— Der Aufbau eines Films/einer Sendung muß zuerst dargelegt werden (Frage 5).
— Dann folgen Feststellungen zur spezifischen Gestaltung von Bild und Ton (Frage 6-7).
— Erst nach der Vergegenwärtigung der gestalterischen Eigenarten kann der Vergleich mit den Realitäten sinnvoll vorgenommen und hinreichend verstanden werden (Frage 3-4).
Mit wachsender Übung haben aber die Fragen ,,Aufbau", ,,Montage" und ,,Ton" hauptsächlich als Ergänzung zu den Fragen ,,Sozialdarstellung" und ,,Realdarstellung" Bedeutung.

Filmanalyse

In einem Schaubild lassen sich die sieben Fragestellungen des Teils B — bezogen auf die Zielsetzungen des Teils A — folgendermaßen zusammenfassen:

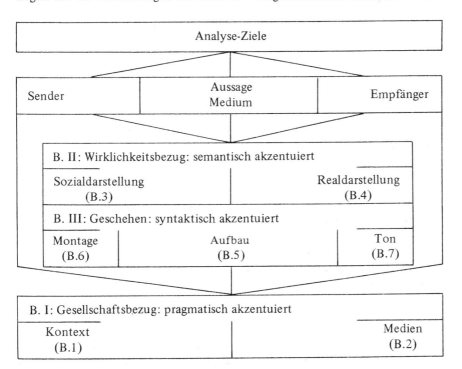

# C. Verfahren

Der Ablauf der Arbeit gliedert sich bei Übungs- und Gruppenanalysen normalerweise in acht Analysephasen (58). In jeder Phase werden die sieben Analysefragen (Teil B) abgehandelt:

*1. „Zielsetzung"*

Mit allen Teilnehmern wird im Gespräch festgelegt, zu welchem Zweck (A.3) und unter welchen Interessen (A. 4-5) die Analyse stattfindet und welche Schwerpunkte bei den Fragestellungen (Teil B) demgemäß zu bilden sind. Anschließend werden Arbeitsgruppen und ihre Aufgaben festgelegt.
Dauer: 15-60 Minuten (in Abhängigkeit von Kontext und Ziel der Analyse, aber auch Erfahrung der Gruppe).

*2. „Information"*

Der Film/die Sendung wird zur Information vorgeführt. Jeder Teilnehmer weiß, zu welcher Arbeitsgruppe er gehört und welche Aufgaben sie hat. Die Gruppen sitzen zusammen, damit man sich gegenseitig anregen und verständigen kann. Absprachen zur Arbeitsteilung sind innerhalb der Gruppen sinnvoll.
Dauer: Länge des Films/der Sendung

*3. „Hypothesen"* (59)

Die Arbeitsaufgaben werden im Plenum oder in Gruppen konkretisiert, und zwar im Blick auf die Beobachtungen und Vermutungen, die sich für die einzelnen Gruppen beim Sehen des Films/der Sendung ergeben haben.
Dauer: 15-30 Minuten

*4. „Protokoll"*

Die Beobachtungen werden während einer zweiten Vorführung von jedem Teilnehmer schriftlich festgehalten (60). Es muß zum Schreiben hell genug sein. Die Arbeitsgruppen sitzen wieder zusammen. Absprachen zur Arbeitsteilung können vor Beginn der Protokollvorführung geändert werden.
Dauer: Länge des Films/der Sendung

# Druckfehlerberichtigung

Der Band enthält bedauerlicherweise eine Reihe von Setzfehlern, auf die hier hingewiesen sei:

S. 91 Überschrift 1 lies:
Quantität der Medientechnik und Qualität der Mediennutzung widersprechen sich
S. 91, 9. Zeile von unten
",,. in den Augen des Pädagogen..."
S. 93 Überschrift 6 lies:
",,. in der *Hand* von..."
S. 104 Textanordnung unübersichtlich.
Verbesserte Fassung siehe Matrix-Text als Beilage.
S. 106, 10. Textzeile von oben: *Transfer*leistungen
S. 107, linke Spalte, 2. Textzeile hier: *Medien*arbeit statt Mitarbeit
S. 208: Die letzten beiden Wörter der drittletzten sowie die ganze vorletzte Zeile streichen.
S. 208 f: Hier ist bei der Textmontage Unordnung in die alphabetische Folge der Stichwörter gekommen. Die richtigen Anschlüsse lauten:
Auf ,,Falsifikation" (S. 208) folgt ,,Feed back" (S. 210)
auf ,,Hypothese" (S. 211) folgt ,,Image" (S. 208) und
auf Kommunikation (S. 209) folgt ,,Konativ" (S. 211).
Schließlich gehören die Zeilen 4ff von S. 210 zum Stichwort ,,Falsifikation", und die **Zeilen** 8 - 16 von S. 211 zum Stichwort ,,**Kommunikation**" und zwar am Schluß auf S. 210 oben.

# Filmanalyse

*5. „Analyse"* (61)

Jede Gruppe erarbeitet auf Grund der verschiedenen Protokolle einen zusammenfassenden Gruppenbericht (Teil B und D).
Dauer: 15-40 Minuten bei kürzeren Filmen und Sendungen (unter 30 Minuten), 30-90 Minuten bei längeren Filmen und Sendungen.

*6. „Synthese"* (62)

Die Gruppenberichte werden im Plenum vorgetragen und im Blick auf
— die Aussage/Zielsetzung/Tendenz des Films/der Sendung
— den Zweck der Analyse
— die Teilnehmer und ihre Interessen
erläutert, ergänzt, diskutiert.
Dauer: bei kürzeren Filmen und Sendungen 45-120 Minuten, bei längeren 60-150 Minuten.

*7. „Kontrolle"*

Bei einer weiteren Vorführung werden die Feststellungen, Deutungen und offenen Fragen überprüft. Vor allem muß der Film/die Sendung wieder im Zusammenhang zur Geltung kommen. Korrekturen der bisherigen Arbeitsergebnisse sind zu erwarten.
Dauer: Länge des Films/der Sendung

*8. „Zusammenfassung"*

Die Ergebnisse der bisherigen Arbeit werden auf den Kontext und den Zweck der Analyse noch einmal rückbezogen.
Dauer: 15-120 Minuten (in Abhängigkeit von der Zielsetzung und der Erfahrung der Gruppe)

# Methodische Anmerkung

Neben dem hier beschriebenen „Normalverfahren" gibt es weitere Möglichkeiten:
a) Die Arbeitsschritte 5-7 können bei Bedarf mit konkretisierten oder veränderten Fragestellungen wiederholt werden („Da-Capo"-Verfahren).
b) Eine oder mehrere der in Teil B formulierten Fragen können von zwei Teilgruppen parallel bearbeitet werden („Kontrollgruppen"-Verfahren).
c) Vor allem bei kleinen Gruppen ist eine sukzessive Bearbeitung der Fragestellungen sinnvoll („Sukzessiv"-Verfahren).
Dabei werden je nach der Gruppengröße nur ein bis drei Fragen gleichzeitig bearbeitet. Die Reihenfolge richtet sich dabei nach Zweck und Kontext der Analyse. So können die Fragen 1-2 vor oder nach der Filmvorführung, auch die Fragen 3-4 können vor oder nach den Fragen 5-7 geklärt werden. Wieweit für den jeweils zweiten Fragenkomplex eine erneute Protokollvorführung nötig ist, hängt dabei von der Analyseerfahrung der Gruppe und vom Zweck der Analyse ab.
Jede dieser Analyseformen ist eine Mehrstufenanalyse, bei der durch wachsende Vertrautheit mit Inhalt und Tendenz des Films bzw. der Sendung die Arbeitsergebnisse intensiver und exakter werden, der Zeitaufwand sich jedoch vergrößert.
Eine Beschränkung der Mehrstufenanalyse auf eine einzige Vorführung und ein anschließendes Gespräch erbringt für die Zielsetzung (Teil A) am wenigsten. Eine kombinierte Verwendung der verschiedenen Verfahren ermöglicht (erst recht bei Wiederholungen und weiteren Modifizierungen) die nachhaltigsten Ergebnisse.

# D. Arbeitsgrundsätze

1. Gruppenanalysen verlangen und ermöglichen die Zusammenarbeit vieler. Die Arbeitsgruppen, deren Arbeit sich ergänzt und bestätigt, bestehen aus mindestens drei bis höchstens zehn Teilnehmern. Gruppendynamisch am günstigsten ist eine Teilnehmerzahl von fünf bis sieben.
Die Zahl der Gruppen (der Gruppenaufgaben) kann je nach der Teilnehmerzahl und nach Zweck/Lernziel/Aufgabenstellung reduziert oder erweitert werden. Die Zeitangaben zur Phase „Synthese" (Teil C.6) beziehen sich auf die sieben Fragestellungen von Teil B. Bei einer größeren Zahl von Gruppen muß mit erheblich längeren Zeiten gerechnet werden.

2. Jede Arbeitsgruppe muß im Rahmen ihrer speziellen Aufgabe möglichst viele Gestaltungselemente
— beobachten (C. 1-3)
— protokollieren (C. 4)
— nach wichtigen und minder wichtigen Fakten und Zusammenhängen untersuchen und die Bedeutung ihrer Feststellungen im Blick auf die Arbeitsaufgabe der Gruppe besprechen (C. 5)
— ihre Ergebnisse im Plenum berichten (C. 6).

3. Jede Gruppe muß sich auf einen Berichterstatter (Protokollführer) einigen. Jede Gruppe muß klären, was ihr Berichterstatter im Plenum als wesentliches Ergebnis vortragen soll. Sein Bericht muß die Feststellungen und Deutungen aus dem Film/der Sendung sachgemäß belegen.
Die einzelnen Berichte müssen kurz und knapp sein. Bei kürzeren Filmen und Sendungen sollen sie nicht länger als 3-5 Minuten, bei längeren 5-7 Minuten dauern, doch hängen diese Zeiten auch vom Zweck und der Zielsetzung der Analyse ab.

4. „Analyse" (Gruppenarbeit) und „Synthese" (Plenum) erarbeiten das Charakteristische und den Bezug zur Wirklichkeit in dem untersuchten Material (63). Auskunft darüber gibt die tatsächliche Gestaltung; zur leichteren Erkenntnis hilft oft ein Vergleich mit der Vielfalt und Variationsbreite der Gestaltungsmöglichkeiten.
Die Aussagenanalyse fragt also nach den „Interessen", die in einem Film oder einer Fernsehsendung sich dokumentieren.

5. „Analyse" (Gruppenarbeit) und „Synthese" (Plenum) sind keine schematischen Vorgänge, sondern erfordern die sorgfältige, aufmerksame, eingehende Gesamtinterpretation vielfältiger Beobachtungsergebnisse.
Ob die Verwendung der Gestaltungselemente und die Aussage/Tendenz/Zielsetzung im einzelnen bewußt und beabsichtigt waren, ist für die Analyse eines Films/einer Sendung belanglos. Entscheidend ist vielmehr, was tatsächlich durch das Vorhandene und Festgestellte zum Ausdruck kommt (64).

6. „Analyse" (Gruppenarbeit) und „Synthese" (Plenum) gehen am besten von den auffälligsten Gestaltungselementen aus, und zwar mit den Fragen
— Welche Zusammenhänge thematischer und gestalterischer Art gibt es zwischen den auffälligen und anderen — gleichen, ähnlichen oder gegensätzlichen Gestaltungselementen (Syntax/Semantik)?
— Welches Ergebnis (z.B. im Sinne der Darstellung, Verdeutlichung, Verallgemeinerung, Differenzierung, Vertiefung, Einschränkung, Kontrastierung) haben die Akzentuierungen und die zwischen ihnen feststellbaren Zusammenhänge im Blick auf die (thematische und gestalterische) Aussage/Zielsetzung/Tendenz des Films/der Sendung (Semantik/Pragmatik)?
Der Weg führt demnach von den Auffälligkeiten über die Feststellung von Zusammenhängen zur Erkenntnis ihrer Bedeutung für die Tendenz/Aussage/Zielsetzung des Films/der Sendung.

7. Je mehr Fakten/Gestaltungselemente eine Deutung bei der Gruppenarbeit oder im Plenum nachprüfbar und schlüssig erklärt, desto größer ist die Wahrscheinlichkeit, daß sie zutrifft.
„Nachprüfbar" bedeutet, daß die Fakten/Gestaltungselemente die Deutung tatsächlich stützen.
„Schlüssig" bedeutet, daß die Mehrheit der Arbeitsgruppe bzw. des Plenums die vorgeschlagene Deutung im Zusammenhang mit der Aussage/Zielsetzung/Tendenz als sinnvoll anerkennt.

# E. Individualanalysen

Das bisher beschriebene Verfahren setzt größere Gruppen voraus. Allerdings dient es der Intensivierung individueller Fähigkeiten innerhalb des jeweiligen Kommunikationsumfeldes: der einzelne vor allem soll befähigt werden, Sendungen und Filme besser wahrzunehmen und besser beurteilen, aber auch über sie besser kommunizieren zu können.

Für den gleichen Zweck sind die folgenden Fragebogen entwickelt worden, die auf den Fragestellungen der Gruppenanalyse aufbauen. Sie können bei einzelnen Sendungen (oder Filmen) vom jeweiligen Zuschauer ausgefüllt werden und dabei zu einem Selbst- oder gar Familiengespräch führen. Sie können aber auch von Gruppen, die die Fragestellungen der Gruppenanalysen erarbeitet und trainiert haben, zur späteren gemeinsamen Analyse von Sendungen und Filmen benutzt werden, bei denen man sich vorher darauf geeinigt hat, daß die einzelnen sie in einer vorbereitenden Individualanalyse beurteilen.

Eine solche „Spätanalyse", die mindestens Stunden, meistens Tage nach der Sendung bzw. Vorführung stattfindet, hat zum Ziel, den Beteiligten die Unterschiedlichkeit ihrer individuellen Urteile vor Augen zu führen. Die Zahlen des Tests werden dabei in entsprechende Felder auf der Tafel eingetragen, so daß die Spannbreiten der unterschiedlichen Beurteilungen von den Teilnehmern nachvollzogen werden können.

*1. Fragen vor der Sendung*

Was kann ich vorher über die Sendung wissen/erfahren?
Was habe ich über die Sendung schon gehört/gelesen?
An welche Sendungen/Filme/Bücher/Artikel/Theaterstücke erinnere ich mich bei den Informationen über die kommende Sendung?
Welche der untenstehenden Kriterien interessieren mich besonders bei der folgenden Sendung? (vgl. Teil 4)
Will ich die Sendung im Kopf beurteilen oder mir über sie Notizen machen?

*2. Fragen während der Sendung*

Was ist mir jetzt gerade aufgefallen/eingefallen?
Zu welchen untenstehenden Kriterien könnte es gehören? (vgl. Teil 4)

Welchen Zusammenhang hat es mit vorherigen Beobachtungen/Einfällen/ Erinnerungen/Erkenntnissen?
Auf welche Einzelheiten/Zusammenhänge/Fakten/Tendenzen muß ich aufgrund der bisherigen Beobachtungen/Erkenntnisse im Fortgang der Sendung besonders achten?
Zu welchen Kriterien habe ich besonders wenig Beobachtungen/Einfälle/ Erinnerungen/Erkenntnisse?

*3. Fragen nach der Sendung*

Wie kann ich einem Kollegen die Sendung so beschreiben, daß alle mir/ihm/ der Sendung wichtigen Kriterien zur Sprache kommen?
Auf welche der Kriterien würde ich bei einer Beschreibung der Sendung nicht eingehen? Warum nicht? Sind sie nur mir oder sind sie der Sendung nicht wichtig? Welche Beobachtungen und Erkenntnisse könnte ich erwähnen, wenn mich jemand gerade nach diesen Kriterien fragt?
Wie/wo kann ich mich nach der Sendung informieren, was ihr/mir wichtig war?
Wo kann ich nachgucken/fragen?
Was schreibt die Zeitung, die ich lese, über die Sendung? Stimmt es?
Was sollte ich als Erzieher bei dieser Sendung mit den mir anvertrauten Menschen in Familie/Ausbildung vor allem besprechen?
Möchte ich die Sendung bald/später/nicht noch einmal sehen?

*4. Urteile nach der Sendung*

In Illustrierten begegnet man „Tests", die in psychologischen Tests ihren Ursprung haben: Punkt-Werte, die sich aus der unterschiedlichen Beantwortung verschiedener Fragen ergeben, signalisieren in ihrer Summe komplexe Sachverhalte, die Fragen selbst enthalten Indikatoren für diesen Sachverhalt. Der folgende „Test" beruht auf entsprechenden Prinzipien.
Tragen Sie jeweils eine FÜNF in der zugehörigen Spalte ein, wenn Ihr Urteil positiv ist, eine EINS, wenn es negativ ist, und eine DREI, wenn Sie sich nicht eindeutig entscheiden können.

# Filmanalyse

| Ich finde | Positives | 5 | 3 | 1 | Negatives |
|---|---|---|---|---|---|
| der Aufbau der Sendung ist | übersichtlich | | | | unübersichtlich |
| die Darstellung des Problems ist | sehr genau | | | | oberflächlich |
| gegenüber anderen ist die Sendung | sehr gut | | | | sehr schlecht |
| der Standpunkt der Macher ist | sehr klar | | | | recht unklar |
| die Tendenz der Sendung ist mir | recht | | | | zuwider |
| die angesprochenen Probleme sind | aktuell | | | | nicht aktuell |
| die zu ziehenden Konsequenzen sind | klar genannt | | | | nicht genannt |
| ich selber habe sinnvoll hinzugelernt | sehr viel | | | | gar nichts |
| relevante Einwände gegen die Sendung | wenige | | | | viele |
| | Spaltensummen | | | | |
| | Gesamtsumme | | | | |

*9 - 18 Punkte:* Die Sendung war wohl nichts. Sie hätten sie sich vermutlich sparen können. Oder haben Sie was gegen die Sendung?

*19 - 34 Punkte:* Vielleicht war die Sendung nicht besonders. Vielleicht können Sie sich aber auch nicht zu einem Urteil entscheiden?

*35 - 45 Punkte:* Haben Sie zu positiv geurteilt? Wenn Ihr Urteil stimmt, sollten Sie sich die Sendung merken.

# Anmerkungen zur Filmanalyse

Die folgenden Anmerkungen stellen einerseits wissenschaftliche Zusammenhänge her, indem sie auf die einschlägige Terminologie, aber auch strittige Punkte hinweisen. Sie gehen andererseits (in geringerem Umfang) auf Fragen ein, die sich durch die schulisch-außerschulische Bildungsarbeit ergeben. — Schließlich wird, am Ende jeder Anmerkung, durch Literaturhinweise vermerkt, wo man sich weiter informieren kann. Diese Literaturhinweise beschränken sich auf möglichst wenige Standardwerke und geben außerdem nur den/die Herausgeber-/Verfassernamen an, so daß man sich in der angeführten Literatur unter den einschlägigen Stichworten orientieren muß. Die genauen bibliografischen Angaben finden sich in der anschließenden Literaturliste.

1: Statt „Aussagenanalyse" findet sich häufig das Wort „Inhaltsanalyse", gelegentlich auch „Bedeutungsanalyse". — Silbermann/Krüger

2: Die Formulierung geht davon aus, daß nicht zwischen Sender und Empfänger Kommunikation stattfindet, sondern zwischen Sendung/Aussage und Empfänger. Doch auch bei der erstgenannten, früheren Vorstellung ändert sich am Verfahren der Aussagenanalyse wenig. — Renckstorf

3: „Tendenz" und „Zielsetzung" dürfen bei allen Kommunikationen nicht vernachlässigt werden, weil diese Absichten die Gestaltung der Botschaft (Encodierung) entscheidend beeinflussen. — Habermas, Klaus/Buhr

4: So das pragmatische (!) Kommunikationsmodell von Bühler. — Noelle-Neumann/Schulz

5: Es muß allerdings betont werden, daß die Erarbeitung (vgl. Teil B) der technisch-gestalterischen Begriffe, der ästhetischen Kategorien und der ethisch-sittlichen Urteile durchaus auch (vgl. A. 3) zu den konkreten Zwecken und Lernzielen einer Analyse gehören kann. Vor allem die gestalterischen und gesellschaftlichen Begriffe, wie sie in Teil B regelmäßig vorausgesetzt werden, können im Rahmen einer Analyse wesentlich besser erarbeitet werden, da sie dann nicht abstrakt gelernt, sondern konkret erfahren werden können. — Novak, Albrecht/4.

6: vgl. dazu vor allem Alexander Kluge's „Kommentare zum antagonistischen Realismusbegriff", in: Kluge. — Negt/Kluge

6a: Wichtige Elemente der Filmsprache sind im Anhang erläutert.

7: Es muß betont werden, daß die Zweck- und Lernziel-Abhängigkeit der Analyse nicht etwa aus der schulischen Situation folgt, sondern jeder Aussagenanalyse vorgegeben ist. — Ritsert, Speichert, Stocker

8: Als Beispiel sei verwiesen auf die Analyse der Wochenschau zu Hitlers 50. Geburtstag, in: Albrecht/3. — Faulstich

9: Die Kommunikation über Kommunikation, also Meta-Kommunikation, erfolgt im alltäglichen Umgang häufig, ist immer, wenn über Sendungen der Massenmedien kommuniziert wird, unumgänglich und wird bei der Analyse

Filmanalyse 33

von Filmen und Sendungen insofern auch thematisiert. Es kennzeichnet die Selbstverständlichkeit der menschlichen Kommunikation, aber auch die Schwierigkeit, sich über diese Selbstverständlichkeit Rechenschaft abzulegen, daß ein derartig alltäglicher Vorgang, wie ihn die Kommunikation über andere Kommunikation darstellt, erst relativ spät begrifflich gefaßt worden ist und noch heute kaum untersucht wurde. — Watzlawick/Beavin/Jackson, Lewandowski
10: Auf Fragen der (Kommunikation „passiv" verstehenden) Kompetenz und der (Kommunikation „aktiv" produzierenden) Performanz kann hier nicht näher eingegangen werden, doch gilt für jeden Menschen bei jedem Code, daß seine Kompetenz seine Performanz übersteigt. — List
11: vgl. Anm. 6
12: Der Begriff „Analyse" ist — in der hier verwendeten Bedeutung — philosophischen, nicht naturwissenschaftlichen Ursprungs. Er entspricht insofern mehr dem pädagogischen Begriff der Unterrichtsanalyse als der Vorstellung einer automatisierbaren chemischen Analyse. Infolgedessen ist auch „Synthese" kein Gegensatz dazu, vielmehr ein darin aufgehender und in ihr sich vollziehender Vorgang, der — je nach Zusammenhang und Notwendigkeit — als gesonderter Prozeß formuliert werden kann, dennoch aber nicht davon ablösbar wird. — Klaus/Buhr, Krings/Baumgartner/Wild, Wehle
13: Der Begriff der Konkretisation bedeutet keine Auflösung der (ästhetischen) Analyse in eine (psychologische) Zuschauerbefragung. Vielmehr meint „Konkretisation" eine ästhetische Kategorie, die ein konstituierendes Element jeder Gestaltung ist. — Warning
14: Der Begriff der Wirkungsästhetik ist nur in seiner Gegensätzlichkeit zur sog. Darstellungsästhetik sinnvoll anwendbar; trotz seiner langen Tradition bleibt er sprachlich ein Zwitter, der auch durch den Begriff „Rezeptionsästhetik" nicht verbessert wird. Sachlich ist er eine Folge jener wiederentdeckten Tatsache, daß Gestaltungen bzw. Darstellungen keine zwingenden Einflüsse haben, sondern nurmehr ein Wirkungspotential aufweisen, dessen Realisation dem bzw. den Rezipienten obliegt. — Warning
15: vgl. Anm. 13 und 14
16: Nicht erst an dieser Stelle dürfte deutlich werden, daß das vorgelegte Verfahren der Gestalt- bzw. Ganzheitspsychologie wesentlich verpflichtet ist. Lerntheorien behavioristischer Art liegen ihm jedenfalls nicht zugrunde. — Speichert
17: Der diachronische und der synchronische Aspekt der Semantik können bei der Analyse von Filmen und Fernsehsendungen nicht vernachlässigt werden, da sonst die Betrachtungsweise entweder des Gesellschaftsbezugs oder des Geschichtsbezugs entraten müßte. — Lewandowski
18: Unter den Stichworten „Denotation und Konnotation" sind die hier angedeuteten Zusammenhänge in der Semantik immer neu beschrieben und untersucht worden. Es besteht Einigkeit darüber, daß gerade bei bildlichen und dort besonders bei filmischen Codes die Probleme der (konkreten, denotativen) Bildbedeutung und der (diffus-generalisierenden, konnotativen) Bildassoziation bisher kaum zu lösen sind. — Eco/1, Eco/2, Metz
19: Diese Forderung kann hier nur ungeschützt so apodiktisch aufgestellt werden, bedürfte jedoch trotz der entsprechenden Entwicklung in der modernen Kunst-, Sprach- und Literaturdidaktik einer eingehenden Erörterung. — Möller, Giffhorn, Otto, Ehmer, Hartwig
20: vgl. Anm. 19
21: Es werden in der Kunst- wie in der Literaturanalyse unbestrittener-, aber beklagenswerterweise die syntaktischen Momente am stärksten, die seman-

tischen am zweitstärksten berücksichtigt. Die erwiesener- und zugegebenermaßen entscheidenden pragmatischen Gesichtspunkte werden jedoch meistens vernachlässigt; allenfalls rezeptionsästhetische Untersuchungen machen dabei eine Ausnahme. Das hier vorgelegte Verfahren versucht diese falschen Proportionen zu ändern, wird jedoch — angesichts der größeren Erfahrungen im semantisch-syntaktischen Bereich innerhalb unseres sozio-kulturellen Lebensraumes — keineswegs Abhilfe schaffen können. — Noelle-Neumann/ Schulz, Stocker, Klaus/Buhr hinsichtlich des Grundsatzmodells; die in Anm. 19 Genannten bezüglich der Betonung der Pragmatik

22: Auf die Unterscheidung von Sigmatik und Semantik, wie sie vor allem Klaus vorgenommen hat, wird hier nicht weiter eingegangen, da sie nicht allgemein üblich ist. In der Erläuterung zu „Semantik" wird allerdings der von Klaus zu recht betonte Doppeltaspekt (die Zeichen = Gestaltungselemente beziehen sich einerseits auf Objekte, andererseits auf davon abgeleitete Begriffe) aufgegriffen. — Lewandowski, Klaus/Buhr

23: Der semiotische Begriff des Zeichens ist im vorliegenden Text durch „Gestaltungselement" ersetzt worden, da bei filmischen Codes (vgl. Anm. 19) der Zeichenbegriff besonders schwer zu definieren, die tatsächlichen Zeichen nämlich nur mühselig bzw. willkürlich voneinander abzugrenzen sind. Der Begriff „Gestaltungselement" versucht dementsprechend auch die Schwierigkeit zu umgehen, die Konstituierung von „Superzeichen" durch ein oder mehrere Zeichen im filmischen Code nachzuweisen bzw. nachzuvollziehen. Die vorgeschlagene Sprachregelung erleichtert insofern das praktische Vorgehen, erschwert selbstverständlich die Erkenntnis des Zusammenhangs mit den semiotischen Gegebenheiten und Begriffen, verunmöglicht aber nicht, diesen Zusammenhang im Verlaufe der Arbeit herzustellen. Wer dennoch am Zeichen-Begriff festhalten will, wird ohne Schwierigkeiten ihn an die Stelle von „Gestaltungselement" setzen können. — Eco/1-2, Pasolini, Metz, Peter/1-2

24: Der Begriff der „Aussage" steht hier vor allem für „Inhalt", ist demnach nicht im Sinne der formalen Logik zu verstehen. Er ist aufs engste verknüpft mit dem (pragmatischen) Begriff der Kommunikationsabsicht. Zur Abgrenzung gegenüber dem Form-Inhalt-Aspekt (vgl. Anm. 53) erweist sich übrigens der Ausdruck „Aussage" ebenfalls als vorteilhaft. — Silbermann/Krüger, Klaus/Buhr, Lewandowski

25: Die gestalterischen Unterschiede, die prinzipiell auf unterschiedlichen Distributionsformen basieren (Bildschirmgröße, live-Effekt, Wohnzimmersituation beim Fernsehen im Gegensatz zum Film) und damit auch unterschiedliche Rezeptionsbedingungen sowie Wirkungspotentiale haben, sind im einzelnen nur wenig untersucht worden; verallgemeinerungsfähige Untersuchungsresultate gibt es bis heute kaum. Der eigene Aufsatz von 1962, „Von der Traumfabrik zur Reproduktionswerkstatt", in „Rundfunk und Fernsehen" (Heft 2 von 1962) ist nicht mehr als ein Ansatzpunkt. — Zu den einzelnen Medien Noelle-Neumann/Schulz, Schwarz

26: Diese auf den ersten Blick überraschende Parallelbehandlung von Film und Fernsehen, von Dokumentation und Fiktion ist dadurch bedingt, ermöglicht und notwendig, daß mit semiotischen Kategorien gearbeitet wird. Dabei ist zu beachten, daß beispielsweise Dokumentarfilme, in denen keine Personen auftreten, nicht aus dem Kategorienschema herausfallen, vielmehr innerhalb dieses Schemas eine bemerkenswerte Feststellung über sie gemacht werden kann. Selbstverständlich haben Dokumentationen einen anderen Realitätsbezug als Fiktionen, deren Handlung und Personen „erfunden" sind. Aber die Unterschiede zwischen ihnen werden durch die Anwendung des gleichen Instruments

# Filmanalysen 35

nicht verwischt, sondern verdeutlicht, während bei der Verwendung zweier verschiedener Instrumente eine Vergleichbarkeit von vornherein ausgeschlossen wäre. – Stocker
27: Das hier verwendete Schema der Kommunikation ist ursprünglich für den Bereich der technisch vermittelten Kommunikation aufgestellt worden, woran noch die verwendeten Begriffe erinnern. Die Übernahme der Begrifflichkeit in die sozialwissenschaftliche Kommunikationstheroie ist unbedenklich, solange der Technizismus des ursprünglichen Modells vermieden wird. Allerdings ist zu berücksichtigen, daß die Übernahme des Modells durch behavioristische bzw. automatistische Wirkungsvorstellungen begünstigt worden ist. – Renckstorf, Noelle-Neumann/Schulz
28: Ohne Kategorien, Indikatoren, Hypothesen (vgl. C. 3 bzw. Anm. 59) sind fundierte Untersuchungen nicht möglich. Die gesamte Arbeitsanweisung ist – genau genommen – eine solche Zusammenstellung von Kategorien und (vor allem in Teil B) Indikatoren. Hypothesen allerdings sind gegenstandsabhängig, können demnach nicht vorgegeben werden, sondern müssen am konkreten Material, also dem zu analysierenden Film bzw. der zu analysierenden Sendung entwickelt werden. – Lisch/Kriz, Friedrichs, Albrecht/2+1
29: Die Begriffe der (inhaltlichen) Gültigkeit (Validität) und der (methodischen) Zuverlässigkeit (Reliabilität) von Inhaltsanalysen ist hier indirekt anbzw. ausgesprochen. Im Rahmen einer auf die schulische bzw. außerschulische Bildungsarbeit bezogenen Darstellung kann auf diese Fragen nicht näher eingegangen werden. – wie Anm. 28
30: Die Vernachlässigung des Kontexts entgeschichtlicht die Filme und Sendungen nicht nur, wenn er bei den Produzenten für gleichgültig erklärt wird (was heute seltener geschieht); vor allem, wie heute häufig, bezüglich der Rezipienten bedeutet die Vernachlässigung *ihres* Kontexts, daß den Filmen bzw. Sendungen eine geschichtslose, hypostasierte, automatische Wirkmächtigkeit zugeschrieben wird, die einem ebenso ungeschichtlichen, naturgegebenen „Menschen an sich" korrespondiert. – Speichert, Kluge, Warning, Otto
31: Die Möglichkeit einer nur immanenten Kritik bzw. Wertung wird hier nicht verneint, wohl aber wird davon ausgegangen, daß diese allein keine relevanten Beurteilungen und Wertungen zustande bringen kann. – Warning, Stocker, Otto
32: Der in der Arbeitsanweisung mehrfach auftauchende Begriff der Akzentsetzung ist der Versuch, die sozialwissenschaftlichen inhaltsanalytischen Begriffe von Richtung, Intensität, von Trend in eine für die schulische und außerschulische Bildungsarbeit praktikable und verständliche Form zu bringen. Dabei muß in Kauf genommen werden, daß mehr im Sinne einer sog. qualitativen denn quantitativen Analyse schon aufgrund dieser Wortwahl gearbeitet werden wird, zumal Fragen der statistischen Gesichertheit hier mit hineinspielen. Dennoch schien – unter Einbeziehung der in Teil D formulierten Arbeitsgrundsätze – eine gewisse Plausibilität der Ergebnisse („besonders akzentuierte Aussagen") sinnvoller als der Versuch, die Ausbildung zum Inhaltsanalytiker mit Hilfe von Filmen und Fernsehsendungen bei Menschen zu versuchen, die diese Ausbildung nicht anstreben und meist auch die Voraussetzungen dafür nicht mitbringen. – Lisch/Kriz, Faulstich
33: In Fortführung des in Anm. 32 Gesagten basiert der hier formulierte Grundsatz auf den methodischen und statistischen Überlegungen, die bei jeder wissenschaftlich exakten Inhaltsanalyse Voraussetzung sind: die Merkmalsausprägungen müssen kategorialen und statistischen Mindestanforderungen entsprechen, ehe sie als relevant anerkannt werden können. – Lisch/Kriz

34: Die Bedeutung der gesellschaftlich-ökonomischen Faktoren stellt kein „marxistisches" oder „sozialistisches" Spezifikum des Verfahrens dar, sondern ist eine Selbstverständlichkeit, auf die – in einer besonderen gesellschaftlichen Situation – verstärkt hingewiesen zu haben, Marx mit Recht für sich in Anspruch nehmen könnte. – Silbermann/Krüger, Klaus/Buhr, Krings/Baumgartner/Wild
35: Der Satz stellt Gestaltungsmittel und Gestaltungsergebnisse in eine Wechselbeziehung, wobei die Reihenfolge von Mittel und Funktion gewählt wurde, die jedoch mit gleichem Recht auch umgekehrt werden kann. Es sei jedoch (vgl. D. 5) schon hier bemerkt, daß es sich im ästhetischen Bereich nicht um eine Mittel-Zweck-Relation, sondern um eine Mittel-Ergebnis-Relation handelt. – Kluge, Kluge/Negt, Klaus/Buhr, Schwarz, Giffhorn, Otto, Möller, Ehmer, Hartwig
36: Die Aufzählungen sind keineswegs vollzählig, können gegebenenfalls auch spezifiziert werden. Sie dienen in erster Linie als Hinweis, innerhalb welchen kategorialen Rahmens das funktionale Ergebnis der verwendeten und festgestellten Mittel zu suchen ist. Daß hierbei kein künstlerisches Kategoriensystem verwendet wird, ergibt sich aus dem Gesellschafts- und Realitätsbezug des gesamten Analyseverfahrens. – vgl. Anm. 35
37: vgl. Anm. 32 und 33
38: Der sog. Erwartungshorizont spielt bei der Rezeption – nicht nur von gestalteten Werken – eine wesentliche Rolle, da in ihn die geschichtlichen Entwicklungen und Erfahrungen der menschlichen Gattung eingehen. Allerdings kann gerade deshalb nicht auf irgendwelche individuellen oder gruppenspezifischen Erwartungen rekurriert werden; vielmehr sind „berechtigte Erwartungen" solche, die sowohl durch die menschliche Gattung wie das gestalterische Genre legitimiert sind. – Warning, Watzlawick/Beavin/Jackson, Holzkamp
39: Ziel jedes Arbeitsschrittes ist die Frage nach der Intention, da nur in ihr eine, allerdings relative, Einheit der jeweils untersuchten Materialien zu erwarten ist. Ein Gegensatz zu dem Ansatz der Rezeptionsästhetik (vgl. Anm. 13-14) besteht hier nur scheinbar, da Sinnkonstitutionen, Konkretisationen, Interpretationen nicht unabhängig, sondern abhängig von Kontext, Autorenintention, ästhetischer Erfahrung. – Warning
40: Der Vergleich der jeweils untersuchten Materialien mit vergleichbaren Darstellungen ist innerhalb der wissenschaftlichen Inhaltsanalysen selbstverständlich, unterbleibt jedoch häufig im schulischen und außerschulischen Bildungsbereich. Allerdings kann es hierbei – innerhalb des vorgelegten Analyseverfahrens – nicht um einen rein künstlerischen Vergleich gehen; Angelpunkt ist vielmehr wiederum die jeweilige Intention, so daß über die soziokulturellen Beziehungen die gesellschaftlich-ökonomischen Faktoren berücksichtigt werden müssen. – Otto, Giffhorn, Hartwig, Möller, Ehmer
41: In der Bildungsarbeit wird gelegentlich der Ausweg gewählt, daß der jeweilige Leiter/Lehrer die Fakten zu den Fragen 1-2 von sich aus einbringt. Abgesehen davon, daß dies ein vorweggenommenes Analyse-Ergebnis voraussetzt und den Betreffenden infolgedessen bei der Analyse voreingenommen machen kann, ist zu bedenken, daß Überbau-Basis-Zusammenhänge nicht in einem 1:1-Verhältnis stehen, sich also nicht immer vollständig entsprechen. Es sollte daher gerade bei dem angedeuteten Verfahren Wert darauf gelegt werden, daß die Teilnehmer dieses dialektische Verhältnis nicht nur vorgesetzt bekommen, sondern aufgrund der vorgelegten Fakten erarbeiten können. – wie Anm. 40
42: Die Tatsache der spezifisch „medialen" Welt folgt unmittelbar aus dem syntaktisch-semantisch-pragmatischen Realitätsbezug jeder Kommunikation,

ist aber (verglichen mit der ungleich vertrauteren Wortsprache) bei Film und Fernsehen (auch wegen ihrer scheinbaren, jedenfalls teilweisen Realitäts-Identität) schwerer einzusehen. Darüber hinaus ist die „filmische" bzw. „televisionäre" Welt im Gegensatz zur „verbalen" Welt nicht in gleicher Weise (durch lexikalische Begrenztheit des Wortschatzes, durch syntaktische Regeln der Grammatik, durch semantische Geschichtlichkeit, durch pragmatische Allgegenwärtigkeit) formalisiert, so daß ihrer Decodierung sich selbst dann erhebliche Schwierigkeiten entgegenstellen, wenn die Encodierung ähnlich streng formuliert wurde, wie dies im Rahmen der Sprache selbstverständlich ist. – Eco/1-2, Metz, Peters/1-3, Pasolini, Arnheim

43: Das erkenntnistheoretische Problem, ob Realität (oder welchen Begriff man immer wählen will) überhaupt, also an sich zu erkennen ist, muß hier unerörtert bleiben. Wichtiger ist das semiotische Problem, daß die „Aussage über etwas" immer nur Teilaspekte des betreffenden „etwas" zum Ausdruck bringen kann, zwischen beiden (Aussagen und Gegenstand) demnach ein Unterschied besteht, der wahrnehmbar, ja sogar in weiteren Aussagen formulierbar ist, ohne daß doch durch sie prinzipiell dieser Unterschied aufgehoben werden kann. Sosehr dieser semiotische Unterschied von Gegenstand und Darstellung auf die Erkenntnistheorie durchschlägt, so wenig darf doch übersehen werden, daß es im vorliegenden Falle nur darum geht, welche Aussagen über den jeweiligen Gegenstand gemacht werden und welche man noch – im Sinne eines sachgerechten Vergleichs von (jeweils erkanntem) Gegenstand und (vorliegender) Darstellung – berechtigt machen könnte. – Peters/1-3, Pasolini, Metz, Eco/1-2, Klaus/Buhr, Krings/Baumgartner/Wild

44: In den Fragestellungen 3 und 4 wird zwischen der (menschlichen) Mit- und Umwelt und den (sie bedingenden realen) Existenzvoraussetzungen unterschieden, wobei die Reihenfolge der Fragen auch umgekehrt werden könnte. Entscheidend ist, daß in beiden Fällen wieder diachronische (geschichtliche) und synchronische (gesellschaftliche) Verhältnisse zum Gegenstand der Analyse werden (vgl. Anm. 17), ohne die wesentliche „Akzentsetzungen" unerkannt bleiben müßten. – Krywalski, Arnheim, Ritter/1, Ritter/2, Pütz, Stocker

45: Der Begriff der Realitäten verweist – nicht nur an dieser Stelle der Arbeitsanweisung – darauf, daß „die Wirklichkeit" in viele, auch in ihren Beziehungen untereinander nicht erhellbare Realitäten zerfällt, die unterschiedlichen geschichtlichen, gesellschaftlichen, zielorientierten, situationsbedingten, individualspezifischen Voraussetzungen entspringen. Um diese Realitäten wenigstens in ihren hier wichtigen Komponenten anzudeuten, ist die (unvollständige!) Aufzählung unter dem Stichwort „WAS" (Personen, Gegenstände ...) als Hinweis aufgestellt worden. – wie Anm. 35

46: Unter den (philosophischen) und daraus erst folgenden ästhetischen) Kategorien sind Zeit und Raum berücksichtigt worden, weil sie prinzipielleren Charakter tragen, besser als andere erforscht sind, vor allem aber in ihrer künstlerischen Relevanz und gesellschaftlichen Bedeutung hervorragen. Die Einordnung der Darstellung in die Lebensumwelt der jeweiligen Produzenten wie Rezipienten gelingt mit ihrer Hilfe besser und leichter. – Klaus/Buhr, Krings/Baumgartner/Wild

47: Die Bedeutung der „Bezugszeit" ist für die Literatur und das Drama seit Jahrzehnten intensiv untersucht worden, seitdem sich herausgestellt hat, daß „die Kalenderzeit", innerhalb derer die Handlung spielt, von erheblicher Relevanz für die Handlung selbst ist, und zwar nicht nur hinsichtlich der historischen Situierung des Geschehens, sondern auch hinsichtlich der Zeitdauer, die das Gesamtgeschehen übergreift. – Ritter/2, Pütz, Stocker

48: Die aus der „Bezugszeit" „herausragenden" Zeitabschnitte, in denen „tatsächlich etwas geschieht", konstituieren die eigentliche Handlung, doch ist gerade deshalb wichtig, welche Teile aus der Bezugszeit sie markieren, da Fragen der Retardierung, der Pausen, der Handlungsballung usw. damit in engem Zusammenhang stehen. – wie Anm. 47

49: Erst auf der Basis der innerhalb des Films „verbrauchten" Laufzeit bekommen die Erkenntnisse über die Handlungszeit und die Bezugszeit ihre Bedeutung. Dies läßt sich am deutlichsten nachvollziehen bei Filmen (oder Sendungen), deren Handlungszeit mit der Laufzeit identisch ist (z.B. „High Noon" = „Zwölf Uhr mittags"), in denen aber dennoch kein 1:1-Verhältnis von Minute zu Minute besteht, sondern sich für verhältnismäßig kurze Uhr-Zeiten wesentlich längere Lauf-Zeiten ergeben und umgekehrt. – wie Anm. 47

50: Das in Anm. 47 für die Bezugszeit Formulierte gilt auch für den Bezugsraum: Da der (geografische) Raum, in dem eine Handlung spielt, gleichzeitig einen Lebensraum und einen Geschichtsraum darstellt, ist die geografische Situierung von erheblicher Bedeutung. Dies gilt selbst dann, wenn der Bezugsraum sich im strengen Sinne als geografischer Raum nicht definieren läßt, weil der (unbestimmte) Bezugsraum „eine kleine Stadt" oder „ein Zimmer im ersten Stock" in nicht geringerem Maße Lebens- und Traditionsraum sind. – Ritter/1, Stocker

51: Die aus dem Bezugsraum „herausragenden" Raumteile, in denen „tatsächlich etwas geschieht", konstituieren den eigentlichen Handlungsraum. Er ist wichtig, weil die Handlungsräume durch ihr Herausgreifen aus dem Bezugsraum markieren, wie Umwelt und Geschehen zueinander in Beziehung gesetzt sind. – wie Anm. 50

52: Erst auf der Basis der innerhalb des Films auftauchenden Bilder bekommen die Erkenntnisse über die Handlungsräume und den Bezugsraum ihre Bedeutung. Denn erst in der konkreten Verwendung von Bildausschnitt und Perspektive bekommen sie ihre Atmosphäre und ihren Stellenwert innerhalb des Films. Dementsprechend ist der Bild-Raum immer Teil der Handlungsräume und diese wiederum des Bezugsraumes, und zwar im Sinne einer wachsenden Konkretisierung. – wie Anm. 50

53: Das Gegensatzpaar von Form und Inhalt ist mit Recht viel diskutiert worden, soll hier aber auch nicht als Gegensatz oder Ersatz für „Gehalt – Gestalt", für „Struktur – Funktion", für „Element – System", für „Ausdrucks- und Inhaltsseite" o.ä. stehen, sondern auf die dialektische Spannung verweisen, die zwischen diesen beiden Sachbereichen, wie immer sie benannt werden, notwendigerweise besteht. – Klaus/Buhr, Krings/Baumgartner/Wild, Lewandowski

54: vgl. Anm. 32 und 43

55: Der Begriff der Dramaturgie taucht auch hier nur adjektivisch auf, weil Probleme der Dramaturgie durchgehend in allen Fragestellungen im Vordergrund stehen. Allerdings ist hier eben nach der dramaturgischen Gliederung gefragt, weil sie im Blick auf die Intention des untersuchten Materials anders formuliert werden muß, als wenn man nur nach technischen Gliederungsmerkmalen sucht. – Peters/1-3, Arnheim, Schwarz, Eco/1-2, Metz, Pasolini

56: Der Begriff der Bild-Partitur ist in diesem Falle problematischer als beim Ton (vgl. Anm. 57), doch drängt er sich andererseits auf, weil die bewegten Bilder-Codes von Film und Fernsehen Mehrfach-Codierungen auf unterschiedlichsten Ebenen darstellen. – wie Anm. 55

57: Die beiden Bereiche von Bild und Ton (vgl. Anm. 56) können nicht jeder für sich untersucht werden, weil aus ihrer Wechselbeziehung sich ein Ganzes

konstituiert, doch trifft für den Ton wegen der Selbständigkeit der drei Tonbereiche der Begriff der Partitur eher als für das Bild zu. – wie Anm. 55
58: Auch bei wissenschaftlichen Analysen begegnen die gleichen Analysephasen, doch sind die einzelnen Phasen dabei wesentlich länger. – Lisch/Kriz, Albrecht/2
59: Der wissenschaftliche Begriff „Hypothesen" wird wegen der inhaltlichen Übereinstimmung und der forschungsstrategischen Parallelität zu dem Vorgehen bei wissenschaftlichen Analysen benutzt. Hypothesen sind Vermutungen über wahrscheinliche Zusammenhänge, die einer genaueren Überprüfung bedürfen. – Lisch/Kriz
60: Das Protokollieren während der Vorführung dient der Einübung einer Beobachtungshaltung, bei der es darauf ankommt, Beobachtetes möglichst unverändert und ohne Interpretation in der Erinnerung festzuhalten, damit es anschließend wiedergegeben bzw. ausgewertet werden kann. Das schriftliche Protokoll ist demnach einerseits ein Element der Übungsanalysen, auf das man verzichten kann, sobald die Erinnerung anstelle der Schrift die Beobachtungen festhält. Es ist andererseits bleibender Bestandteil der Gruppenanalysen, soweit diese auf möglichst vollständige Erfassung aller relevanten Details abstellen. – Albrecht/1, Lisch/Kriz
61: Die Bezeichnung dieser Phase als „Analyse" darf nicht darüber hinwegtäuschen, daß auch innerhalb der Gruppe schon „synthetische" Arbeit geleistet wird; vgl. Anm. 12. Strenge Abgrenzungen sind hier schwierig, aber auch nicht nötig. Die Bezeichnung „Analyse" rechtfertigt sich allerdings dadurch, daß die Gruppenergebnisse im Anfang und von vornherein noch keine Deutung/Interpretation des ganzen Films bzw. der Senkung darstellen. – wie Anm. 12
62: Die Synthese ist im schulischen und außerschulischen Bildungsbereich anfangs in starkem Maße eine Sache des Leiters bzw. Lehrers, der allerdings auf die wesentlich intensiveren Materialkenntnisse der Gruppen (-Berichterstatter) angewiesen ist. Bei einer verstärkenden Übung der Gruppen wird er immer mehr zu einem Moderator. – Speichert
63: Der Begriff des Charakteristischen steht an dieser Stelle für den der Akzentsetzung, weil das Ergebnis der Analyse und Synthese eine Zusammenfassung der (u.U. verschiedenen) Akzentsetzungen unter dem Hauptgesichtspunkt der (durchgehenden) Intention bringen muß (vgl. Anm. 32). Auch der Bezug zur Wirklichkeit muß als der entscheidende Angelpunkt des Analyseverfahrens hier noch einmal hervorgehoben werden (vgl. Anm. 34). – wie Anm. 32 und 34
64: Daß es auf die Bewußtheit der Gestaltung nicht ankommt, ist ein seit Plato über Kant und Marx bis Freud unter verschiedenen Gesichtspunkten immer wieder analysierter Gesichtspunkt jeder Kunstinterpretation und jedes wechselseitigen Verstehens. – Klaus/Buhr, Krings/Baumgartner/Wild, Otto

# Literatur

Albrecht/1, Gerd: Die Filmanalyse — Ziele und Methoden, in: Franz Everschor, Filmanalysen 2, Verlag Haus Altenberg, Düsseldorf 1964, 270 Seiten bzw. 38 Seiten

Albrecht/2, Gerd: Nationalsozialistische Filmpolitik. Eine soziologische Untersuchung über die Spielfilme des Dritten Reichs. Ferdinand Enke Verlag, Stuttgart 1969, 562 Seiten

Albrecht/3, Gerd: Neuorientierung der Medienpädagogik, in: FILM BILD TON, Juni 1970, Heft 6, 11 Seiten

Albrecht/4, Gerd: Sozialwissenschaftliche Ziele und Methoden der systematischen Inhaltsanalyse von Filmen. Beispiel: UFA-Tonwoche 451/1939 — Hitlers 50. Geburtstag, in: Moltmann/Reimers (Hrsg.): Zeitgeschichte im Film- und Tondokument, Musterschmidt-Verlag, Göttingen/Zürich/Frankfurt 1970, 336 Seiten bzw. 13 Seiten

Arnheim, Rudolf: Film als Kunst. Hanser-Verlag, München 1974, 2. Aufl., 344 Seiten

Eco/1, Umberto: Einführung in die Semiotik. Wilhelm Fink Verlag, München 1972, 474 Seiten

Eco/2, Umberto: Die Gliederung des filmischen Code, in: Friedrich Knilli (Hrsg.): Semiotik des Films, Carl Hanser Verlag, München 1971, 266 Seiten bzw. 24 Seiten

Ehmer, Hermann K. (Hrsg.): Visuelle Kommunikation. Beiträge zur Kritik der Bewußtseinsindustrie. Verlag M. DuMont Schauberg, Köln 1971, 393 Seiten

Faulstich, Werner: Einführung in die Filmanalyse. TBL Verlag Gunter Narr, Reihe: Literaturwissenschaft im Grundstudium 1, Tübingen 1976, 134 Seiten

Friedrichs, Jürgen: Methoden empirischer Sozialforschung. Rowohlt Taschenbuch Verlag, Reinbek bei Hamburg 1973, 430 Seiten

Giffhorn, Hans: Kritik der Kunstpädagogik. Zur gesellschaftlichen Funktion eines Schulfachs. Verlag M. DuMont Schauberg, Köln 1972, 195 Seiten

Habermas, Jürgen: Erkenntnis und Interesse. suhrkamp taschenbuch wissenschaft, Bd. 1, Frankfurt 1968, 430 Seiten

Hartwig, Helmut (Hrsg.): Sehen lernen. Kritik und Weiterarbeit am Konzept Visuelle Kommunikation. Verlag M. DuMont Schauberg, Köln 1976, 338 Seiten

Holzkamp, Klaus: Sinnliche Erkenntnis. Historischer Ursprung und gesellschaftliche Funktion der Wahrnehmung. Athenäum Verlag, Frankfurt am Main 1973, 436 Seiten

Klaus/Buhr (Hrsg.): Marxistisch-Leninistisches Wörterbuch der Philosophie. 3 Bände, Rowohlt Taschenbuch Verlag, Reinbek bei Hamburg 1972, 1252 Seiten

Kluge, Alexander: Gelegenheitsarbeit einer Sklavin. Zur realistischen Methode.

Suhrkamp Verlag, Frankfurt 1975, 250 Seiten
Krings/Baumgartner/Wild (Hrsg.): Handbuch philosophischer Grundbegriffe.
6 Bände. Kösel Verlag, München 1974, 1874 Seiten
Krywalski, Dieter (Hrsg.): Handlexikon zur Literaturwissenschaft. Verlag Rowohlt Taschenbuch Verlag, Reinbek bei Hamburg 1978, 544 Seiten
Lewndowski, Theodor: Linguistisches Wörterbuch. 3 Bände, Verlag Quelle & Meyer, Heidelberg 1973, 841 Seiten
Lisch/Kriz: Grundlagen und Modelle der Inhaltsanalyse. Bestandsaufnahme und Kritik. Rowohlt Taschenbuch Verlag, Reinbek bei Hamburg 1978, 217 Seiten
List, Gudula: Psycholinguistik. Eine Einführung. Verlag W. Kohlhammer, Stuttgart/Berlin/Köln/Mainz 1972, 137 Seiten
Metz, Christian: Semiologie des Films. Wilhelm Fink Verlag, München 1972, 329 Seiten
Möller, Heino R.: Gegen den Kunstunterricht. Versuche zur Neuorientierung. Otto Maier Verlag, Ravensburg 1974, 3. Auflage, 152 Seiten
Negt/Kluge: Öffentlichkeit und Erfahrung. Zur Organisationsanalyse von bürgerlicher und proletarischer Öffentlichkeit. Suhrkamp Verlag, Frankfurt am Main 1973, 2. Auflage, 490 Seiten
Noelle-Neumann/Schulz (Hrsg.): Publizistik. Fischer Taschenbuch Verlag, Frankfurt am Main 1971, 392 Seiten
Nowak, Werner: Visuelle Bildung. Ein Beitrag zur Didaktik der Film- und Fernseherziehung. Neckar-Verlag, Villingen 1967, 140 Seiten
Otto, Gunter (Hrsg.): Texte zur Ästhetischen Erziehung. Kunst — Didaktik — Medien. 1969 bis 1974. Georg Westermann Verlag, Braunschweig 1975, 240 Seiten
Pasolini, Pier Paolo: Die Sprache des Films, in: Friedrich Knilli (Hrsg.): Semiotik des Films, Carl Hanser Verlag, München 1971, 266 Seiten bzw. 18 Seiten
Peters/1, Jan Marie L.: Grundlagen der Filmerziehung. Juventa Verlag, München 1963, 160 Seiten
Peters/2, Jan Marie L.: Die Struktur der Filmsprache, in: Karsten Witte (Hrsg.): Theorie des Kinos. Ideologiekritik der Traumfabrik. Suhrkamp Verlag, Frankfurt am Main 1972, 16 Seiten bzw. 337 Seiten
Peters/3, Jan Marie L.: Bild und Bedeutung. Zur Semiologie des Films, in: Friedrich Knilli (Hrsg.): Semiotik des Films, Carl Hanser Verlag, München 1971, 266 Seiten bzw. 14 Seiten
Pütz, Peter: Die Zeit im Drama. Zur Technik dramatischer Spannung. Verlag Vandenhoeck & Ruprecht, Göttingen 1970, 263 Seiten
Renckstorf, Karsten: Neue Perspektiven in der Massenkommunikationsforschung. Beiträge zur Begründung eines alternativen Forschungsansatzes. Verlag Volker Spiess, Berlin 1977, 194 Seiten
Ritsert, Jürgen: Inhaltsanalyse und Ideologiekritik. Ein Versuch über kritische Sozialforschung. Athenäum Verlag, Frankfurt am Main 1972, 119 Seiten
Ritter/1, Alexander (Hrsg.): Landschaft und Raum in der Erzählkunst (Wege der Forschung, Bd. 418), Wissenschaftliche Buchgesellschaft, Darmstadt 1975, 486 Seiten
Ritter/2, Alexander (Hrsg.): Zeitgestaltung in der Erzählkunst (Wege der Forschung, Bd. 447), Wissenschaftliche Buchgesellschaft, Darmstadt 1978, 384 Seiten
Schwarz/Paech (Hrsg.): Didaktik der Massenkommunikation. 3 Bände. Verlag J.B. Metzler, Stuttgart 1974, 1976, 1977, 858 Seiten
Silbermann/Krüger: Soziologie der Massenkommunikation. Verlag W. Kohl-

hammer, Stuttgart/Berlin/Berlin/Köln/Mainz 1973, 136 Seiten
Speichert, Horst (Hrsg.): Kritisches Lexikon der Erziehungswissenschaft und Bildungspolitik. Rowohlt Taschenbuch Verlag, Reinbek bei Hamburg 1975, 398 Seiten
Stocker, Karl (Hrsg.): Taschenlexikon der Literatur- und Sprachdidaktik. 2 Bände. Scriptor Verlag, Kronberg und Hirschgraben-Verlag, Frankfurt am Main 1976, 578 Seiten
Warning, Rainer (Hrsg.): Rezeptionsästhetik. Theorie und Praxis. Wilhelm Fink Verlag, München 1975, 504 Seiten
Watzlawick/Beavin/Jackson: Menschliche Kommunikation. Formen, Störungen, Paradoxien. Verlag Hans Huber, Bern/Stuttgart/Wien 1974, 4. Auflage, 270 Seiten
Wehle, Gerhard (Hrsg.): Pädagogik aktuell. Lexikon pädagogischer Schlagworte und Begriffe. 3 Bände. Kösel-Verlag, München 1973, 600 Seiten

# Texte zum Thema

## Einführung

I.
Wozu macht man Filmanalysen? (Genauer müßte es heißen: Inhaltsanalysen von Filmen und Fernsehsendungen!). Bei wissenschaftlichen Analysen läßt sich das meist ziemlich genau angeben, bei Übungsanalysen, die in Gruppen veranstaltet werden (und nur diese Form von Analysen interessiert auf den folgenden Seiten), ist das Ziel schwerer zu beschreiben. Denn mit dem Stichwort „Sensibilisierung und Emanzipation" ist vieles gesagt, aber wegen der Vieldeutigkeit fast noch mehr offen.
Einiges aber läßt sich vorweg zur Klärung beitragen:
1. Die Inhaltsanalyse von Filmen und Fernsehsendungen stellt Aussagen fest, aber keine Wirkungen. Sie erfaßt also nur mögliche, potentielle Wirkungen; wie diese durch die Rezipienten konkretisiert werden, hängt vom jeweiligen Kontext ab. Die Analyse intensiviert die Wahrnehmung und verbessert das Verständnis, sie will die Aussagen des Kommunikats (des Mediums und seines gestalteten Inhalts) in ihrer Intention möglichst präzis vergegenwärtigen.

2. Die Analyse von Filmen und Fernsehsendungen ermöglicht, wenn sie in Gruppen vorgenommen wird, (Meta-)Kommunikation über die (einseitige) Kommunikation zwischen den einzelnen Rezipienten und dem Film bzw. der Sendung. Die Gruppenanalyse wird so zum Teil eines Sozialisationsprozesses, bei dem unterschiedliches subjektives Erleben kommuniziert, aber auch verinnerlicht wird. Deshalb trainieren die Gruppenanalysen die Anwendung eines methodischen Instrumentariums, wobei derartige Übungsanalysen in ihrem methodischen Vorgehen und ihren didaktischen Fragestellungen vom thematischen Kontext und den jeweiligen Teilnehmern abhängig bleiben.

3. Entsprechend dem semiotischen Grundmodell reflektieren die Kategorien bei den Inhaltsanalysen den Gesellschaftsbezug (Pragmatik), den Wirklichkeitsbezug (Sematik) und die Gestaltungsbeziehungen (Syntaktik) des jeweiligen Analyse-Gegenstandes. Die Interessen des Kommunikators wie der Rezipienten müssen dementsprechend bei der Analyse ebenfalls berücksichtigt werden. (Als historisches Beispiel wie als angemessenes Vorbild für derartige Analysen sei auf Kracauers STRUCTURAL ANALYSIS verwiesen.)

II.
Die folgenden Auszüge aus der deutschsprachigen Literatur zur Aussageanalyse (von Filmen und Fernsehsendungen) geben praxisbezogene Auskunft über

die Kriterien und Methoden der verschiedenen Verfahren, soweit sie im Rahmen einer emanzipatorischen Medienerziehung angewendet werden können. Sie liefern Handreichungen für solche Analysen, die Gruppen (in Schule, Jugend- und Erwachsenenbildung, aber auch in der Aus- und Fortbildung der damit befaßten Berufe) vornehmen, um die einzelnen Beteiligten zum kritischen Umgang mit Film und Fernsehen zu befähigen. Die Texte ermöglichen demnach zwar keine wissenschaftliche, wohl aber eine wissenschaftlich fundierte Analyse von Filmen und Fernsehsendungen.

## III.

Die sechs Texte demonstrieren einen intensiven Dialog zwischen den Autoren, der teils in Zitierungen, teils in unausgesprochenen Übernahmen oder Ablehnungen der anderen Veröffentlichungen seinen Ausdruck findet. Gemeinsamkeiten, Gegensätze und Unterschiede zeigen sich vor allem in folgendem:

1. Es gibt neben der mal so, mal anders genannten Gruppenanalyse (Aussagenanalyse im weiteren Sinne) eine wissenschaftliche Analyseform (Aussagenanalyse im strengen Sinne), die sich weniger in den Kategorien als in den Methoden unterscheidet, wobei letztere mit Hilfe größerer quantitativer Exaktheit in der Erfassung der Indikatoren (Reliabilität) vor allem eine größere Gesichertheit der aus den Feststellungen folgenden qualitativen Ergebnisse (Validität) intendiert (so Text 1, 2, 3, 5, 6).

2. Aus den an der Gruppenanalyse interessierten Texten ergibt sich folgendes Ablaufschema für die Gruppenanalyse (Text 1, 3.,5, 6):
   1. Problemstellung
   2. Vorführung
   3. Gespräch
   4. Vorführungswiederholung
   5. Vertiefung im Gruppen- bzw. Plenumsgespräch
   6. Evtl. Wiederholungen des Films

Die Texte 2 und 4 schlagen andere Verfahrensweisen vor.

3. Die Untersuchungskategorien umfassen in allen Texten nicht nur das Medium und seinen Inhalt, sondern auch den Kommunikator und den Rezipienten. Allen Texten gemeinsam ist auch die Einbeziehung des gesellschaftlich-ökonomischen bzw. des sozialkulturellen Umfelds, in dem der Kommunikator und der Rezipient, aber auch das Medium und der jeweilige Inhalt existieren. Dementsprechend wird auch die Frage der Tendenz in allen Texten ernst genommen.

4. Hinsichtlich der Terminilogie und in der Sache bestehen andererseits grundlegende Divergenzen. Redet der eine Texte vom „Autor" als der für die Aussage und die Tendenz wesentlich verantwortlichen Person (Nr. 2), so spricht der andere vom „Produzenten" und meint den Kommunikator im kommunika-

tionstheoretischen Sinn, also ein Konstrukt, das alle an der Entstehung und Verbreitung Beteiligten zusammenfaßt (Nr. 1). Läßt der eine Texte die Zusammenhänge und Unterschiede von (potentiellem) Publikum, (angestrebter) Zielgruppe, (tatsächlichen) Zuschauern und (unmittelbarer) Arbeitsgruppe offen (Nr. 6), ist der andere überhaupt nur an der jeweiligen Gruppe interessiert, mit der der Film gerade analysiert wird (Nr. 5). Ist der eine an der Aufdeckung von Manipulationstechniken (gegenüber dem Material und gegenüber den Rezipienten) anklägerisch interessiert (Nr. 4), so interessiert ein anderer die Möglichkeiten derartiger Techniken im Rahmen von Kommunikation als unumgänglich (Nr. 3).

5. Die meisten Texte (Nr. 1, 3, 4, 5, 6) verstehen Wirkungszusammenhänge nicht als Reiz-Reaktions-Mechanismus), sondern als vom Inhalt nicht eindeutig bestimmte, re-agierende Antwort („response"). Nur ein Text (Nr. 2) postuliert dagegen zwangsläufige Wirkungsgesetzmäßigkeiten. Dieser Gegensatz ändert jedoch nichts daran, daß die Einstellungen des Rezipienten zum Inhalt, zum Medium und zum Kommunikator in allen Texten in die Analyse einbezogen werden.

6. Gehen insofern die Texte über die reine Inhaltsanalyse hinaus und umfassen die Gesellschaftsanalysen auf der Sender- und der Empfängerseite, so bestehen sie andererseits auf einer Einbeziehung von Parallel- und Alternativdarstellungen, wenn dies auch teilweise nicht ausdrücklich zum Gegenstand der Analyse erklärt wird. Derartige Vergleiche sind jedenfalls allen Texten mindestens immanent (am deutlichsten formuliert in Text 1, 2, 3, 6).

7. Unklar bleibt teilweise, wieweit die Texte auf praktischen Erfahrungen beruhen oder Forderungen enthalten, die nicht oder nur ungenügend erprobt werden konnten. Die Publikationen, denen die Texte 4 und 5 entnommen sind, verweisen auf drei bzw. zwei Jahre Erfahrungen, sagen aber über deren Umfang, die Zahl der analysierten Sendungen und Filme gar nichts. Bei Text 2 ist die Basis für das vorgeschlagene Verfahren in der Publikation angegeben: es wurde ein Dokumentarfilm analysiert. In den Publikationen der Texte 1, 3, 6 ist über die praktische Erprobung nichts angegeben, doch läßt sich aus anderen Publikationen dieser Autoren eine langjährige Erfahrung mit Aussageanalysen, auch mit Gruppenanalysen feststellen.

8. Die Verfahren, die im einzelnen anzuwenden sind, werden meist nur unvollständig beschrieben, so daß ein Nachvollzug aufgrund der Publikationen zu Ungereimtheiten führt (so ist nach Text 2 in Ziffer 12, C-D-F ein einziges Tonbandgerät nicht ausreichend; in Text 5 ist der Analyse-Ablauf nur unklar zu begreifen und daher unterschiedlich nachzuvollziehen, in Text 4 sind die „Ziele" bei den drei angeblich unterschiedlichen Analyseformen untereinander unklar). Gerade die Praktizierbarkeit des jeweiligen Modells ist deshalb ohne Unterweisung durch einen darin Bewanderten kaum zu gewährleisten:

die Publikationen (nicht etwa nur die in der Dokumentation wiedergegebenen Texte) erweisen sich als nur begrenzt nützlich.

9. Alle Texte haben weniger eine adäquate Beschreibung ihres Gegenstandes zum Ziel, sondern vor allem Erkenntnis- und Sensibilisierungsprozesse der an der Analyse Beteiligten. Der intendierte Inhalt dieser Erkenntnis wird einheitlich gesehen: Die Gruppenanalyse erstrebt die Feststellungen von Gesetzmäßigkeiten, die bei den Kommunikatoren, den Aussagen und den Rezipienten sowohl im Stilistischen wie auch im Ideologischen liegen. Die Sensibilisierung als Einübung in Analysekategorien und -methoden zum Zweck einer Verbesserung analytischer Fähigkeiten verfolgen jene Texte, die Gruppenanalysen vorsehen (Text 1, 3, 5, 6), aber auch jene, die diesbezüglich sich nicht genauer äußern (so Text 2 und 4). Alle Texte verstehen also als Ziel der Gruppenanalyse die Verbesserung der Wahrnehmungs- und Beurteilungsfähigkeit des einzelnen.

Es ist jedoch ein bedauerlicher Nachteil, daß trotz derartiger Übereinstimmung in der Zielsetzung alle Texte über die Anwendung der in der Gruppenanalyse erworbenen Fähigkeiten durch den einzelnen sich ausschweigen oder zu unverbindlichen Allgemeinplätzen greifen. Gerade der Anwendung und der adäquaten Stimulierung zur Anwendung der erarbeiteten Erkenntnisse und Sensivität widmen die Publikationen (nicht nur die wiedergegebenen Texte) zu wenig Raum und zu wenig Phantasie.

IV.
Zusammenfassend ist festzuhalten: Bei allen Übereinstimmungen zwischen den (meisten) Autoren (vgl. Punkt 1-3, 6 und 9) sind die Unterschiede, Unklarheiten und Gegensätze beträchtlich (vgl. Punkt 4, 5, 7-8). Die Gruppenanalyse von Fernsehsendungen und Filmen wird daher in ihrer zukünftigen Entwicklung von diesen Gemeinsamkeiten auszugehen haben, aber nicht übersehen dürfen, daß unterschiedliche wissenschafts-theoretische und ideologische Standpunkte den Formen der Gruppenanalyse höchst unterschiedliche Akzentsetzungen ermöglichten. Eine „Modellgläubigkeit" wäre demnach fehl am Platze, aber leicht praktizierbare Modelle, die den jeweiligen Ansprüchen angepaßt werden können, erweisen sich dennoch als notwendig.

V.
Die Anordnung der Texte folgt dem Erscheinungsjahr der Veröffentlichungen; innerhalb des gleichen Jahres wurde alphabetisch nach Verfassern geordnet.
Auf einen Kommentar oder eine Einleitung zu den einzelnen Texten wurde verzichtet. Der jeweils am ganzen Text interessierte Leser sei auf die Bibliographie verwiesen, in der für die hier auszugsweise wiedergegebenen Veröffentlichungen die Fundstellen angegeben sind.

Beispiele und Wiederholungen dessen, was in den anderen Texten bereits gesagt war, wurden möglichst ausgelassen. Das für die einzelnen Autoren Typische und Charakteristische sollte zwar zur Geltung kommen. Schließlich aber war die praktische Bedeutung und Erprobung des Textes für die Kategorien und Methoden der Gruppenanalysen von Filmen und Fernsehsendungen ausschlaggebend. Bei der notwendigen Seitenbegrenzung war insofern ein Kompromiß zu finden, bei dem leider jeder Text um wichtige Partien, teils zur Methode, teils in grundsätzlichen Ausführungen gekürzt werden mußte. Daß im übrigen die Texte unterschiedlich lang sind, hängt mit der unterschiedlichen Stringenz ihrer Darstellungsweise zusammen.

# Text 1:
# Die Filmanalyse — Ziele und Methoden

*A. Grundsätzliche Vorbemerkungen*

Filmanalyse ist die umfassende Untersuchung eines Filmes und seiner Funktion nach sachgemäßen und zweckmäßigen Prinzipien; sie kann aber das spontane Zuschauererlebnis weder ersetzen noch abwerten. Die Filmanalyse ist demnach nicht nur ästetisch-dramaturgischen Kategorien und Interpretationsformen verhaftet, sondern auch der sozialpsychologischen Funktion des Films und ihrer sachgerechten Deutung. Genauer noch müßte man sagen: die Filmanalyse hat die Aufgabe, die Betrachtung der Gestalt und der Funktion eines Films als Einheit zu verwirklichen. Ihr Verfahren bedeutet demnach keine Zerreißung der ursprünglichen filmischen Einheit; soweit sie dazu, um die Gegebenheiten klarer überblicken zu können, gezwungen ist, kann doch ihre Deutung auf eine Wiederherstellung der wechselseitigen Beziehungen und auf die — durch die Analyse allerdings vertiefte — Gesamtschau des Films nicht verzichten.
Die Einheit der filmanalytischen Betrachtungsweise ist gegeben durch das Verständnis des Films als kommunikativer Prozeß. Demnach ist die Fragestellung sozialpsychologisch orientiert: die Filmanalyse untersucht den Film unter dem Aspekt der Frage, welche Bedeutung er durch Gestalt und Gehalt als Massenkommunikationsmittel für die Meinungsbildung innerhalb der Gesellschaft hat. Filmanalyse ist dementsprechend keine Beschäftigung filmbegeisterter Fans, auch keine allein der Filmkunst oder allein der Filmindustrie dienliche Feststellung über den rechten Gebrauch der filmkünstlerischen Mittel: sie ist keine Betrachtungsweise, bei der die ästhetischen Werte allein ausschlaggebend sind, und sie will nicht in erster Linie eine Verbesserung der Filme oder ihres geschäftlichen Erfolges erreichen. (...)
Filmanalyse muß vorgenommen werden im ständigen Hinblick auf die Realität dessen, was abgebildet wird. Denn Film ist Gestaltung, gerade aber als Umgestaltung des in der Wirklichkeit Vorfindlichen wird die Besonderheit seines Ausdrucks und Gehalts im Vergleich faßbar: methodisch gesehen kann auf diesen Vergleich, der die Eigenart der filmischen Realitätsgestaltung vor Augen führt, nicht verzichtet werden. Auf der anderen Seite ist es aber auch nicht erlaubt, in der Filmanalyse nur eine Anhäufung von Fakten zu sehen oder eine solche in ihr nur vorzunehmen. Vielmehr muß immer wieder die Gesetzmäßigkeit in der Anwendung der filmischen Mittel innerhalb eines Films zum Ausdruck kommen. Gegenstand und Ziel der Untersuchung muß also sein, diese

Filmanalyse

Gesetzmäßigkeit zu erkennen und darzulegen. Denn erst die Auswahl und durchgehende Verwendung chrakteristischer Mittel der Gestaltung vermag im Vergleich mit der Vielfalt und Variationsbreite der Gestaltungsmöglichkeiten Auskunft zu geben über die besondere Eigenart eines Films. Insofern setzt jede Filmanalyse den Überblick über den ganzen Film, die Kenntnis aller filmischen Möglichkeiten, aber auch die Bekanntschaft mit der Filmgeschichte voraus: erst im Vergleich mit anderen Gestaltungen und erst in der Zusammenschau der in einem Film durchgehend benutzten Gestaltungsmittel läßt sich die Besonderheit des einzelnen Films erfassen.

Keine Filmanalyse ist allein aufgrund nachweisbarer Fakten möglich. In allen Punkten, die bei der Analyse einen Vergleich mit der Realität, Beziehungen zu anderen Darstellungen und die Funktion des Films in der modernen Gesellschaft betreffen, muß immer wieder auf Hypothesen zurückgegriffen werden. Doch entspricht das durchaus den methodischen Gegebenheiten jeder derartigen Untersuchung: Beobachtung und Hypothese stehen als sich bedingend und befruchtend nebeneinander, so daß auch in der Filmanalyse mit Hypothesen notwendig gearbeitet werden muß. Denn falls keine bereits nachgewiesenen Zusammenhänge die Deutung einer Beobachtung ermöglichen, geben erst Hypothesen dem festgestellten Faktum seine Bedeutung in einem größeren Zusammenhang, wobei allerdings diese Hypothesen mit den gesicherten Ergebnissen der Untersuchung in Übereinstimmung stehen müssen. (...)

## B. Vorbemerkungen zum Analyseschema

Der Aufbau eines Schemas zur Filmanalyse ist in mehrfacher Hinsicht problematisch. Vor allem, weil die in seiner Gliederung isolierten Elemente der Filmgestaltung und -aussage im Film selbst als Einheit begegnen. Um diese Beziehung verdeutlichen zu können, müßte das Analyseschema mindestens dreidimesional aufgebaut werden; selbst dann wären die möglichen Beziehungen zwischen den verschiedenen Elementen nicht vollständig darstellbar. Da aber das Analyseschema in erster Linie für die Praxis bestimmt ist, muß es auf eine derartige exakte Form verzichten, weil sie für die Mehrzahl der Benutzer gar nicht mehr überschaubar und verwendbar sein würde. Es bleibt daher nur die Möglichkeit, durch die Verknüpfung der bereits abgehandelten Gestaltelemente mit dem neu auftauchenden immer wieder den ständigen Bezug auf die unaufhebbare Einbettung jeder Einzelheit in die komplexe Gesamtgestalt ins Bewußtsein zu rufen. (...)

Insgesamt könnte man das Schema der Analyse als ein Kompendium der bei der Filmanalyse relevanten Fragen bezeichnen. Schematisch im strengen Sinne kann weder die Analyse selbst noch die Beantwortung der durch das Schema gestellten Fragen verlaufen. Das Schema ist insofern ein Hilfsmittel der Filmdeutung: eine Beobachtung wird daraufhin geprüft, ob und an welchen Stellen sie zum Schema in Beziehung zu bringen ist; dadurch gewinnt sie, die in ihrem spontanen Bedeutsamkeitscharakter nicht in jeder Hinsicht schon ihren Sinn preisgibt, Transparenz im Hinblick auf die komplexe Aussage des ganzen Films und erhellt sich in ihrer Funktion als Teil des Ganzen.

Die Einbettung der Funktion, die der Film für das Publikum hat, in den Zusammenhang der Analyse mag gefährlich oder unsachgemäß erscheinen; denn indem man den Blick auf den Zuschauer richtet, verläßt man anscheinend das gesicherte Gebiet nachprüfbarer Fakten, die aus dem jeweils vorliegenden Film zu erheben sind. Des weiteren mag man glauben, es sei der Film — als ein in sich geschlossenes Werk — auch unabhängig von seinem Publikum sachgemäß und ausreichend deutbar, so daß die Einbeziehung der Absicht, die durch den Film verfolgt wird, und der Funktion, die er für sein Publikum hat, eine überflüssige oder sogar den Blick trübende Ausweitung des sachlich Notwendigen erscheinen mag.

Die Beschränkung der Filmanalyse allein auf den Film, ohne Berücksichtigung seiner Einbettung in eine zeitgeschichtliche, von weltanschaulichen und sozialen Konstellationen bedingte Situation, verkennt jedoch, daß auch der Film selbst — nicht nur seine Produzenten — von der jeweiligen Gegenwart, in der er entstand, geprägt ist, übersieht auch, daß man selbst bei der Filmanalyse als Untersuchender, Konstatierender und Deuter von der eigenen geschichtlichen Bedingtheit sich nicht freimachen kann, so daß die Analyse von den vielfältigen Faktoren der Situation, aus der heraus sie geschieht, notwendig beeinflußt ist. Von dieser Beeinflussung kann man nur dann Abstand gewinnen, wenn sie als Tatsache mit in Rechnung gesetzt wird, d.h. der Analyse kann es nur dann gelingen, Zeitüberdauerndes an einem Film zu erkennen, wenn sie die Situationsbedingtheit seiner Entstehung und seines Verständnisses in die Untersuchung mit einbezieht.

Überdies muß betont werden: der Film hat mit jeder Kommunikation — und insofern auch mit jeder künstlerischen Gestaltung — den Wunsch und Versuch gemeinsam, auf diejenigen, die seine Wiedergabe erleben können, auch einzuwirken. Denn Kunst und Kommunikation geschehen nicht um ihrer selbst willen, sondern — neben der Bedeutung, die sie für ihren Autor im Sinne der Selbstentfaltung haben — immer im Hinblick auf den Adressaten. Der Zuschauer ist insofern notwendiges Element des Filmischen: ohne ihn bleibt es bloße Möglichkeit, erst dadurch, daß ein Zuschauer es sieht, ist es das, was es sein will, erst dadurch also hat es seine Wirklichkeit.

Die Filmanalyse darf sich aber auf Fragen der zeitgeschichtlichen Bedeutung und sozialpsychologischen Funktion nicht beschränken. Denn diese Aspekte der Filmanalyse können erst beantwortet werden aufgrund einer eingehenden Gestaltanalyse. (...)

Es muß noch eine Warnung ausgesprochen werden: man begegnet immer wieder dem Wunsch, „einen Film mal vollständig zu analysieren". Es kann aber eine Filmanalyse immer nur zu einem genau zu umschreibenden Zweck angestellt werden; von ihm hängt dann nicht nur ab, welche Fragen im Vordergrund

Filmanalyse 51

der Untersuchung stehen, sondern auch, wieweit man in den jeweiligen Film, seine Problematik und Gestaltung eindringt. Probleme der tatsächlichen Filmwirkung gehören nicht in den Bereich der vorliegenden Untersuchung. Im Gegensatz zu der Funktion, die der Film als Kommunikationsform im Rahmen der modernen Gesellschaft erfüllt und die durchaus an Hand der im Film enthaltenen Tatbestände festgestellt werden kann, ist der Bereich der tatsächlich vom Film ausgehenden Einflüsse nicht nur durch diesen selbst bestimmt, sondern unterliegt in gleicher Weise den in der Gesellschaft und im Zuschauer vorgegebenen soziokulturellen und soziopsychischen Tatbeständen und damit auch der ihnen eigentümlichen Reaktionsfreiheit. Denn da es keine Schematik gibt, nach der ein bestimmter Reiz eine feststehende Reaktion bedingt, kann auch eine Filmanalyse über die tatsächlichen Wirkungen des Films nichts enthalten.

*C. Vorbemerkungen zur praktischen Durchführung*

(...)
Es ist (...) unerläßlich, innerhalb einer Vorführungsanalyse den betreffenden Film mindestens dreimal zu zeigen, und zwar nach einer ersten „Informationsvorführung" in der „Protokollvorführung", in der die Beobachtungen schriftlich festgehalten werden, während die „Kontrollvorführung" nach dem Analysengespräch dazu dient, die Feststellungen und Deutungen noch einmal genau zu überprüfen. Man tut jedoch gut daran, zwei Protokollvorführungen anzusetzen. Diejenigen Mitarbeiter, die die gleichen Phänomene beobachten, müssen während aller Vorführungen nebeneinander sitzen, damit sie sich gegenseitig anregen und verständigen können: schon vor der Informationsvorführung muß jeder Beteiligte wissen, welche Elemente des Films er zu beobachten hat. (...)

*D. Erläuterungen zum Analyseschema*

(...)
2. Filmische Gestalt:
Die Gestaltung des Films erfolgt durch die Aufnahme von Bild und Ton und durch deren Formung mit Hilfe der Montage. Aufnahme und Montage von Bild und Ton sind also die Elemente der filmischen Darstellung. Bei der Analyse eines Films sind diese Elemente nicht in gleicher Ursprünglichkeit gegenwärtig, da die Aufnahme durch den Montageprozeß verändert wird. Deshalb ist es methodisch notwendig, als Gegenstand der Analyse nicht den Herstellungsprozeß, die langsame Entwicklung des Films bis zum fertigen Produkt, zu definieren. Vielmehr ist das Objekt der Analyse der fertige Film, wobei nicht auf die Gestalt der ursprünglichen Bild- und Tonaufnahmen zurückgeschlossen

werden kann, sondern die Bild- und Tonaufnahmen in ihrer endgültigen Gestalt, die sie durch die Montage gewonnen haben, eine Rolle spielen. (...)

3. Filmische Welt:

Der nächste große Komplex von Fragen, mit dem sich die Filmanalyse als umfassende Deutung eines Films beschäftigen muß, betrifft die durch den Film gestaltete Welt, die von Film zu Film anders strukturiert ist.

Die Wirklichkeit, die auf der Leinwand erscheint, ist grundsätzlich verschieden von der Realität, die uns umgibt. Zwar geben Zeit und Raum, Grund und Folge, soziale Mitwelt und unbeseelte Umwelt beiden, sowohl der filmischen Wirklichkeit wie der Realität, erst Sinn und Form. Der Unterschied rührt aber daher, daß durch die Gestaltung, die der Film vornimmt, die genannten Strukturen in der filmischen Wirklichkeit anderen Gesetzen als in der Realität unterliegen: die Montage als Gestaltung von Abbildern formt eine neue Welt mit eigenen Gesetzen, die filmische Welt.

Weil dies so ist, ist die Untersuchung dieser Gegebenheit „filmische Welt" nicht mehr Mittel zum Zweck: wenn ihre Ergebnisse vorliegen, ist die Gestaltung erkannt. (...)

„Filmische Welt" ist ein Sammelbegriff, der gerade wegen der totalen Abbildungs- und Montagefähigkeit des Films eine Fülle von Tatsachen und Beziehungen meint. „Filmische Welt" besagt, daß der Mensch sich im Film neben und in seiner realen Welt eine neue Welt schafft, in der zwar Bruchstücke und bruchstückhafte Gesetzmäßigkeiten der Realität auftauchen, die aber als Ganzes eine völlig andere Erscheinungsweise hat und völlig anderen Daseinsgesetzen zu gehorchen scheint. Diese vielfältig gegliederte Welt muß, damit sie erkennbar wird, schematisch geordnet werden: auch wenn dabei die Lebendigkeit ihrer jeweiligen Form verlorengeht, kann man doch nur auf diese Weise die ihr innewohnenden Prinzipien wahrnehmen. (...)

4. Filmische Funktion:

Die für die Gesamtdeutung eines Films wichtigste Betrachtung betrifft die Funktion, die der Film im soziokulturellen Zusammenhang der jeweiligen Gesellschaft erfüllt. Oberflächlich gesehen entstehen Filme als Produkte einer auf Gewinn abzielenden Herstellungsfirma, doch deutet die Tatsache, daß eine solche Firma sich nach dem vermutbaren Willen des Publikums richtet, darauf hin, daß die Produktion auf Bedürfnisbefriedigung achtet. Stellt man in Rechnung, daß das Publikum beim Filmbesuch sich nicht nach der Güte oder den Kosten der Herstellung richtet, von der Werbung nur unwesentlich beeinflußt werden kann, die Vorliebe des Publikums sich für längere Zeit auf bestimmte Sujets und bestimmte Schauspieler und also auf Typisierung der Handlung und der Gestalten spezialisiert, so wird deutlich, daß die Funktion eines Films nicht in seinem Warencharakter liegt, sondern in seinem Wesen als Mittel der Kommunikation, wobei die Stereotypisierung dem Produkt den Wert eines Markenartikels zu verleihen vermag.

# Filmanalyse

## 4.1 Soziokulturelle Bedeutung:

(...) Indem der Film immer wieder die gleichen Darsteller, die gleichen, nur dem Namen nach verschiedenen Gestalten, in einer im wesentlichen gleichbleibenden Handlung und einer in ihrer Gestaltung grundsätzlich unwandelbaren Welt zeigt, bringt er eine Typisierung der Realität zustande, die als die typisierte Welt des Märchens eingesehen werden kann, durch die Handlichkeit ihrer Maßstäbe aber verführerisch Anwendung auf die reale Welt des alltäglichen Lebens bewirken kann. Schuld an der Übertragung streotyper Betrachtungsweisen aus einer Welt spielerischer Vergegenwärtigung in die Welt, in der wir nicht von der Verantwortung wie im Film entlastet sind, ist nicht der Film, sondern unser Wunsch, der Bürde unserer Verantwortlichkeit im Bereich des realen Lebens durch den Rückgriff auf die stereotypen Deutungsformen, die uns neben anderen Medien auch der Film anbietet, zu entgehen.

Dadurch, daß der Film den Eindruck bestärkt, es gäbe stereotype Handlungsabläufe und für sie auch stereotype Deutungsmöglichkeiten, und den Eindruck bestärkt, es gäbe eine Typologie des Menschen und stereotype, sich gleichbleibende, klischeehaft anzuwendende Deutungsformen für sie und ihr Verhalten, entspricht er den Wünschen, den Bedürfnissen seines Publikums. Darin liegt auch die Funktion, die der Film für das soziokulturelle Gefüge der modernen Gesellschaft hat: weil sich die Welt, in der wir leben, kompliziert hat, suchen wir nach verbindlichen Formen der Daseinsdeutung, die das unüberschaubare Geflecht menschlichen Geschehens und menschlicher Möglichkeiten nach einfachen und stereotypen Regeln gliedern. Die soziokulturelle Funktion des Films als eines Massenkommunikationsmediums liegt demnach in der Verbreitung von Stereotypen. Der Grad ihrer Stereotypie muß als Maßstab ihrer Verbindlichkeit verstanden werden, die für das Selbstverständnis der Gesellschaft notwendig ist.

Versucht man eine Gliederung der Stereotypen, die durch den Film verbreitet werden, so muß man 1. die Typologie des Starsystems, 2. die Typologie der im Film begegnenden Gestalten und 3. die Typologie der filmischen Handlungsklischees unterscheiden. Bei dieser Gliederung tritt zutage, daß eine doppelte Stereotypie bei den im Film begegnenden Menschen festzustellen ist (Stereotypie der Darsteller und der von ihnen dargestellten Filmgestalten) und daß die erste dieser stereotypen Darstellungsformen (Filmstars) als zufällig und wandelbar erscheinen kann, die weiteren Stereotypisierungen (Filmgestalten und Filmhandlungen) aber weniger beliebig erscheinen, weil sie als Wiedergabe von Realitäten angesehen werden und der freien Entscheidung der für die Produktion Verantwortlichen nicht in dem Maße wie das Starsystem ausgeliefert zu sein scheinen. (...)

Die Untersuchung der soziokulturellen Funktion, die der Film hat, verlangt, daß die Gesellschaft, innerhalb der der Film als Kommunikationsmittel eingesetzt wird, in die Analyse einbezogen wird. Es genügt nicht, einige unverbindliche Allgemeinplätze zu diesem Abschnitt aufzustellen. Noch weniger ist es angebracht, diesen Abschnitt zu übergehen, weil die Aufgabe der Analyse dann unbewältigt bleibt, nämlich den Film im Hinblick auf die Gesellschaft, in der er eine Rolle spielt, zu verstehen. (...)

4.2 Sozialpsychologische Bedeutung:
Dieser Komplex betrifft die filmpsychologischen Kennzeichen des Films. Dabei muß unterschieden werden zwischen der Psychologie des Filmzuschauers und der Psychologie des Films. Während erstere die konkreten Einflüsse des Films auf seine tatsächlichen Zuschauer sachgemäß mit Hilfe geeigneter psychologischer Untersuchungsmethoden exakt zu messen versucht und alle Voraussetzungen einer psychologischen Untersuchung, die aber bei der Bettrachtungs- wie bei der Vorführungsanalyse gewöhnlich nicht gegeben sind, erforderlich macht, verlangt die Filmpsychologie eine auf den Film selbst gerichtete Untersuchung. Ihre Aufgabe ist keine Untersuchung der Filmwirkung, sondern der Filmgestalt, in der die Voraussetzungen der Wirkung gegeben sind. Die Filmgestalt bedingt die einzelnen Wirkungen nicht als zwangsläufige Reaktion, umschließt aber die Gesamtheit der aus dem Film resultierenden Beeinflussungsmöglichkeiten. Die tatsächliche Wirkung ist schließlich ein Zusammenspiel von direkten Filmeinflüssen und spontanen Zuschauerreaktionen. (...)

5. Filmische Absicht:
Die Untersuchung eines Films kann sich nicht auf diesen beschränken, sondern muß seine Gestaltung und seinen Inhalt mit anderen Darstellungen, muß seine Zielsetzung mit der Situation und der Tendenz der in seiner Entstehungszeit wirksamen Kräfte vergleichen. Einige der in diesen Zusammenhang gehörigen Tatsachen sind schon im Komplex 1 berücksichtigt worden. Während es dort um eine Zusammenstellung von Fakten ging, ist nun eine Deutung der Zusammenhänge erforderlich. Denn der Film darf nicht isoliert untersucht werden, vielmehr muß seine Bezogenheit auf die in der Gesellschaft sich vollziehende Kommunikation verstanden werden.

5.1 Spezifische Aussage:
Die besondere Information des Films kommt nach Inhalt und Absicht, nach Intensität und Umfang dadurch zum Ausdruck, daß der Film mit anderen Äußerungen, die als Kommunikationsakte vergleichbar sind, tatsächlich verglichen wird. Der Vergleich ist notwendig, weil der Film sich in gleicher Weise wie jeder andere Kommunikationsversuch an die Gesamtgesellschaft wendet. Ist sie der Adressat der Darstellungen, so kann sie die einzelnen Äußerungen, auf welchem Gebiet der Kommunikationsformen sie auch erfolgen mögen, nicht ohne wenigstens den Versuch einer sie integrierenden Vergleichung akzeptieren, damit die Breite der Appelle und Beeinflussungen, denen sich die Gesellschaft in jeder Kommunikation ausgesetzt sieht, erkannt wird.

Filmanalyse

Ein weiterer Grund für diesen Vergleich liegt im Wesen der Kommunikation selbst. Da jede Information eine Aussage „über" etwas ist, muß sie ihren Gegenstand in dem Medium, das die Information vermittelt, zum Ausdruck bringen, so daß jede Information sich als Übertragung des Darzustellenden in eine davon verschiedene, zweite Sprache erweist. Information ist insofern eine Verdolmetschung, bei der beachtet werden muß, daß durch die Übersetzung eine Umformung eintritt. Daher müssen die Darstellungen, die sich im Rahmen der Gesellschaft als Kommunikation erweisen, einem Vergleich unterzogen werden, damit erkennbar wird, in welchem Umfang und aus welchen Gründen in den verschiedenen Darstellungsarten die gleiche Darstellungsweise anzutreffen ist, in welchem Umfang und aus welchen Gründen aber auch durch verschiedene Darstellungsweisen der gleiche Sachverhalt Ausdruck findet.

5.1.1 Andere Filme:
Der Vergleich mit anderen Filmen setzt filmhistorische Kenntnisse voraus. In der Praxis läßt sich kaum exakt formulieren, wo die Grenze zwischen dem, was in einen solchen Vergleich gehören mag, und dem, was auf keinen Fall mehr hinzugehört eigentlich liegt. Aufgrund der praktischen Erfahrung läßt sich sagen, daß man an diesem Punkt lieber zu weit als zu eng sein sollte. Zum Vergleich mit anderen Filmen gehört jedenfalls alles, was für den Film eine vertiefende Deutung seiner Gestaltung und seines Inhalts zuläßt. So müssen die thematisch und gestalterisch ähnlichen Filme Berücksichtigung finden, wobei es von den Umständen abhängt, in welchem Ausmaß der Vergleich tatsächlich durchgeführt wird. (...)

5.1.2 Andere Medien:
Der Vergleich muß den gesamten Bereich der Kommunikationsmittel umfassen, wobei nicht nur die Massenmedien berücksichtigt werden können (Fernsehen, Radio, Zeitung, Zeitschriften), sondern auch die Gebiete der Kunst (Theater, bildende Kunst, Literatur, Musik) im Hinblick auf thematisch und inhaltlich vergleichbare Gestaltungen untersucht werden müssen. Nur auf diese Weise gelingt es, die Besonderheiten der filmischen Gestaltung zu verstehen und nur auf diese Weise werden Gemeinsamkeiten der Aussage und der Gestaltung innerhalb der verschiedenen Kommunikationsformen sachgemäß erfaßbar. In diesem Zusammenhang sind Verfilmungen mit ihren ursprünglichen Stoffen zu vergleichen, da die Eigentümlichkeiten der filmischen Darstellung dabei sichtbar werden.
Es kann nicht das Ziel der Arbeit sein, eine ungeordnete Fülle mehr oder weniger deutlicher Ähnlichkeiten und Gegensätzlichkeiten auszuführen, es darf andererseits nicht darauf verzichtet werden, das Ausmaß und den Charakter aller feststellbaren Parallelen hinsichtlich ihrer Bedeutung für den vorliegenden Film und die gegenwärtige Untersuchung sorgsam zu würdigen.

Im Zusammenhang damit werden oft umfangreiche Arbeiten notwendig. Da aber an dieser Stelle der Film im großen Komplex der zwischenmenschlichen Kommunikationsbemühungen als integrierender Bestandteil der Gegenwart berücksichtigt wird und diese Art des Vergleichens meist ohne technische Hilfsmittel und unabhängig davon möglich ist, ob man eine Betrachtungs- oder eine Vorführungsanalyse durchführen kann, sollte man auf den Vergleich nicht verzichten: er zeigt Nuancen, die sonst leicht übersehen werden.
Man sollte sich der Tatsache bewußt bleiben, daß in diesem Sektor zwar Inhalt, Technik, Tendenz verglichen werden können, die verschiedenen Gestaltungsprinzipien der unterschiedlichen Kommunikationsmittel den Vergleich der Gestaltungsformen aber meistens unmöglich machen.

5.1.3 Tatsachen:

Der Vergleich des filmischen Inhalts mit den Tatsachen, der nicht nur bei historischen Themen möglich ist, sondern der bei jeder filmischen Darstellung eine Rolle spielt, ist notwendig, weil alle Abweichungen des Films von der Realität als betonte Akzentuierung seiner Gestaltungsabsicht begriffen werden müssen: jede Abweichung voneinander und jede Übereinstimmung miteinander ist ein Hinweis darauf, wie der Film sich verstanden wissen will. (...)

5.2 Gesellschaftliche Bedingtheit:

Jeder Film ist bedingt durch die Situation der Gesellschaft, in der er entstanden ist: er reflektiert wie ein Spiegel ihren Zustand, ihr Geschichtsverständnis, ihr Zukunftsbild, ihre Normen, Wünsche usw. Gleichzeitig übt er darauf Einflüsse aus: indem er reflektiert, entwirft er ein Bild der Geschichte, das als Deutung der geschichtlichen Wirklichkeit verstanden wird und daher die Entwicklung der gesellschaftlichen Wirklichkeit zu beeinflussen vermag. Zur Beurteilung des Films gehört nicht nur die Betrachtung dieser Wechselwirkung, soweit sie im Film sich manifestiert und durch ihn sich entwickelt, sondern auch die gesellschaftlichen Voraussetzungen seiner Entstehung. Während die bisherigen Untersuchungen nicht diese Abhängigkeit, sondern die Eigenständigkeit des Films als Darstellung gesellschaftlicher Zustände und die Wirkungsmöglichkeiten des Films auf den gesellschaftlichen Prozeß betrafen, wird nun der Film rückbezogen auf die Zustände und Entwicklungen, auf die Strukturen des gesellschaftlichen Gefüges, denen er seine Entstehung verdankt.

5.2.1 Produktion und Vertrieb:

Es ist notwendig, die Produktionsgesellschaft und die Vertriebsgesellschaft einer eingehenden Untersuchung zu unterziehen. Die Vertriebsgesellschaft braucht kein kommerzieller Verleih zu sein, sondern ist im sogenannten nichtgewerblichen Raum oft eine staatliche, städtische oder private Institution ohne Gewinnabsicht. Auch die Produktionsgesellschaft kann nichtkommerzieller Art sein und umfaßt im Falle der Auftragsproduktion auch den Auftraggeber. Es müssen von allen Beteiligten ihre bisherigen Filme, ihre Werbung, ihre Geschäftspolitik, soweit Informationen zur Verfügung stehen, in Betracht

Filmanalyse

gezogen werden, sowie das Funktionieren der Betriebe, ihre Struktur, ihr personeller Aufbau und ihre Ausrüstung. Die Frage nach den Zielen, die sich Vertrieb und Produktion gestellt haben, ist von Wichtigkeit, weil sie darüber Auskunft zu geben vermag, wie die betreffende Stelle sich selbst versteht. Die Untersuchung der Voraussetzungen, die Produktion und Vertrieb für die Entstehung und Verbreitung des Films beisteuern, muß von der Frage geleitet sein, in welchem Maße der Film von den Gegebenheiten der Produktions- und Vertriebsgesellschaft geprägt ist und in welchem Maße er Rückschlüsse auf die Struktur, die Absichten und das Funktionieren dieser Gesellschaft zuläßt.

5.2.2 Gesellschaft und Staat:
Die Frage nach der Prägung durch die Gesellschaft und nach Enthüllungen über die Gesellschaft ist notwendig im Hinblick auf die Bedingungen, denen jeder Film durch die Gesellschaft in ihrer Gesamtheit, als Ergebnis der vielfältigen in ihr wirksamen Kräfte, unterworfen ist. Die Frage nach dem ideologischen, wirtschaftlichen, sozialpsychologischen Hintergrund, den der Film hat, nach der gesellschaftlichen Struktur und den Funktionsweisen, die ihn hervorgebracht haben, verliert in der Breite der Fragestellung leicht ihre Präzision und die Gefahr taucht auf, daß mit einigen Unverbindlichkeiten ein Bezug zwischen der gesellschaftlichen Situation und der filmischen Darstellung behauptet wird, der vorhanden sein mag, aber nicht belegt wird.
Will man die wechselseitige Beziehung zwischen Film und Gesellschaft an Hand des einzelnen Films untersuchen und den Charakter seiner gesellschaftlichen Bedingtheit nachweisen, so gehört dazu eine Fülle von wirtschaftlichen, politischen, ideologischen, sozialpsychologischen Fakten. Sie zu beschaffen, kann den Rahmen einer Analyse sprengen, ist oft gar nicht oder nur unter großen Schwierigkeiten möglich. Oft genügt aber ein Hinweis auf die den Film begleitenden ökonomischen, außen- und innenpolitischen, weltanschaulichen, sozialen und psychologischen Ereignisse und Fakten, um den gesellschaftlichen Hintergrund, den der Film hat und der zu seiner Deutung unaufhebbar gehört, wenigstens anzudeuten. (...)
Neben seiner Bedingtheit durch die gesellschaftliche Situation ist der Film den Bestimmungen staatlicher Gesetze und Entscheidungen der Rechtsprechung unterworfen, die auf wirtschaftlichem wie politischem Gebiet die Filmproduktion beeinflussen und im Bereich des Persönlichkeitsrechts, des Rechts der künstlerischen Freiheit und der freien Information unmittelbare Auswirkungen auf die Gestaltung eines Films haben. Derartige Auswirkungen sind nicht für jeden Film eindeutig nachzuweisen und normalerweise in ihrem Umfang nicht erheblich, doch liegt hier eine so normenhafte Einschränkung der Filmproduktion vor, daß diese Frage innerhalb der Analyse nicht übergangen werden kann. (...)

Gerd Albrecht: Die Filmanalyse. Ziele und Methoden, in: Filmanalysen 2, hrsg. v. Franz Everschor; Düsseldorf 1965, Verlag Haus Altenberg; S. 233-279.

# Text 2:
# Arbeitshilfe (...) zur ideologie-kritischen Analyse (...)

Ziel:
Emanzipation von suggestiven oder manipulativen Medien. Untersuchung unkritisch produzierter oder bewußt manipulativer Medien auf ihre ideologischen Implikationen.

Methode:
1. Zerlegung des Mediums in kleinste sinnvolle Einheiten.
2. Vergleich der Einheiten.
3. Aufdeckung der medien-immanenten Widersprüche.
4. Gefahr: Überinterpretationen einzelner Fakten. Deshalb Beurteilung des Mediums nur in seiner Gesamtheit.
   Bewertung der Detailanalysen auf dem Hintergrund der Gesamtanalyse.
5. Die Analyse ist nur von einem reflektierten politischen Standort aus möglich.

1.1   Kriterien für die Analyse
A. Autoren
(Gesellschaftlicher Hintergrund, auf dem das Medium entstanden ist)
1. Wer hat das Medium hergestellt?
2. Was hat der gleiche Autor sonst noch produziert?
3. Wer ist der Auftraggeber?
4. Wer ist der Geldgeber?
5. Gibt der Autor seinen Standort an?
6. Wenn ja, welchen?
7. Wenn nicht, wird der Standort indirekt erkennbar?

B. Sprache
1. Wie sehen die sprachlichen Formulierungen aus?
   Unverbindlich – allgemein?
   Differenziert – analytisch?
   Sprachgestus ironisch, ernsthaft, übertieben usw.?
2. Wo und wann werden welche Fakten wie beschrieben?
3. Warum werden sie so und nicht anders beschrieben?
4. Welche anderen Möglichkeiten der Formulierung gäbe es?

# Filmanalyse

C. Bild
1. Wie intensiv werden einzelne Fakten gezeigt?
   Großaufnahme, Fahraufnahme, Schwenk = eher intensiv
   Totale, feste Kamera = eher distanziert
2. Wo und wann werden welche Fakten wie intensiv gezeigt?
3. Warum werden diese Fakten intensiv und andere weniger intensiv gezeigt?
4. Welche anderen Möglichkeiten der Darstellung gäbe es?

D. Bild + Sprache
1. Wie sind Bild und Sprache kombiniert?
   Ergänzend, sich gegenseitig verstärkend?
   Abschwächend, sich gegenseitig neutralisierend?
   Bewußt auf Kontrast abgestimmt?
2. Wo und wann werden welche Fakten kombiniert?
3. Warum werden sie so und nicht anders kombiniert?
4. Welche anderen Möglichkeiten der Kombination gäbe es?

E. Proportionen
1. Wie lange werden einzelne Fakten gezeigt und beschrieben?
   Verhältnis von verbal angegebenen Proportionen und erlebnismäßiger Darstellung dieser Proportionen?
2. Wo und wann werden welche Fakten wie lange dargestellt?
3. Warum werden sie so lange bzw. so kurz dargestellt?
4. Welche anderen Möglichkeiten der Proportionen gäbe es?

F. Geräusche/Musik
1. Wie werden Geräusche und Musik verwendet?
   Ist die akustische Information differenzierter als die optische?
   Welche Zusatzinformation geben die Geräusche?
   Sind die Geräusche intensiver oder distanzierter?
   Ergänzend oder abschwächend?
   Ist die Musik ablenkend, verschleiernd oder steigernd?
2. Wo und wann werden Geräusche und Musik verwendet?
3. Warum werden sie an diesen Stellen verwendet und an anderen nicht?
4. Welche anderen Möglichkeiten der Vertonung gäbe es?

G. Verzahnung von A/B/C/D/E/F
1. Gibt es Konvergenzen?
2. In welche Richtung?
3. Warum konvergieren gerade diese Punkte?
4. Gibt es Divergenzen?
5. Wie ist das Verhältnis von Konvergenzen und Divergenzen?
6. Welche Rückschlüsse sind möglich?

1.2 Technische Hilfsmittel für die Analyse
Diese Hinweise orientieren sich bewußt an den meist sehr begrenzten technischen Möglichkeiten. Als Hilfsmittel werden daher nur vorausgesetzt: Tonbandgerät, Stoppuhr, Filmprojektor.

zu B. Sprache
Bei der Filmvorführung Tonbandgerät mitlaufen lassen. Texte und Kommentare vom Band abschreiben.

zu C. Bild
Für die Analyse der schwierigste Punkt, da für präzise Angaben ein Schneidetisch erforderlich ist. Trotzdem:
Erprobte Behelfslösung:
Akustische Markierungen während der Tonbandaufnahme. Für einzelne Einstellungsarten verschiedene Summgeräusche festlegen. Am besten nur für Großaufnahme (z.B. Klingel), Totale (z.B. Summer) und Kamerabewegung, vor allem Fahrt und Zoom (z.B. Scharren).
Während der Filmvorführung für die Dauer der einzelnen Einstellungsarten diese Zeichen jeweils von verschiedenen Beobachtern auf das Tonband geben lassen. Anschließend das akustisch markierte Band analysieren.

zu D. Bild + Sprache
Bei der Filmvorführung Tonbandgerät mitlaufen lassen. An allen Stellen des Films, die auf Verdacht hin eine nähere Analyse lohnend erscheinen lassen (vor allem: extrem negative oder positive Passagen, Sequenz-Übergänge usw.), akustische Zeichen auf das Tonband geben. Die Art der Überlagerung von Bild und Sprache an den markierten Stellen des Tonbands genau testen.

zu E. Proportionen
Bei der Filmvorführung die Dauer einzelner Sequenzen abstoppen, wenn möglich mit zwei Stoppuhren, die sich beim Übergang von einer Sequenz zur anderen ablösen. Neben den Sequenzen auch die Dauer von Detail-Passagen abstoppen. Die Dauer inhaltlich konträrer Passagen und Sequenzen vergleichen.

zu F. Geräusche/Musik
Bei der Filmvorführung Tonbandgerät mitlaufen lassen. Optische Strukturelemente oder markante Punkte mit akustischen Zeichen auf dem Tonband markieren. Markiertes Band genau analysieren.

## 2. *Erläuterung der Arbeitshilfe*

2.1 Hinweise zu den technischen Hilfsmitteln
Der Vorschlag orientiert sich bewußt an der Schulsituation, in der normalerweise eine Verwendung von AV-Medien nur in Ausnahmen vorgesehen ist. Meistens sind die technischen Einrichtungen zur Vorführung von AV-Medien sehr begrenzt. Daher setze ich für selbständige Analysearbeit der Schüler nur

# Filmanalyse

Geräte voraus, die vermutlich schon bis in alle Schulen vorgedrungen sind. Das Grundprinzip dieser Methode liegt in folgender Überlegung: Eigentlich müßte eine solche Untersuchung an einem Schneidetisch durchgeführt werden, wo man den Film beliebig oft vor und zurück laufen lassen kann, ihn an jeder Stelle anhalten und einzelne Bilder beliebig lange stehen lassen kann.

Auf einem normalen Filmprojektor führen schon wenige Versuche in dieser Richtung zu der Erkenntnis, daß sowohl Gerät als auch Filmmaterial solchen Strapazen nicht gewachsen sind.

Auch ist es fast immer sinnlos, während der Filmvorführung schriftliche Notizen zu machen. Denn während des Schreibens verpaßt man unvermeidlich einige Details des Films. Für die Analyse ist aber eine sehr präzise Beobachtung unbedingt erforderlich.

Daher mache ich hier den Vorschlag, die für eine Analyse wichtigen Informationen während der Filmvorführung durch akustische Zeichen auf ein Tonband zu übertragen. Diese Zeichen kann der Beobachter leicht geben, ohne die Beobachtung des Films zu unterbrechen. Diese Form der Informationsübertragung bietet für Gruppenarbeit sehr anregende Möglichkeiten: Mehrere kleine Gruppen können unabhängig voneinander für verschiedene Elemente des Films verantwortlich sein und die Übertragung der Informationen auf das Tonband übernehmen.

Im Verlauf dieser Beobachtungs- und Übertragungsaufgabe wird der Blick für Details des Mediums enorm geschärft. Aufgrund der genaueren Kenntnis des Materials wächst die Fähigkeit zu kritsichen Hinterfragen. Dies aber scheint mir eine wichtige Voraussetzung zu sein, um der suggestiven Wirkung ideologischer Implikationen nicht auf den Leim zu gehen und um etwas immuner gegen Manipulationsvorgänge zu werden.

## 2.2 Hinweise zu den Kriterien der Analyse

Die Punkte B - F (...) sind nach dem gleichen Frageraster gegliedert. Dabei wurden bewußt sehr allgemeine Anhaltspunkte angegeben, damit sie auch anwendbar sind auf andere Dokumentarfilme.

Die Punkte 1 und 2 (...) im Frageraster sind die eigentlich analytischen Fragen. Ziel ist eine mediengerechte Protokollierung.

Punkt 1 (Wie) fragt nach dem Phänomen.
Wie ist es gestaltet? Welche Aussage macht es?
Wie kann das Beobachtete präzis beschrieben werden?
Punkt 2 (Wo) fragt nach dem Zusammenhang.
In welchen Kontext wird das einzelne Phänomen gebracht?
Nur innerhalb eines solchen Umfeldes ist eine zutreffende Beschreibung möglich, da die einzelnen Phänomene ihre Aussagestruktur erst im Bedeutungsumfeld bekommen.
Die Punkte 3 und 4 im Frageraster sind die ideologie-kritischen Anhaltspunkte. Dabei geht es um die Frage nach den Hintergründen und Ursachen der beob-

achteten Phänomene, da es grundsätzlich keine Phänomene ohne Hintergründe gibt.

Punkt 3 (Warum) versucht, das Phänomen nicht einfach so hinzunehmen, wie es im Film vorgegeben wird, sondern zielt auf ein bewußtes Hinterfragen ab. Dabei wird es höchstwahrscheinlich in den meisten Fällen etliche verschiedene Hypothesen geben, die zunächst in ihrer Vielzahl stehen bleiben sollten. Erst am Schluß der Analyse besteht die Möglichkeit, Konvergenzen festzustellen und als wahrscheinlich herauszuarbeiten.

Punkt 4 (Welche anderen Möglichkeiten gibt es?)
Ich habe oft die Erfahrung gemacht, daß man viele ideologische Tendenzen erst herausfindet, wenn man versucht, sich Alternativmöglichkeiten zu überlegen. Die vorgefundenen Aussagen des Films werden oft erst enthüllt durch die direkten Kontrastwirkungen zwischen altem Ausgangspunkt und neuer Alternative.

Bernward Wember: Objektiver Dokumentarfilm? — Modell einer Analyse und Materialien für den Unterricht; Reihe „Didaktische Modelle", Heft 2; Berlin 1972; Colloquium Verlag

# Text 3:
# Ansätze zu einer Medienkritik von Fernsehfilmen

## 1. Grundsätzliches zur Medienkritik

(...) Medienkritik muß erstens inhaltsanalytisch mit exakten Ordnungskriterien ausgestattet sein, und sie kann zweitens nicht losgelöst von den übrigen Faktoren der Massenkommunikation geleistet werden — sie hat also konkret auch den Produzenten, das Medium, den medialen Einsatz, und den Rezipienten zu berücksichtigen, kurz: ihr sozial-kommunikatives Umfeld. Diesen theoretischen Bezugsrahmen gibt uns die Kommunikationswissenschaft an die Hand. Mit dem Rückgriff auf ihre Hypothesen und Modelle, unter Verwendung ihrer Methoden können wir den zu kritisierenden Film in seine Bestandteile zerlegen, diese wiederum ordnen und dann in Beziehung zum umgebenden Kommunikationsfeld setzen. (...) Nicht selten wird heute von Medienkritikern allein aufgrund einer Inhaltsanalyse vorschnell auch auf die Wirkung des kritisierten Beitrags geschlossen; tatsächliche Wirkungsmechanismen wie Änderungen im Einstellungs- oder Verhaltensbereich lassen sich aber nur durch wiederum wissenschaftlich systematische Erforschung auch dieser Faktoren feststellen; eine in erster Linie inhaltskritische Analyse vermag das nicht wirklich zu leisten. Man begibt sich also auf ein sehr unsicheres Terrain, wenn man außer den direkt mit der kommunikativen Aussage korrespondierenden Faktoren, z.B. den Produzenten, auch noch die Wirkung der analysierten Kommunikation im einzelnen miteinbeziehen will, ohne hierauf bezogene Forschungen zu leisten. Allenfalls kann man dann auf Wirkungs*möglichkeiten* spekulieren, aber auch hier immer nur spezifisch nach der Zielgruppe etc.

Für unsere medienkritische Inhaltsanalyse stellt sich generell die erste grundlegende Frage: Was reflektiert der Inhalt der Massenkommunikation in erster Linie? Die Wünsche und Bedürfnisse des Publikums oder das, was die Produzenten für die Wünsche und Bedürfnisse des Publikums halten, oder etwa nur die Eigeninteressen der Produzenten? Meistens wird sich in einer — auch filmischen — Aussage jedes dieser drei Elemente widerspiegeln, doch wir werden uns schwer tun, die Gewichtung der einzelnen Teile und ihre gegenseitige Abhängigkeit exakt zu bestimmen; das ist um so bedauerlicher, als die Gültigkeit einer Kritik auch von diesen Faktoren abhängt. Klar wird daraus jedenfalls, daß Medienkritik in starkem Maße auch die Norm- und Werthaltungen aller am Kommunikationsprozeß Beteiligten berücksichtigen muß und daß sie zuallererst auch die medienbedingten, die lernzielbedingten und die zielgruppenbedingten Aspekte der zu analysierenden Kommunikation miteinzubeziehen hat.

Vier aufeinander aufbauende und jeweils weitergehende Analyseansätze sind für eine medienkritische Aussagenanalyse denkbar (...):

1. der deskriptive Ansatz: die Kritik bleibt weitgehend filmimmanent und versucht lediglich, die filmische Aussage kritisch zu beschreiben. Mit diesem Ansatz kann man den Film z.b. auf seine Verständlichkeit oder auf charakteristische Ausdrucksformen hin prüfen;

2. der diagnostische Ansatz: über die reine kritische Beschreibung hinaus kann von der Filmanalyse her auch auf kognitive Eigenschaften, auf Absichten und Interessen des Produzenten geschlossen werden. Kriterien hierfür sind z.b. die Wortwahl, die filmische Verknüpfung etc.;

3. der reflektorische Ansatz: unter bestimmten Bedingungen kann von der Filmanalyse her auf Bedürfnisse, Normen und Erwartungshaltungen des Zielpublikums geschlossen werden. Die Möglichkeiten hierzu sind allerdings sehr begrenzt;

4. der prognostische Ansatz: er ist der am weitesten gefaßte Ansatz, gleichzeitig aber auch der fragwürdigste: denn es ist kaum möglich, (s.o.) allein aufgrund einer Filmanalyse Aussagen über tatsächliche Wirkungen eben dieses Films zu machen. Hier ist man weitgehend – will man die Analyse nicht weiter ausdehnen – auf Spekulationen angewiesen. (...)

*2. Zur (...) Bewußtseinsbildung in der Bundesrepublik und den medienkritischen Folgerungen*

(...) Bevor man also in eine detaillierte medienkritische Analyse eintritt, sollte man grundsätzlich, aber auch vor allem bei der Formulierung der Arbeitshypothesen, an die beiden (...) Aspekte denken:
a) Wie wird das Dargestellte in bezug auf unsere eigene Wirklichkeit reflektiert?
b) Mit welchen Maßstäben wird der (...) Inhalt im Medium gezeigt, und in welchen Maße finden unsere Normen und Werte bei der Betrachtung Einfluß?

*3. Medienkritik im einzelnen*

3.1. Film
(...) Es gibt keinen objektiven, meinungsfreien Dokumentarfilm, ebensowenig wie es einen objektiven Journalismus gibt, sondern höchstens das *Bemühen* um „journalistische Fairness". Es gibt keine reine Information, keine reine Bildung, keine reine Unterhaltung. Immer werden diese drei Funktionen mehr oder minder stark vermengt sein. Und weil es nichts rein Objektives gibt, sind grundsätzlich alle Filme kritisierbar. (...)

# Filmanalyse

## 3.2. Analyse-Kriterien

Wenn wir uns nun einzelnen filmimmanenten Analysekriterien zuwenden, so sollen diese (...) für alle Filme (...) gelten. Im Gedächtnis wollen wir trotzdem die eben behandelten Grundlagen behalten: Vor welchem Hintergrund ist der Film produziert worden? Also für welches Publikum? Für welchen Einsatz? Von welchem Kommunikator und in wessen Auftrag? Mit welchen Maßstäben (...)? Mit welchem Bezug zur eigenen Realität?

### 3.2.1. Qualitative Analyse

Auf drei Stufen kann man Filme qualitativ analysieren: Einmal durch ein deskriptives Erfassen der Filmthematik, zum zweiten durch eine Interpretation der emotionalen und tiefenpsychologischen Bedeutung der Leitmotive, und zum dritten kann man die Verbindungslinien zwischen Thematik und Bedeutsamkeit einerseits und dem realen Leben andererseits aufdecken. Diese Methode hat natürlich ihre Grenzen und Gefahren; denn es liegt auf der Hand, daß die Objektivität der Ergebnisse auf der ersten Stufe noch relativ hoch, auf der zweiten und dritten Sufe dagegen relativ gering ist. (...) Diese Analyse-Art wird auch heute noch im Sinne einer subjektiven, impressionistischen Hermeneutik oft benutzt.

### 3.2.2. Quantitative Analyse

Die quantitative Analyse soll systematisch und objektiv sein, also das, was generell von empirischer Forschung verlangt wird. Übrigens läßt sie sich auch mit der qualitativen koppeln, besonders dann, wenn man aus dem Aussage-Material – wie bei unserem folgenden Muster für eine Filmkritik – auch Schlüsse auf den Kommunikator ziehen will. In jedem Fall ist für eine Aussagen- oder Medienkritik die Kategorienbildung wichtig, also die Ablösung einzelner Merkmale vom Ganzen. Für die einzelnen Kategorien gibt es dann bestimmte Indikatoren, die anzeigen, ob man diese oder jene kleinste Einheit (z.B. Großaufnahme oder Satzteil) dieser oder jener Kategorie zuordnet. (...)

Zusammenfassend läßt sich für die Gestaltungsprinzipien feststellen:

1. Einzelne Verfahren wie Kontrastmontage, Totale oder Großaufnahme, On- oder Off-Ton können nicht für sich mit einer allgemeingültigen Bedeutung belegt werden. Sie sind im jeweiligen Kontext des Filmes zu beurteilen, nicht nur im Verhältnis zum Kommentar, sondern auch zum unmittelbar korrespondierenden Gestaltungsmittel, also z.B. Verhältnis Schnitt Einstellung a zu Verhältnis Länge Einstellung b, etc.
2. In der Anzahl bestimmter Gestaltungstechniken, z.B. Großaufnahme einer Sequenz, spiegelt sich die Proportionsproblematik eines Films wider. Zwei Komponenten sind daher wichtig: einerseits, in welchem Verhältnis z.B. Großaufnahme und Totale innerhalb einer Sequenz stehen, andererseits, wie diese Verwendung bei den Einstellungsarten innerhalb des ganzen Films gewichtet ist.

### 3.3. Konzept für eine Filmanalyse

Hauptziel der Kritik soll es sein, die Gesetzmäßigkeit in der Anwendung der filmischen Mittel zu erkennen und kritisch im Hinblick auf die Intention und den Text des Films darzustellen. Dazu bedarf es zuallererst exakter Forschungshypothesen, die das Gerüst der Kritik bilden sollen. Inhalte solcher Hypothesen sollten sowohl dem Film selbst als auch dem sozialen und medialen Umfeld entspringen, in dem er entstanden ist, d.h. die Kritik kann nur dann gelingen, wenn sie die Situations-Bedingtheit der Entstehung des Films und die seines Verständnisses mit einbezieht. Filmkritik darf nicht nur filmimmanent sein. Mit den zu verifizierenden oder zu falsifizierenden Hypothesen soll der Analysegegenstand von vornherein eingegrenzt werden. Zur Bildung dieser Hypothesen ist eine erste Informationsvorführung nötig. Erst nach der Hypothesenbildung sollte eine Protokollvorführung stattfinden, in der die zufälligen Beobachtungen exakt und systematisch festgehalten werden. Je nach Kategorienbildung, Einheitengröße und Zahl ist diese Stufe die umfangreichste. Nach einem Analyse-Gespräch sollte dann noch einmal eine Kontrollvorführung dazu dienen, die Feststellungen genau zu prüfen. Erst im Anschluß an diese Analyse können die Ergebnisse geordnet und in eine Kritik umgeformt werden, wobei wieder die drei Hauptfaktoren des Film-Kontexts zu berücksichtigen sind:
a) medien- und kommunikatorbedingt
b) lernzielbedingt
c) zielgruppenbedingt. (...)


### 4. Schlußbemerkung

Die medienkritische Analyse eines Films kann nur solange sinnvoll sein, wie ihre Möglichkeiten nicht überschätzt werden. Dadurch, daß wir einen Film in seine Bestandteile zerlegt, nach bestimmten Kriterien wieder geordnet und insgesamt beurteilt haben, sind wir zwar ein ganzes Stück weitergekommen; wir wissen damit aber noch immer nichts über die — gerade auch langfristigen — tatsächlichen Wirkungen, die dieser Film hervorruft oder hervorrufen kann. Auch wenn wir versucht sind, über *mögliche* Wirkungen zu spekulieren, so hängen auch diese noch vom jeweiligen Zielpublikum, von seinen Interessen und Erwartungen, seinen sozialen und kognitiven Prädispositionen und nicht zuletzt auch von der Einsatzart der betreffenden Kommunikation ab. Seien wir also vorsichtig, der Medienkritik einen zu hohen Stellenwert einzuräumen und von ihr vielleicht Patentrezepte für neue Wege zu erwarten. (...)

Stephan Bergmann: Zwei verschiedene Welten: ein Maßstab? — Ansatz zu einer Medienkritik von entwicklungspolitischen Fernsehfilmen, in: Fernsehen und Bildung, 8. Jg., Heft 3/4; München 1973; TR-Verlagsunion; S. 233-247

# Text 4:
# Kommunikationstraining

*Die integrale Kommunikation*

Massenmediale Kommunikate lösen beim Empfänger intrapersonale Kommunikation aus. Diese intrapersonale Kommunikation überformt die Aussage der Massenkommunikation im Rezipienten. Deshalb gibt es auch keine einheitliche Wirkung von Massenkommunikation. Der innere Dialog mit den Aussagen massenmedialer Kommunikate dient der Verarbeitung.
Wenn mehrere Rezipienten über ihre Erlebnisse, die sie durch die Massenkommunikation erhielten, ins Gespräch kommen, dann tritt noch die interpersonale Kommunikation dazu. Diese interpersonale Kommunikation kann die intrapersonale Kommunikation, also die Verarbeitung massenmedialer Aussagen, erleichtern.
Massenkommunikation wirkt in der Regel motivierend für die Auseinandersetzung und das Interesse an bestimmten Themen. Die interpersonale Kommunikation nimmt diese Themen auf, macht diese zum Gesprächsobjekt. Es kann zu Einstellungsänderungen bei den Gesprächspartnern kommen. Die Integration von Massen-, inter- und intrapersonaler Kommunikation hat die gegenseitige Beeinflussung durch diese drei Kommunikationsprozesse zur Folge, und hat die Auseinandersetzung und die Stellungnahme zum Ergebnis. Das heißt, es wird nicht nur die Auseinandersetzung mit der Massenkommunikation erleichtert, sondern die Massenkommunikation kann auch unter Umständen die Gruppenkommunikation ermöglichen, da sie gemeinsame Erfahrungen bereitstellt. Die intrapersonale Kommunikation wiederum gewinnt durch die interpersonale Kommunikation und damit gelingt auch die Auseinandersetzung des Rezipienten mit der Massenkommunikation besser. Wir haben diesen Tatbestand in den Kommunikationstrainings planmäßig genützt, indem wir Massenmedien u.a. zur Stimulierung von Gruppen- und intrapersonalen Kommunikationsprozessen verwendeten. Die Integration dieser Kommunikationsprozesse ist nach unserer Auffassung Gegenstand und Aufgabe einer Kommunikationspädagogik und muß weiterentwickelt werden. Diese integrale Kommunikation ist gerade in einer pluralistischen und sich in einer dauernden Veränderung befindenden Gesellschaft mit ihrer Informationsüberflutung besonders wichtig. Darüber hinaus dient die integrale Kommunikation auch als methodisches Mittel in unseren Kommunikationstrainings. Wir beginnen die Übungen meist mit einer massenmedialen Phase, führen sie weiter fort mit einer intrapersonalen Phase und schließen sie mit einer interpersonalen und Gruppenphase ab.

1. Massenkommunikative Phase

Am Anfang der Übungen wird allgemein ein massenmediales Kommunikat vorgeführt. Diese Kommunikate können unterschiedlicher Art sein: Filme, Fernsehsendungen (Nachrichten, Magazinsendungen, Unterhaltungssendungen), Zeitungen, Illustrierte, Schallplatten. Auswahl und Einsatz massenkommunikativer Produktionen hängt von situationellen Faktoren im Trainingsprozeß ab und von den Intentionen, die wir mit diesem Einsatz verfolgen. Wird eine Projektionsanalyse beabsichtigt, dann wird ein Film verwendet, der das Erkennen und Erleben von Projektionen ermöglicht. Wird eine Nachrichtenanalyse durchgeführt, dann kann eine Nachrichtensendung vorgeführt werden, um z.B. das Erkennen und Erleben von Konsonanz-Dissonanzmechanismen und Manipulationstechniken zu erlernen. Allgemein kann man sagen, daß in der massenmedialen Phase massenmediale Kommunikate eingesetzt werden, um bestimmte Massenkommunikationsphänomene zu provozieren und erleben zu lassen, damit diese in den beiden folgenden Phasen Gegenstand der Reflexion werden können.

2. Intrapersonale Phase

Diese Phase wird in den Kommunikationstrainings nach jeder Übung eingeplant. Es geht in erster Linie darum, daß jeder versucht, sich bewußt zu werden, was das massenmediale Kommunikat bei ihm ausgelöst hat und wie er es verarbeitet. Weil mit unseren Übungen immer bestimmte Ziele verfolgt werden, wird diese Individualphase immer durch bestimmte Fragebogen vorstrukturiert. Auf diese Art und Weise kann der einzelne seine Erfahrungen und Erlebnisse schriftlich sammeln und sich auf die kommende interpersonale Phase vorbereiten. Diese intrapersonale Phase wird bewußt eingebaut, um das eigene Erlebnis und das eigene intrapersonale kommunikative Verhalten erkennen zu lernen

3. Interpersonale und Gruppenphase

In dieser Phase werden die individuellen Erlebnisse der beiden vorangegangenen Phasen miteinander besprochen. Jeder Teilnehmer spricht über sich, und so bekommt man einen Überblick und Einsicht, wie unterschiedlich die Erfahrungen und Erlebnisse des massenkommunikativen Angebotes bei den einzelnen waren. Dieses Gespräch und die sich daran anschließende Reflexion erweitern und vertiefen die Einsicht, wie alle diese Kommunikationsphänomene aufeinander einwirken und die integrale Kommunikation darstellen. Zugleich führt sie auch zu erhöhtem Selbst-, Fremd-, Gruppen-, und Massenkommunikationsverständnis.

*Die Erlebnisanalyse*

(...) benötigt einen neuen Kommunikationsimpuls. Dieser wird durch einen emotional stark wirkenden Film gegeben. Das bei vielen Menschen so verkümmerte Sprechen über ihre eigenen Gefühle wird durch diese Übung gefördert und trainiert.

a) Ziele:
- Erfahrung des individuell verschiedenen Bezugssystems als Selektions- und Interpretationsprinzip.
- Erleben der Projektion der individuell verschiedenen Wünsche, Erwartungen und Vorstellungen bei der Rezeption von Aussagen.
- Erfahrung der Wirksamkeit von Konsonanz- und Dissonanzmechanismen als Grund für das unterschiedliche Erleben von gleichen Inhalten.
- Relativierung des eigenen Bezugssystems und, als Folge davon, der eigenen Interpretationen.
- Offenheit für die Vielseitigkeit von Aussagen.
- Sensibilisierung für die Bezugssysteme anderer und deren Projektionhintergründe.

b) Skizze des Übungsverlaufes
Zuerst wird ein Film vorgeführt (...). Nach der Vorführung werden die Fragebögen ausgeteilt. Sie enthalten folgende Fragen:

1. Schildern Sie Ihren unmittelbaren Eindruck.
2. Was hat Ihnen besonders gefallen?
3. Was hat Sie geärgert?
4. Was ist nach Ihrer Meinung das zentrale Problem dieses Films?
5. Welche Absicht hatte nach Ihrer Meinung der Filmemacher?
6. Welche Personengruppe wurde nach Ihrer Meinung angesprochen?
7. Wie würden Sie diesen Film beurteilen (− 5 ganz schlecht bis + 5 hervorragend)?
8. Begründen Sie Ihr Urteil mit einigen Sätzen.
9. Welche Szene fällt Ihnen bei Rückerinnerung als erste ein? (...)

Nach dem Ausfüllen der Fragebogen werden die Teilnehmer gebeten, die Antworten auf Folien zu übertragen. Jeder der Teilnehmer übernimmt die Auswertung einer Frage.
Bei der Besprechung der meist sehr unterschiedlichen Antworten werden folgende Erkenntnisse gewonnen:
Jeder bezieht die Handlung des Films auf seine eigene Person. Es werden nur die Teile des Films gesehen und interpretiert, die in die eigene Erfahrungswelt hineinpassen. Die Unterschiede in der Auffassung und Intepretation sind auf die unterschiedlichen persönlichen Lebensgeschichten und psychischen Strukturen zurückzuführen.
Man könnte sagen: Was gesehen wird, ist jeder er selbst. Jeder hat seine Stereotypen, die ihm das Sehen scheinbar erleichtern, in Wirklichkeit aber das Erfassen der zentralen Aussage erschweren. (...)

*Die Analyse von Unterhaltungssendungen*

(...) Mit der Analyse von Unterhaltungssendungen wird ein Prozeß der Versachlichung eingeleitet. Als neue Dimension wird die Auseinandersetzung mit der Massenkommunikation gewonnen. Allerdings liegt der Schwerpunkt dieser Übung auch auf dem Erleben der Trainingsteilnehmer als Rezipienten. Von deren unterschiedlichem Erleben werden generalisierend Einsichten gewonnen, welche Funktion die Massenmedien für den einzelnen und für die Gesellschaft haben.

a) Ziele:
— Erlebnis von unterschiedlichen Bewertungen und ihrem Hintergrund. Daraus Relativierung des eigenen Urteils.
— Analyse des Erlebnisverlaufes und der Identifikation als Mittel der Selbst- und Fremderkenntnis.
— Erkenntnis der individuellen und gesellschaftlichen Funktion der Unterhaltung. Erkennen der Manipulationsmöglichkeiten, die durch Unterhaltungssendungen gegeben sind.
— Erkennen der weltanschaulichen Implikationen in Unterhaltungsprogrammen.
— Analyse der Konflikte und Beurteilung der Konfliktlösungen in dramatischen Unterhaltungsprogrmmen.
— Bewußtmachen der Intentionen von Kommunikator und Rezipient.

b) Skizze des Übungsverlaufes.
Ein Serienprodukt von einem Spielfilm bzw. einer Unterhaltungssendung des Fernsehens wird gemeinsam angesehen. Jeweils nach fünf Minuten wird ein akustischen Zeichen gegeben und die Teilnehmer werden gebeten aufzuschreiben, wie sie die Sendung in diesem Augenblick erleben. Zur Beurteilung steht eine Bewertungsskala von − 5 bis + 5 zur Verfügung.
Nach der Vorführung werden die Einzelbewertungen nach den Fünf-Minuten-Abschnitten auf eine Tafel, eine Flipchart oder eine Folie geschrieben. Die Unterschiede werden sehr deutlich. Sie werden gemeinsam besprochen.
Im weiteren wird darüber gesprochen, was jedem Teilnehmer persönlich und voraussichtlich der großen Zahl der Fernsehzuschauer an dieser Sendung gefallen hat, und welche Bedürfnisse befriedigt wurden. Dann kann die Unterhaltungssendung noch einmal vorgeführt werden. Jeweils nach den fünf Minuten (die durch das akustische Zeichen bei der ersten Vorführung festgelegt wurden) wird die Sendung unterbrochen. So kann alle fünf Minuten darüber gesprochen werden, wie der Erlebnisverlauf ist und was im besonderen angesprochen hat. Darüber hinaus wird es interessant sein, die Menschenbilder und die Reproduktion bestimmter gesellschaftlicher Situationen genauer zu untersuchen.

Auch wird sich „das Muster", nach dem Unterhaltungssendungen „gestrickt" sind, herauskristallisieren lassen.
Am Ende der Übung erfolgt eine Information zum Thema „Manipulation durch Unterhaltung".

*Die Nachrichtenanalyse*

Bei der Nachrichtenanalyse tritt das subjektive Erleben noch stärker in den Hintergrund. Die Nachrichtenanalyse beschränkt sich auf die Feststellun von Konsonanz- und Dissonanzmechanismen.
Im Sinne der zunehmenden Versachlichung und des Prozeßabbaues des Trainings wird nun primär die Aussage und die Kommunikatiorintention im massenkommunikativen Prozeß untersucht.

a) Ziele:
— Erleben der Bedeutung der subjektiven Einstellung für das Aufnehmen, Behalten und Bewerten von Nachrichten.
— Erkennen der individuellen Konsonanz- und Dissonanzmechanismen.
— Sensibilisierung für direkte und indirekte Stellungnahme der Kommunikatoren.
— Erkennen von Manipulationstechniken in der Auswahl und Gestaltung von Nachrichten.
— Erkennen und Abstimmen eigener und fremder Kommunikationsintentionen und ihre Abhängigkeit von den Bedürfnisstrukturen.
— Wissen um die Bedeutung des „Images" der Kommunikatoren und der Medien im Kommunikationsprozeß, insbesondere bei Nachrichtensendungen.
— Koorientierung durch gemeinsame kritische Verarbeitung von Informationen.

b) Skizze des Übungsverlaufes.
Zuerst wird der Film (...) analysiert. Daraus werden die Prinzipien der subjektiven und tendenziösen Gestaltung von optischem Material abgeleitet. Dann wird eine Information über „Manipulation durch Information" gegeben und schließlich die Nachrichtensendung des Tages analysiert. (...)

Franz Zöchbauer und Henk Hoekstra: Kommunikationstraining — Ein Erfahrungsbericht; Reihe „Gruppenpädagogik — Gruppendynamik", Band 11; Heidelberg 1972; Verlag Quelle und Meyer.

# Text 5:
# Eine Methode für die Gruppenarbeit mit Spielfilmen

Eignet sich für jede Form von Spielfilmen – von Bunuel bis „Lieber Onkel Bill" (und sogar für TV-Spots in Spielfilm-Form).
Alter der Teilnehmer: ab 15 Jahren (bisherige Erfahrung).
Dauer der Arbeit: Von 8 Stunden bis etwa 4 Tage (...).
Wir gehen davon aus,

1. daß in einem Spielfilm die handelnden Personen als Träger von (positiven und negativen) Botschaften funktionieren, und

2. daß es kein Mittel gibt, um die Wirkung eines Films selbst zu erforschen. Wirkungen lassen sich nur an den Rezipienten feststellen. (...)
Wir wollen den Teilnehmern helfen,
– einen bestimmten Film möglichst gut zu verstehen:
 durch das gemeinsame Erarbeiten und Verarbeiten des Films in der Gruppe.
– sich kritisch mit diesem Film auseinanderzusetzen:
 durch das Erkennen und Gegenüberstellen der Standpunkte des Kommunikators und des Rezipienten.
– seine Erkenntnisse aus der Auseinandersetzung mit dem Film auf seine konkrete Lebenssituation zu übertragen.
– alle Erfahrungen aus dieser Arbeit auf andere Filme selbständig anzuwenden: durch Erfahrung im „Lesen der Filmsprache" (Kommunikations- und Medien-Kommunikations-Konventionen)
 und im Erkennen der persönlich bedingten Wirkungen und der sich daraus ergebenden Interpretationen (Subjektivität des Rezipienten)
 und im Reflektieren der Gruppenarbeit (Durchschauen der Methode und der Gruppenkommunikationsprozesse). (...)
Es wird kein Wissen vorausgesetzt.
Einzige Voraussetzung ist die Bereitschaft, sich ehrlich über die Wirkungen eines Films zu äußern. (...)
Nicht die schlechteste Voraussetzung ist, wenn sich der Gruppenleiter den Film nicht ansieht und das den Teilnehmern sagt, damit von Anfang an klar ist, daß er – außer der Methode – nichts in die Arbeit einbringen wird. Damit wächst die Selbstverantwortung der Gruppenmitglieder und der Leiter lernt einmal genau zuhören. (...)

Filmanalyse

*1. Jeder Teilnehmer für sich allein – Erarbeitung (intrapersonal)*

Film-Vorführung: Keine Vorbereitung, keine Informationen, aber auch keine Geheimniskrämerei: Einfach eine möglichst unbelastete Kino- oder Fernseh-Situation. Vorher sagen, daß der Film, wenn Interesse vorhanden, noch mehrmals gezeigt werden kann. Film gemeinsam ansehen.

Kurze Einleitung zur schriftlichen Arbeit: Nach der Filmvorführung bittet der Leiter die Teilnehmer nicht miteinander zu sprechen, damit sie sich nicht gegenseitig beeinflussen (begründen!). Der Leiter bittet die Teilnehmer auch, sich in der nächsten halben Stunde auf etwas einzulassen, dessen Sinn sie noch nicht kennen. Es soll erst nachträglich darüber gesprochen werden, damit jetzt die Spontaneität nicht durch Theorien gehemmt wird. (...)

Die Liste der Hauptpersonen des Films: Der Leiter schreibt die Namen der Hauptpersonen aus dem Film untereinander auf die Wandtafel (oder auf ein sehr großes Papier). Die Teilnehmer schreiben diese Liste auf ihr Notizblatt. Der Leiter (...) ergänzt die Liste, wenn dies gewünscht wird. (...)

I. Sympathien für die Personen

Die Teilnehmer sollen nun, jeder für sich auf seiner Liste, die Personen bezeichnen mit (...): SS (sehr sympathisch), S (sympathisch), N (neutral), US (unsympathisch), SUS (sehr unsympathisch). Die Bezeichnung „neutral" sollte, wenn irgend möglich, vermieden werden; die Teilnehmer sollen sich für S oder US zu entscheiden versuchen. Zeit für diese Aufgabe vorher ankündigen: Höchstens 1 bis 2 Minuten (je nach Anzahl der ausgewählten Personen).

Statistische Auswertung: Von seiner Liste soll jetzt jeder Teilnehmer ein Doppel erstellen und dieses dem Leiter geben (kann anonym sein). Während sich die Teilnehmer mit der nun folgenden zweiten und dritten Aufgabe befassen, kann der Leiter die „Sympathie-Statistik" erstellen.

Die Stimmen für Extrembewertungen SS und SUS werden dabei verdoppelt, damit sich das „sehr" in der Statistik niederschlägt. Dann werden die S-Punkte und die verdoppelten SS-Punkte zusammengezählt und in einer weiteren Kolonne hinter jedem Namen eingesetzt. Das gleiche auch auf der Seite US/SUS. Diese Statistik soll aber erst (...) auf die Tafel geschrieben werden, wenn die Teilnehmer alle ihre Antworten geschrieben haben, damit sich auch hier keine Beeinflussung ergeben kann.

II. Reflexion der Sympathien

Die Teilnehmer sollen sich überlegen, warum sie wohl die ausgewählten Personen als S/SS oder als US/SUS empfunden haben. Also keine Unterscheidung mehr zwischen S und SS / zwischen US und SUS. Und N fällt weg. Ausdrücklich sagen, daß diese Antworten nur Vermutungen sein können. Einzelne Stichworte genügen. Diese werden später genau erklärt werden können. Also zu jedem Namen ein bis zwei Wörter (...). Zeit für diese Antworten ankündigen: drei bis fünf Minuten.

III. Themen des Films
Die Teilnehmer sollen formulieren, welche Themen der Film behandelt — welche Ansichten und Handlungsweisen er propagiert. Auch hier nur Stichworte. (...)
Wie nimmt der Film (...) zu diesem Thema Stellung? (...) Der Teilnehmer kann also zu jedem von ihm aufgeführten Thema hinschreiben, ob der Film es als gut, als schlecht, als selbstverständlich darstellt.
Vorsicht — darauf aufmerksam machen: Es geht bei dieser Fragestellung ausschließlich darum, was der Film propagiert, und nicht, welche Meinung der Teilnehmer dazu hat.
Zeit für diese Aufgabe: etwa zehn bis fünfzehn Minuten. Wenn die Teilnehmer mehr Zeit benötigen, auch mehr Zeit — denn jetzt geht es nicht mehr darum, möglichst spontane Äußerungen zu erhalten. (...)
Stellungnahme des Rezipienten: Die Teilnehmer sollen versuchen, alle Themen, die sie mit „für, gegen, schlecht, gut, selbstverständlich" bezeichnet haben (als Stellungnahme des Autors) mit ihrer eigenen Meinung zu diesem Thema zu konfrontieren. (...)
Zeit für diese Aufgabe: etwa fünf Minuten — oder wenn gewünscht auch mehr. Vielleicht ergibt sich aus der neuen Fragestellung auch noch eine Erweiterung der Themen. (...)
Veröffentlichen des intrapersonalen Teils der Arbeit: Nachdem alle Antworten aufgeschrieben wurden, übertragen die Teilnehmer alles auf die Tafel — in die jetzt aufgezeichneten Einteilungen. Darauf aufmerksam machen, daß auch ähnliche Worte hingeschrieben werden sollten und daß vollkommen gleiche Worte durch (...) Striche hinter einem Wort eingetragen werden können; denn es ist für das folgende Gespräch wichtig, ob es sich bei einem Wort um die Gedanken von einer oder von fünf Personen handelt.
Gleichzeitig kann nun auch der Leiter die Ergebnisse der Sympathie-Statistik auf die Tafel schreiben.
Wer jetzt alle seine Notizen auf die Tafel geschrieben hat, kann jetzt endlich die erste Pause machen. Das kann bei einem langen Spielfilm etwas lange dauern, doch ist es die einzige Möglichkeit, um eine möglichst unverfälschte Vielfalt der Wirkungen und Meinungen festzuhalten.
Wir möchten noch einmal darauf aufmerksam machen, daß bis jetzt nicht gesprochen wurde. Jetzt ist der intrapersonale Teil der Arbeit abgeschlossen. (...)

# Filmanalyse

*2. Die Aussagen der einzelnen Teilnehmer werden gemeinsam verarbeitet (interpersonal)*

Nach der Pause fragen wir noch einmal, ob alle alles auf die Tafel geschrieben haben, was auf ihrem Notizblatt steht. In vielen Fällen ist noch einiges zurückgehalten worden. Wenn sich jetzt noch einzelne mit zusätzlichen Aussagen melden und diese auf die Tafel schreiben, kann vielleicht darüber gesprochen werden, welche Barriere verhindert hat, daß alles hingeschrieben wurde. Eine erste kleine Aussprache über die Kommunikations-Situation in dieser Gruppe.

Methodische Reflexion (Theorie)
Der Leiter erklärt den Sinn, den die Fragen hatten. Es ging darum, die emotionelle Wirkung und das intellektuelle Verständnis jedes einzelnen in die Diskussion zu bringen.
Zwischen Emotionen und Intellekt läßt sich keine eindeutige Trennung machen, da sie sich immer gegenseitig beeinflussen — trotzdem der Versuch:

Schematischer Aufbau der Fragen.
Teil I Emotionen, Identifikationen — Unbewußtes...
Ia) des einzelnen
Ib) allgemeinere Wirkung in der Gruppe.

Teil II Reflexionen über Emotionen, Identifikationen...
teilweise bewußt — teilweise Vermutungen über das Unbewußte — und teilweise Rationalisierungen.

Teil III a) Intellektuelles Verständnis des Films. Diese Aussagen der Teilnehmer zeigen, wie der Film bei einmaliger Vorführung verstanden wurde. Sie sind aber nicht endgültig — es sind lediglich Hypothesen für die weitere Arbeit.
b) Gegenüberstellung des Standpunkts, den der Teilnehmer hinter dem Film vermutet, und seines eigenen Standpunkts (d.h. Kritik). (...)
Was wir in der Folge zum zweiten Teil der Arbeit — zum Gespräch zwischen den Teilnehmern — schreiben, kann nur als eine Sammlung von Anregungen verstanden werden. Das Gespräch würde steril und phantasielos, wenn vom Leiter eine strenge Folge der Themenkreise erzwungen würde. Der Gesprächsleiter sollte lediglich dafür sorgen, daß immer klar ist, auf welcher Ebene sich das Gespräch bewegt — „Sprechen wir jetzt darüber, wie unterschiedlich eine Person im Film von euch empfunden wurde, oder sprechen wir davon, wie diese Person im Film dargestellt ist?"
Wir befassen uns mit den einzelnen Teilen unseres Schemas an der Tafel, können aber immer wieder auf diese zurückgreifen, um Querverbindungen herzustellen. Lediglich das Vorgreifen sollte vermieden werden, weil sonst das Gespräch für die Teilnehmer schnell unübersichtlich werden kann.

I. Sympathien für die Personen
Das erste Thema wäre also Teil I. Was fällt auf? Allgemeine Tendenz (der Gruppe) und davon abweichende Einzelreaktion. Sehr schnell ergibt sich der Wunsch nach Einbezug der Begründungen in Teil II. Auf Teil I wird man später wieder zurückkommen.

II. Reflexion der Sympathien
Möchte jemand ein Stichwort, das er hingeschrieben hat, genauer erklären? Und Rückfragen: Stehen Worte da, deren Sinn jemandem nicht verständlich ist?
Wenn der einzelne Teilnehmer alle Worte ansieht, die er in die Kolonne „warum SS, S" geschrieben hat, findet er eine Sammlung von Eigenschaften, die er als positiv und erstrebenswert empfindet (...). Aber Vorsicht beim Verallgemeinern − z.B. „Jemand ist dir sysmpathisch: Möchtest du selbst so sein? Möchtest du einen solchen Vater, Lehrer, Chef, Gruppenleiter usw. haben (...)?"
Aus welchem Bereich stammen die Begründungen der einzelnen Teilnehmer: Aussehen, Sprache, Art des Handelns usw.?
(...) Über gegenteilige Wertungen sprechen. Was ist die Ursache dafür? (...) Am Film kann es kaum liegen − die Ursachen für die unterschiedlichen Wertungen müssen bei den unterschiedlichen Voraussetzungen (hauptsächlich Erfahrungen) der Teilnehmer liegen. (...)
Sich gegenseitig zu verstehen suchen und gemeinsam nach den Ursachen suchen: „Jemand ist mir sympatisch, weil er sachlich ist − aber warum ist mir jemand sysmpathisch, der sachlich ist?" Woher haben wir eigentlich unsere positiven und negativen Menschenbilder? Woher haben wir unsere Ideale, unsere allgemeinen und persönlichen Wertmaßstäbe? Welche Erfahrungen und Einwirkungen haben dazu geführt, daß wir eine bestimmte Eigenschaft als sympathisch empfinden? Vielleicht aus unserer direkten Wirklichkeitserfahrung − vielleicht aber auch durch andere vermittelt (...).
Beziehung von Reflexionen der Sympathien zu Filmthemen: (...) dazu möchten wir auf unsere Behauptung zurückkommen, die wir in der Einleitung formuliert haben (Personen als Träger von Botschaften). Diese Annahme nützt dem Teilnehmer nur etwas, wenn er sie als Erfahrung aus seinem Filmerlebnis ableiten kann. Der Leiter kann lediglich darauf achten, ob sich solche Beziehungen zwischen den handelnden Personen und der „Botschaft" des Films (zwischen Teil II und Teil III) ergeben und darauf aufmerksam machen (...).
Der Spielfim-Zuschauer/Zuhörer (eben „Rezipient") wird den Spielfilm-Autor („Kommunikator") so verstehen: Eine mir sympathische Person äußert eine Ansicht oder handelt auf eine bestimmte Weise − ich nehme an: Der Autor will mir mitteilen, daß er diese Ansicht oder diese Handlungsweise richtig findet.

Oder das Gegenteil: Eine mir unsympathische Person äußert eine Ansicht oder handelt auf eine bestimmte Weise — ich nehme an: Der Autor will mir mitteilen, daß er diese Ansicht oder diese Handlungsweise falsch findet.
Das ist ein Grundprinzip, das aber nicht starr angewendet, sondern immer wieder neu überprüft werden sollte. (...) Was der Autor propagiert, ist damit natürlich noch nicht erfaßt — wir haben lediglich Hypothesen für unsere weitere Arbeit.
Ein Spielfilm läßt sich reduzieren auf Personen und deren Umgebung. Über die Personen beziehen wir auch deren Umgebung ein: Eine Person wird auch von ihrer Umgebung charakterisiert (psychisch, sozial, ökonomisch). Oder eine Person wird charakterisiert durch eine ihr fremde Umgebung, in der sie sich z.B. nicht wohl fühlt — oder wohler fühlt.

III. Themen (...)
Den Film möglichst gut zu verstehen versuchen. Die kritische Auseinandersetzung damit (IIIb) wird aufgeschoben, bis der Film klarer und sicherer verstanden wurde, das heißt bis nach der zweiten Vorführung (...).
Behauptungen, die in der Gruppe umstritten sind, vorläufig stehen lassen — sich nicht unbedingt gegenseitig korrigieren wollen (...). Widersprüchliche Behauptungen auf einem zusätzlichen Papier aufschreiben, als etwas, das in der zweiten Vorführung zu kontrollieren ist. Kontrollierbar sind natürlich nur Beobachtungen und nicht die Interpretationen davon — also die Fragestellung für die zweite Vorführung klar zu stellen versuchen.
Die Teilnehmer versuchen, ihre Hypothesen (IIIa) zum Thema des Films und zu den propagierten Ansichten und Verhaltensweisen am Film zu belegen: Wo vermittelt der Film was und wie tut er es? Werden die Hypothesen durch Aussagen und Verhalten der Personen im Film zu belegen versucht? Welche Person vermittelt welche Botschaft? (...)
Welche Ziele verfolgen die einzelnen Personen im Film und wie tun sie das? Teil I und Teil II werden wieder einbezogen — Querverbindungen können auf der Tafel eingezeichnet werden — Themen, Aussagen, Verhaltensweisen werden (wo möglich) den Personen zugeordnet. Meistens ergibt sich bei dieser Arbeit eine Erweiterung der Themen: Sie werden auch in die Kolonne III eingetragen (...).
Machen wir uns nichts vor: Unsere Arbeit am Film ist nicht „objektiv". Schon in den formulierten Themen zeigen sich die Standpunkte der Rezipienten. Schon die Tatsache, daß ein Teilnehmer ein Thema wahrnimmt, setzt ein bestimmtes Bewußtsein und einen bestimmten Interessenstandpunkt voraus.
(...) Wir haben eine Reihe von Behauptungen als Arbeitshypothesen. Was jetzt noch Behauptung ist, soll durch die Filmanalyse bewiesen werden: (...) mit welchen dramaturgischen und technisch-gestalterischen Mitteln zeigt uns der Film bestimmte Handlungen bestimmter Personen in einer bestimmten Umgebung — und was zeigt er nicht? (...)

Hier müßten also die Film-Gestaltungsmittel erarbeitet werden: Eine ziemlich klare Reihe von technischen Möglichkeiten – nur deren Bedeutungen sind, zum Leidwesen vieler Theoretiker und Rezept-Fetischisten, nicht eindeutig faßbar. Natürlich gibt es eine Reihe von Gestaltungs-Konventionen, die sich aus der Filmgeschichte ableiten lassen, aber uns scheint es eine gute Voraussetzung zu sein, bei jedem Film immer wieder nach seiner besonderen „Filmsprache" zu suchen. Diese können wir dann in Verbindung bringen mit dem Gesamtwerk eines Autors oder mit einem Genre oder mit einem bestimmten Produktionsapparat usw. (...)

Vor einer Filmanalyse sollten sich die Teilnehmer auch Informationen über die Produktions- und Distributionsbedingungen dieses Films beschaffen. Die Mittel der Darstellung werden nicht in absoluter Freiheit gewählt, sondern sind auch Ausdruck der ökonomischen Bedingungen (...) Auch der Filmautor ist ein Mensch – und nicht alles, was er kommuniziert, will er uns mitteilen, aber alles, was er uns kommuniziert, ist Ausdruck seiner Person und seiner Kommunikations- (d.h. Produktions-)Bedingungen. Sicher ist, daß diese Bedingungen einen Einfluß auf ihn und damit auf sein Produkt haben, aber in vielen Fällen können wir nicht wissen, ob er sich seiner Bedingungen bewußt ist. (...)

III a. Die Filmanalyse – Korrektur der Arbeitshypothesen
Nachdem man sich über die Produktionsbedingungen orientiert hat, kann man zur Filmanalyse übergehen.

1. Erarbeiten der Gestaltungsmittel (nicht zu eng verstehen: z.B. die Wahl der Schauspieler ist auch ein Mittel der Gestaltung).
2. Die Teilnehmer bilden kleine Untergruppen, die sich auf bestimmte Gestaltungsmittel konzentrieren.
3. Vorführung des Films mit genügend Licht für Notizen. Der Kursleiter kann – als Hilfe für die folgende Arbeit – eine Liste mit nummerierten Sequenzen erstellen.
4. Die Teilnehmer nummerieren ihr gesammeltes Material, d.h. sie ordnen es nach den Sequenzen, die der Leiter bekanntgibt.
5. Auswertung: (...) Wir versuchen nicht das Material zusammenzutragen, sondern lassen es bei den Untergruppen, die sich mit einem bestimmten Spezialgebiet befaßt haben. Durch diese Arbeitsweise sind immer alle Kleingruppen in die Arbeit einbezogen. Es gibt keine Phasen der Berichterstattung. Und der Leiter verfügt nicht über das Material der Teilnehmer. Wir sitzen im Kreis. „Hat jemand eine Beobachtung gemacht, mit der eine unserer Hypothesen belegen, korrigieren, widerlegen kann?"

Jemand hat eine solche Beobachtung gemacht, gibt die Sequenznummer an und erzählt, was er beobachtet hat. Alle Kleingruppen bringen jetzt ihre Beobachtungen zu dieser Szene dar. Also zu jeder einzelnen Szene Zusammenbringen aller Gestaltungsmittel und gleichzeitig auf den ganzen Film erweitern: Wann

Filmanalyse

wurde dieses Mittel sonst noch verwendet — ergeben sich Parallelen zu anderen Mitteln — ein inhaltlicher Zusammenhang (Interpretation)?
Durch die Filmanalyse wird vieles klarer, aber es werden bestimmt auch neue Probleme sichtbar. Und die Interpretationen durch die Teilnehmer können natürlich immer noch unterschiedlich sein. Nur in einer schlecht geleiteten Gruppe sind sich am Schluß alle einig.
In Kolonne IIIa werden auf der Tafel Korrekturen angebracht: Behauptungen werden gestrichen oder ergänzt — neue Bezüge zu Personen werden eingezeichnet. (...)
Vergleichen wir die jetzt formulierten Ziele und Verhaltensweisen der Filmpersonen mit unseren ersten Eindrücken (Ia und Ib) und mit unseren Begründungen (II). Waren uns z.B. Personen sympathisch, deren Ziele und Verhaltensweisen wir jetzt ablehnen? (...)
Immer wieder neue Fragen entstehen: „Man müßte jetzt einmal genau darauf achten, wann ... wie ... wo ...". Also noch einmal den Film ansehen. Auch wenn keine bestimmten Fragen mehr da sind, ist es ein interessantes Erlebnis. In den meisten Filmen wird man Dinge entdecken, die man vorher nicht beachtet hat — aber nicht nur, weil es die dritte Vorführung ist, sondern auch, weil man sehen und hören gelernt hat — auch für andere Filme.

IIIb. Kritik des Films
Man kann einen Film (und jegliche Kommunikation — außer Verbotstafeln und ähnlichem) nie ganz verstehen — man kann einen Film nur besser zu verstehen versuchen. Wir haben diesen Film also einigermaßen verstanden. Wenn wir unsere Hypothesen (IIIa) zu den Themen des Films und den Stellungnahmen des Autors zu diesen Themen korrigiert und ergänzt haben, müssen wir jetzt auch unsere eigenen Stellungnahmen dazu (IIIb) korrigieren und ergänzen, falls das noch nicht geschehen ist.
Kritik an der Stellungnahme des Kommunikators zu den einzelnen Themen des Films: Aus dem Unterschied zwischen dem, was der Film propagiert, und unserer eigenen Stellungnahme zu diesen Themen ergibt sich die inhaltliche Kritik des Films. Wir sprechen miteinander über die unterschiedlichen Standpunkte der Teilnehmer und über deren unterschiedliche Kritiken. Also Auseinandersetzung mit dem Film und Auseinandersetzung zwischen den Teilnehmern.
Man sollte sich die Kritik eines Films nicht zu leicht machen — als Anregung einige Fragestellungen: Zeigt der Film — daß es so ist? daß es leider so ist? daß es glücklicherweise so ist? daß es immer so war und immer so sein wird? daß es so werden könnte? daß es so werden sollte? usw. usw.
Kritik am Standpunkt des Kommunikators: Wir versuchen all das, was im Film (bewußt oder unbewußt) als positiv, als negativ, als selbstverständlich propagiert wurde, miteinander in Verbindung zu bringen, um den Standpunkt des Kommunikators zu erkennen — seine gesellschaftliche Haltung, die sich in der

Darstellung der verschiedenen Themen des Films niedergeschlagen hat — sein Weltbild — seine Ideologie. Und wir setzen uns kritisch mit diesem Standpunkt auseinander.

Reflexion des eigenen Standpunktes: Kritik ist nicht aus dem luftleeren Raum möglich — sie wird von einem Standpunkt aus betrieben. Wer kritisiert, muß seinen Standpunkt und seine Interessen erkennen. Wir sprechen miteinander über die verschiedenen Standpunkte der Teilnehmer. Der Leiter versucht das Gespräch zu vertiefen, indem er weiterfragt, wenn dies die Teilnehmer nicht tun. Woher haben die Teilnehmer ihre Standpunkte, ihre Ansichten? Haben ihre Standpunkte etwas mit ihren Erfahrungen zu tun, oder geben sie nur schöne Sprüche von sich, die sie irgendwo eingetrichtert bekommen haben? Wir versuchen gemeinsam, den eigenen Ansichten auf den Grund zu gehen.

Marlies Graf und Urs Graf: Eine Methode für die Gruppenarbeit mit Spielfilmen; in: CINEMA, 21. Jg., Heft 3; Zürich 1975; S. 16-44

# Text 6:
# Filmanalyse

Film kann definiert werden als komplexes Zeichensystem mit vorwiegend bildhaftem Charakter. Oberstes Lernziel der Filmanalyse ist die kritische Erarbeitung von Gestalt, Inhalt und Funktion des Films als „Akzentuierung von Wirklichkeitsausschnitten". Zur Aussagenanalyse bedarf es zunächst der Formulierung bestimmter systematischer Kategorien, die die dichte Informationsmenge zu strukturieren in der Lage sind. Welche Kategorien im einzelnen sachgemäß und zweckmäßig sind, richtet sich nach den konkreten Fragestellungen. Die Wahl der Kategorien, der Forschungshypothesen und der konkreten Fragestellungen ergibt sich nicht aus objektiven Sachgesetzlichkeiten, sondern wird ihrerseits gesteuert von Voreinstellungen und Erwartungen, die jeweils offengelegt werden sollten. Insofern ist jede Filmanalyse standortgebunden. Inhalte der Hypothesen sollten zum einen dem Film selbst, zum anderen seinem sozialen und medialen Umfeld, in dem er entstanden ist, entspringen (filmimmanente Kritik), zudem den Entstehungszusammenhang und den lernziel- und gruppenbedingten Kontext der Filmrezeption miteinschließen.

Im einzelnen können vier Dimensionen der Analyse unterschieden werden:

1. Der Entstehungszusammenhang des Films.
2. Die Gestaltung des Films. Da den formalen Kategorien eine nicht zu unterschätzende gegenstands- und aussagekonstituierende Funktion zukommt, ist ihre Anwendung bei der Filmanalyse unverzichtbar.
3. Die Inhaltsdimension des Films. Sie gibt Auskunft über das Ergebnis der filmischen Gestaltung, die von der Realität differierende „filmische Welt".
4. Die Funktion des Films im Kontext (...).

*1. Der Entstehungszusammenhang des Films*
(Daten zur Produktion und zum Autor)

— Wer hat den Film hergestellt?
— Was hat der Autor sonst noch produziert?
— Wer ist der Auftrags- und Geldgeber (...)?
— In welchem Jahr wurde der Film gedreht?

- Unter welchen Produktionsbedingungen wurde der Film gedreht?
- Welches Publikum, welche Zielgruppe wird angesprochen?
- Formuliert der Autor seinen Standort? Wenn ja, welchen? Wenn nicht, wird der Standort indirekt erkennbar?
- Erhebt der Autor den Anspruch wertfreier Dokumentation oder nennt er seine Bewertungsmaßstäbe, damit der Rezipient deren Annahme oder Ablehnung bewußt steuern kann?

## 2. *Kategorien der Gestaltung*

2.1 Gliederung und Proportionen
Welchen strukturellen/dramaturgischen Aufbau läßt der Film erkennen? Wie viele Teile hat er und wie lange dauern sie?
a) dramatische Einheiten verschiedener Größen: Sequenzen (Bildblöcke), Schauplätze
b) syntaktische Einheiten: Syntagmen (Gruppierung von Einstellungen zu umfassenden Bedeutungseinheiten), Einstellungen (ununterbrochene Kameraaufnahme).
- Wie lange werden welche Fakten/Personen im Verhältnis zu anderen Personen/Fakten gezeigt und beschrieben?
- Welche Gründe gibt es für diese Proportionen?
- Wie verhalten sich diese Proportionen zu den Proportionen in der Realität?
- Wie ist das Verhältnis von verbal angegebenen Proportionen und erlebnismäßiger Darstellung dieser Proportionen?
- Was (Personen, Gegenstände, Sachverhalte, Vorgänge) wird durch welche Gestaltungselemente akzentuiert beziehungsweise vernachlässigt?

2.2 Elemente der Bildgestaltung
Der Raum, der durch die Kamera erfaßt wird, wird kategorisiert durch das Merkmal der
- Einstellungsgröße (Weit/Total/Halbtotal/Halbnah/Nah/Groß/Detail).
Entscheidend für die Bildwirkung ist weiter die
- Kameraperspektive. Hier lassen sich nach Standpunkt und Neigungswinkel fünf Positionen unterscheiden: Vogelperspektive/Hoch/Augenhöhe/Bauchhöhe/Froschperspektive.
Ein wichtiges Mittel für die Raumpräsentation ist die
- Wahl des Objektivs:
  Kurze Brennweite (Weitwinkel/große Tiefenschärfe)
  Mittlere Brennweite (Normalobjektiv)
  Lange Brennweite (Teleobjektiv/Geringe Tiefenschärfe)
- Wo und wann werden welche Fakten wie intensiv aus welcher Perspektive mit welcher Brennweite dargestellt?
- Geht es dem Autor mehr um deutliche Details oder um den klärenden

Filmanalyse

Zusammenhang?
- Schnitt- und Montageeffekte:
- Welcher Aussagewert entsteht durch das Arrangement der Bildreihen und ihre suggestiven Effekte?
- Sind die Proportionen der Schnittmontage stimmig oder verzerrt und widersprüchlich (das heißt stimmen sie mit den Proportionen der gezeigten Phänomene in der Wirklichkeit überein)?

2.3 Elemente der Tongestaltung
Der Film verwendet drei verschiedene Arten der Tongestaltung, die miteinander kombinierbar sind:
- Sprache/Kommentar im On (Tonquelle im Bild) oder Off (Tonquelle nicht im Bild)
Wird durch die sprachlichen Formulierungen ein Zwang der Fakten suggeriert?
Wer kommt zu Wort? Primär der Kommentator/Interviewer oder der Betroffene?
In welcher Weise kommen die Betroffenen zu Wort? Lediglich als Interviewpartner oder frei berichtend?
Wie sehen die sprachlichen Formulierungen aus? Unverbindlich-allgemein, distanziert-beschreibend, differenziert, analytisch, ironisch, ernsthaft, übertrieben, engagiert, apodiktisch, fragend?
Welche Wertakzente werden im Kommentar sichtbar?
- Musik (Realmusik – Filmmusik)
Dient die Musik als folkloristisches Element?
Dient die Musik als dramatisierendes Element (Akzentuierung welcher Bildbeziehungsweise Textpassagen)? (dazu: Musik als Kommentar)
- Geräusche
Ist die akustische Information differenzierter als die optische?
Bringt sie Zusatzinformationen?
Wirkt sie ergänzend oder abschwächend, ablenkend, verschleiernd oder steigernd?
Wann und wo werden Geräusche/Musik/Sprache verwendet (mit der Folge, daß wir mehr sehen als tatsächlich optisch zu sehen ist)?

2.4 Die Bedeutungsverflechtung von Bild und Ton
Erst durch die Analyse der Kombination von Bild und Sprache wird Inhalt und Richtung der filmischen Aussage transparent. Zu unterscheiden ist zwischen
   bildimmanenter Verwendung von Wortpassagen im Monolog oder Dialog
   bildtranszendenter Überlagerung durch Sprache.
Hier stellt sich vor allem die Frage, ob die sprachliche Überlagerung mehr die Funktion der Benennung, der Assoziation, der Verknüpfung der optisch sichtbaren, bildimmanenten Daten mit bildtranszendenten Fakten, der Argumentation (...) oder eine emotional-evokatorische Wirkung hat.

- Erfolgt die Kombination von Bild und Sprache
  ergänzend, sich gegenseitig verstärkend
  abschwächend, sich gegenseitig neutralisierend,
  bewußt auf Kontrast abgestimmt?
- Verdrängt der Text das Bild, zum Beispiel durch überlange Statements oder Interviews?
- Widerspricht der Film sich selbst durch die unterschiedlichen Proportionen in Bild und Kommentar?

*3. Zum prozessualen Ablauf der Filmanalyse (...)*

3.1 Ermittlung der Voreinstellungen und Kenntnisse
Da es keine „reine" Anschauung gibt, jede Wahrnehmung/Anschauung vielmehr bereits im Moment ihres Vollzugs durch ein schon vorhandenes Kategoriensystem (präkommunikative Einstellungen) selektiert und strukturiert wird, sind in einem ersten Schritt vor der eigentlichen Filmanalyse die Wahrnehmungs- und Einstellungsmuster, sowie die Vorurteile und Kenntnisse (...) zu ermitteln. Entsprechende Aussagen lassen sich gewinnen durch themenorientierte
- Assoziationstests
- Polaritätsprofile (Zuordnung alternativer Eigenschaften zu bestimmten Sachverhalten und/oder Personen)
- Fragebogen

3.2 Spontananalyse
Um einen ersten Gesamteindruck zu ermitteln, sollte der Film zunächst ohne zusätzliche Erläuterungen in seiner ganzen Länge vorgeführt werden (= Informationsvorführung). Alle geben eine erste spontane Stellungnahme ab. Da es hier vor allem darum geht, die unterschiedlichen Voreinstellungen und Wahrnehmungsfilter transparent zu machen, sollte in diesem Stadium auf strukturierende Fragen noch verzichtet werden. Den Schülern sollte deutlich gemacht werden, daß Wahrnehmung immer selektiert und die Bewertung von „wichtig" und „unwichtig" entsprechend den unterschiedlichen Sozialisationserfahrungen der Rezipienten differiert. Sie sollten versuchen, den Inhalt des Films zu rekapitulieren, die Aussagerichtung zu erfassen und auffallende Gestaltungsmerkmale zu nennen. Ziel dieses ersten Schritts ist eine voläufige Hypothesenbildung und die Selbsterarbeitung eines noch unsystematischen Kategorienschemas für die weitere Analyse

3.3 Systematische Erarbeitung der zentralen Entschlüsselungstechniken und deren praktische Anwendung
Für das weitere Vorgehen gilt der Grundsatz, daß Begriffe, Techniken und Ideologiekritik aufgrund von Beobachtungsaufträgen möglichst in gemeinsamer Gruppenarbeit und in induktivem Vorgehen, das heißt hautnah am Material,

Filmanalyse

erarbeitet werden, Vorgaben des Lehrers somit nur in Ausnahmefällen erfolgen. Im einzelnen sind folgende Schritte zu empfehlen:
— Erläuterung einiger weniger Grundbegriffe: Sequenz (Syntagma), Kameraeinstellung, Kamerabewegung
— Vorführung des Films ohne Ton und mit verminderter Laufgeschwindigkeit
Aufgabe: Gliederung des Films in Sequenzen (= 1. systematischer Entschlüsselungsschritt)
— Vorführung ausgewählter Sequenzen des Films (ohne Ton und mit verminderter Laufgeschwindigkeit)
Aufgabe: Erkennen von „Einstellungen"
— Erläuterungen der Begriffe: Normaleinstellung, Totale, Großaufnahme
— Detailanalyse der ausgewählten Sequenzen/Strukturierung nach Kameraeinstellungen.

## 3.4 Ideologiekritik (aufgrund der Gestaltungs- und Inhaltsmerkmale)

Nach der Erarbeitung zentraler Begriffe und Gestaltungsmerkmale erfolgt nunmehr die Protokollvorführung des Films. Die dabei gemachten Beobachtungen sollten — während, teilweise kurz im Anschluß an die Vorführung von jedem Gruppenmitglied schriftlich festgehalten — in Gruppenberichten zusammengefaßt und schließlich in der Klasse vorgetragen und diskutiert werden. Dabei sollte die Beziehung der Gestaltungssegmente des Films (Syntaktik), die Bedeutung der Gestaltungselemente im filmischen Kontext (Semantik) und ihre Funktion im Rahmen der Realitäten von Gesellschaft und Rezipienten (Pragmatik) Geltung bekommen. Ziel ist die Herstellung eines chronologischen Filmprotokolls (am besten in einer schematischen Darstellung). Dabei sollten Angaben erfolgen zu den Kategorien: Zeit, Sequenz, Einstellung, Kamera, Kommentar.
Aus ökonomischen Gründen empfiehlt sich die Beschränkung auf wenige Aussage- und Inhaltskategorien als Analysekriterien. Die Auswahl richtet sich nach den (...) Lernzielen, der Adressatengruppe und den bereits aufgestellten Hypothesen. Besonders fruchtbar dürfte insbesondere sein
— die vergleichende Analyse zweier ausgewählter Szenen
 bezüglich Aussageschwerpunkt und Kameraeinstellung,
 bezüglich Aussageschwerpunkt und Szenenlänge
— die Kommentaranalyse am Beispiel ausgewählter Sequenzen.
Da Ideologiekritik gegenüber Filmen die Beziehung zwischen dem Inhalt der vorgefundenen Ideen und Rechtfertigungszusammenhänge (dinglicher Schein) und den dahinterstehenden Interessen (Wesen) aufdecken soll, ist eine wissenschaftliche Analyse, die Fehler von Aussagen erschließt, indem der Inhalt der Aussagen an der Wirklichkeit geprüft wird, notwendig. „Ideologie behauptet, sie beweist nicht. Ideologie tritt affirmativ auf. Wissenschaft ist methodisierter Zweifel. Ideologie rechtfertigt, Wissenschaft deutet. Wo Ideologien herrschen, wird Wissenschaftlichkeit zum gesellschaftlichen Ordnungsprinzip." Zur

immanenten Kritik, die den Inhalt von Aussagen mit der Wirklichkeit konfrontiert und die Entstehungsgeschichte von Fehlurteilen erhellt, tritt die soziologische Kritik. Sie fragt nach den Interessen, die hinter den ideologischen Aussagen stehen, und danach, ob zwischen dem Verhalten und den Aussagen der Ideologieträger eine Diskrepanz besteht. Sie fragt nach den Widersprüchen der ideologischen Aussagen untereinander und danach, welche offenen und verborgenen Konsequenzen Aussagen haben.

Die ideologiekritische Überprüfung von sprachlichen, bildlichen und akustischen Aussagen von Filmen (...) ist, das macht diese grobe Skizze der anstehenden Aufgabe deutlich, ein aufwendiges Unterfangen. Die Beteiligten müssen sich wissenschaftlicher Analysen der behandelten Wirklichkeit vergewissern, um sich gegenüber den als Tatsachen ausgegebenen Deutungen, dem Umstand, daß unbewiesene Voraussetzungen in die Beweise miteingehen, Fehlschlüsse suggeriert und gegenteilige Meinungen als böswillig denunziert werden, behaupten zu können. Das erfordert zusätzlich zum Filmeinsatz aufwendige Informationsbeschaffung und -bearbeitung.

Die Teilnehmer müssen sich, um eine soziologische Ideologiekritik betreiben zu können, einen Überblick über die in dem jeweils behandelten Wirklichkeitsbereich aufeinanderstoßenden Interessengruppen, ihren Einfluß und ihre Verhaltensweisen verschaffen.

Das alles auf die Analyse von bildlichen, sprachlichen und sonstigen akustischen Reizen und Zeichen eines Films zu beziehen, um den Wahrheitsgehalt der Kombination all dieser Elemente angesichts der Wirklichkeit zu erschließen, bedeutet eine äußerst schwierige Aufgabe (...). Man kann sie unter Hinweis auf die Komplexität immanenter und soziologischer Kritik gegenüber eingesetzten Filmen verdrängen. Nimmt man jedoch die Fähigkeit zur Ideologiekritik als Bildungsziel (Freiheit zu Kritik und Urteil), (...) kann jeder Anlaß zu ihrer Einübung genutzt werden. Da (...) zumeist die Interessen der Produzenten unter der Bemühung versteckt werden, politisches Handeln und Denken „einleuchtend" zu legitimieren, kann das kritische Aufmerken zumeist sehr schnell die Risse, Widersprüche und Rechtfertigungsmuster der bildlichen und akustischen Argumentation entdecken.

Klaus Bodemer und Erhard Meueler: Zur didaktischen Relevanz entwicklungspolitischer Filme — Voraussetzungen, Analysekriterien, methodische Folgerungen; in: Zur Methodik des Lernbereichs Dritte Welt; Schriftenreihe der Bundeszentrale für politische Bildung. Band 118; Bonn 1977; S. 183-225.

Bernd Schorb

# Pädagogische Einordnungsverfahren für Medien

# Einführung

Der folgende Teil „pädagogische Einordnungsverfahren" besteht aus drei. verschiedenen, aber aufeinander bezogenen Kapiteln.
Die „Thesen zur pädagogischen Einordnung von Medien" sollen das Umfeld darlegen, innerhalb dessen heute Medienpädagogik betrieben wird, mit welchen Schwierigkeiten die praktische Medienpädagogik zu kämpfen hat und wie diese Schwierigkeiten angegangen werden können. Die Thesen erheben keinen Anspruch auf Vollständigkeit, sie dienen eher dazu in das Thema einzusteigen. Sie können in der praktischen Anwendung als Einstieg benutzt werden, um beispielsweise Seminarteilnehmer zur Auseinandersetzung mit den Problemen von Medienpädagogik zu motivieren und so den Boden zu bereiten, daß der Stellenwert und Vorteile einer relativ einfachen Erinnerungshilfe (der Matrix) deutlich werden. Außerdem sollen die Thesen dazu anregen, daß der Pädagoge Phantasien entwickelt, in seinem eigenen Praxisbereich sinnvolle Einsatzmöglichkeiten von und für Medien zu finden. Von besonderer Bedeutung und unter allen Umständen für den Gebrauch der Matrix zugrundezulegen ist die These 6., die beinhaltet, daß Medien nur dann sinnvoll eingesetzt werden, wenn sie tatsächlich als Mittel in der Erziehung eingesetzt werden.
Das zweite Kapitel beinhaltet die Matrix zum Mediensatz. Diese Matrix ist aus der Idee entstanden, daß es für den Pädagogen eine Hilfe ist, wenn er eine Checkliste zur Verfügung hat, anhand derer er sich mit einem kurzen Blick orientieren kann, ob er im technischen wie inhaltlichen Bereich alle wichtigen Vorbereitungen getroffen hat. Häufig wird aus der Praxis berichtet, daß Medien deshalb nicht eingesetzt werden, weil der Lehrende nicht geübt ist, alle Vorarbeiten zu bedenken und Vergessenes dazu führt, daß der Medieneinsatz und damit oft auch das Lernziel mißlingen. Das erzeugt Frustration. Dieser Frustration kann eine Erinnerungshilfe entgegensteuern. Die vorliegende Matrix hat keine Eigenfunktion. Das heißt, um sie anwenden zu können, muß man einige technische Grundkenntnisse besitzen, ein Minimum an pädagogischer Vorbildung haben und in den Gebrauch der Matrix eingewiesen sein. Sie soll — nach Einweisung — als Erinnerungshilfe dienen. Im alltäglichen Einsatz soll sie dazu führen die technischen und pädagogischen Fehler zu vermeiden, die Mißerfolgserlebnisse beim Einsatz von Medien hervorrufen können. Vor allem der inhaltliche Teil der Matrix bedarf der Interpretation. Er muß von jedem einzelnen Benutzer seinen pädagogischen Intentionen und Erfahrungen zugeordnet

werden. So kann z.b. „Motivation" und „Einstieg" für manchen Pädagogen zusammenfallen, für einen anderen können dies zwei verschiedene Dinge sein. Eine Matrix dieser Art kann nie vollständig sein. Notwendige Ergänzungen, die sich aus der eigenen Praxis ergeben, muß jeder Benutzer hinzufügen. Demjenigen, der sich inhaltlich ausführlicher mit den Bedingungen des Medieneinsatzes auseinandersetzen will, bietet das dritte Kapitel eine Dokumentation von Artikeln und Schaubildern, die das Umfeld von Medienpädagogik beschreiben. Die Literatur zum Medieneinsatz und zur Medienpädagogik hat inzwischen einen solchen Umfang angenommen, daß es für einen einzelnen unmöglich ist, den Überblick zu behalten. Die Schwerpunktsetzung in der Dokumentation kann jedoch dazu motivieren, sich mit speziellen Problemen, die sich in der Praxis stellen und die bereits ausführlich theoretisch behandelt wurden, auseinanderzusetzen und aus der Vertiefung Problemlösungsmöglichkeiten zu gewinnen.

# Thesen zur pädagogischen Einordnung von Medien

(Die folgenden Thesen kennzeichnen die Negativa. Dies deshalb, weil man Probleme wohl nur lösen kann, wenn man sie in aller Schärfe sieht. Die Thesen wollen also nicht behaupten, daß der geschilderte Zustand der allgemeine in der Medienpädagogik ist, aber er ist wohl noch der vorherrschende).

1. **Qualität der Medientechnik und Quantität der Mediennutzung widersprechen sich**

Wiewohl schulische wie außerschulische Einrichtungen in zunehmendem Maße mit technischen Medien ausgerüstet sind, hat der Einsatz von Medien durch Pädagogen nicht in gleicher Weise zugenommen. Erziehung *mit und über* Medien ist (noch) immer abhängig vom individuellen Engagement des einzelnen Pädagogen.

2. **Die medienpädagogische Aus- und Weiterbildung ist mangelhaft**

In der Ausbildung des Pädagogen — sei sie für die Schule oder den außerschulischen Bereich — wird zwar meist Wert auf Didaktik oder Fachdidaktik gelegt; eine medienpädagogische Ausbildung ist jedoch bislang die Ausnahme, es existieren kaum brauchbare und leicht handhabbare Mediendidaktiken. Hier hat auch eine Bildungspolitik ihren entscheidenden Anteil, die seit Jahren Gelder für medientechnische Ausrüstung zur Verfügung stellt, erweiterte Qualifikation von Pädagogen jedoch nicht in gleicher Weise unterstützt.
Die medienpädagogische Fortbildung ist in den Augen des Pädagogischen zufällig. Der Pädagoge ist in der Regel nicht über Fortbildungsangebote unterrichtet. Die Fortbildungskonzeptionen unterscheiden sich außerdem so stark, daß sie eine Orientierung eher erschweren als erleichtern. Die Träger der Fortbildung kooperieren nicht oder kaum, können sich also auch nicht gezielt und einheitlich an die Pädagogen wenden.

3. **Das Medienangebot ist nur schwer überblickbar und handhabbar**

Zwar gibt es für die Schulen durch die Bildstellen eine gewisse Vereinheitlichung, die hier angebotenen Medien bilden jedoch nur einen Ausschnitt aus

dem gesamten, zugänglichen Angebot. Es gibt bislang keinen Überblick, der es zumindest dem beratenden Medienpädagogen ermöglicht, speziellen pädagogischen Situationen die tatsächlich vorhandenen Medien zuzuordnen.
Das Angebot ist oft nicht auf die Bedürfnisse des Pädagogen zugeschnitten. Die Intentionen der Filme-Macher unterscheiden sich häufig von denNotwendigkeiten des Unterrichts, d.h. die Filme sind zu lang, inhaltlich nicht auf die Schulfächer bezogen, didaktisch falsch aufgebaut (mehr Spielfilme als Lehrfilme, für andere Zwecke produziert z.B. für das Fernsehen).

**4. Der mangelnde Einsatz von Medien hat auf seiten des Pädagogen in erster Linie folgende Ursachen**

Medien sind in den Augen der meisten Pädagogen technisch aufwendige Zeiterscheinungen. Der Pädagoge verfügt häufig nicht über das notwendige technische Grundwissen. Darüber hinaus wird ihm nicht vermittelt, daß Unterricht, seit er erteilt wird, auf Medien (Tafel, Karte usw.) angewiesen ist und er ordnet die neueren Medien nicht als historische Weiterentwicklung ein.
Der Pädagoge hat häufig eine Scheu vor dem Medium, ja er fürchtet es als Konkurrenten. Die Diskussion um programmierten Unterricht und das Ersetzen des Lehrers durch Medien hält die Furcht aufrecht, daß das Medium nicht die Funktion hat, den Pädagogen zu unterstützen, sondern ihn überflüssig zu machen.
Der Medieneinsatz benötigt eine zeitliche und organisatorische Planung. Die Scheu vor dem erweiterten Zeitaufwand und die Schwierigkeit, in zeitlich begrenzte Unterrichtspläne medialen Lernstoff einzubauen und die — besonders in der Schule — Unmöglichkeit, anderen als herkömmlichen Unterricht in das organisierte Lernen zu integrieren, verhindern die Mediennutzung durch den Pädagogen.
Die Möglichkeit, Medien aktiv zu gebrauchen, um Handlungschancen des Lernenden zu erweitern, ist dem Pädagogen meist unbekannt.

**5. Die Verbesserung der Situation der praktischen Medienpädagogik verlangt vor allem**

a) die aufgezeigten objektiven Ursachen abzubauen, also Aus- und Fortbildung zu verbessern, das Medienangebot zu vereinheitlichen, medienpädagogische Informationen dem Pädagogen leichter zugänglich zu machen, die Beseitigung juristischer Hindernisse beim Mitschneiden von Sendungen;
b) die subjektiven Hindernisse zu verringern, also dem Pädagogen zu verdeutlichen, daß Medien leicht handhabbar sind, ihn nicht ersetzen, sondern ihm die Möglichkeit geben, seinen Unterricht qualitativ zu verbessern, ihm Möglichkeiten aufzuzeigen, Medien in ein Konzept des aktiven, handelnden Lernens zu integrieren und ihm die Erfahrung zu vermitteln, daß die Qualität der Medien

in der Bereicherung der Lehr- und Lernmöglichkeiten in Händen von Lehrenden und Lernenden liegt.

## 6. Medien sind und müssen Mittel in der Hans von Lernenden und Lehrenden sein!

Wie bereits der Name sagt, sind Medien Mittel und Mittler. Medien haben also keine eigene Berechtigung, sondern existieren nur für den Benutzer. Die Grundfrage also, die sich jeder Pädagoge beim Einsatz von Medien zu stellen hat lautet: „Wie kann ich mit meinen Lernenden die Medien optimal nutzen?" Der Pädagoge darf sich seinen Unterricht nicht vom Medium diktieren lassen, vielmehr zeichnet sich der qualifizierte Medienpädagoge gerade dadurch aus, daß er auch mit schlechten Medien sein Lernziel erreichen kann. Das heißt, Medien bedürfen immer der Interpretation und des überlegten Auseinandersetzens in einem zielbestimmten Unterricht. Jedoch sollte der Pädagoge sich mit schlechten Medien nicht zufrieden geben. Er sollte jedes Medium, das er einsetzt, auf seine Qualität hin überprüfen, das Medium zusammen mit den Lernenden der Kritik unterziehen und die Wege nutzen, diese Kritik an die Hersteller weiterzugeben. Die Möglichkeiten über Verleiher (Bildstellen etc.) oder Hersteller (FWU, Fernsehen etc.) schlechte und unbrauchbare Medien zu kritisieren und so für eine allmähliche Verbesserung zu sorgen, werden noch viel zu wenig genutzt.

# Technische und inhaltliche Matrix zum Medieneinsatz

## 1: Technische Matrix

*Hinweise zur Verwendung des technischen Teils der Matrix*

Es empfiehlt sich die einzelnen Blätter an der Stelle aufzubewahren, an der das jeweilige technische Medium untergebracht ist. So kann man beispielsweise die Checkliste für den Bereich Film an das Vorführgerät ankleben. Die technische Matrix enthält die wichtigsten zu beachtenden Punkte. Da die Praxisbedingungen oft sehr unterschiedlich sind, ist es wichtig durch Streichungen und Zusätze die Matrix den eigenen Arbeitsbedingungen anzupassen.

## Organisatorische Vorarbeiten

Geräte reservieren
Geräte (soweit nicht vorhanden) ausleihen
Vorführraum reservieren
Mit Techniker bzw. zuständiger Lehrkraft den Medieneinsatz absprechen

*Nach eigener Erfahrung streichen oder ergänzen!*

## Medienauswahl

Kataloge und Begleitkarten besorgen
Medienart beachten (Film S-8 oder 16-mm, Video, Bild-Ton, Ton)
Filmlänge beachten (Kurz- oder Langfilm)
Bestellung aufgeben
Ausleihfristen beachten
Prüfen ob Fragen der Zulassung für den Unterricht beachtet werden müssen

*Nach eigener Erfahrung streichen oder ergänzen!*

## Film

Projektor (S-8 oder 16-mm) vorhanden
Anschlußkabel vorhanden
Leerspule groß genug (gleiche Größe wie Filmspule)
Ersatzbirne und -sicherungen vorhanden
Lautsprecher mit Anschlußkabel vorhanden
Am Projektor Magnet bzw. Lichttonanschluß vorhanden (mit Film vergleichen)
Richtiges Objektiv vorhanden (Brennweite beachten)
Filmformat beachten (S-8 oder 16-mm)
Raum akustisch für Vorführung geeignet (Nebengeräusche)
Raum im Zuschnitt für Vorführung geignet (möglichst länglich)
Verdunklungsmöglichkeit überprüfen
Projektionstisch vorhanden
Projektionsfläche vorhanden
Klebepresse für Filmriß vorhanden (bei S-8 Eigenproduktion)
Filmschäden d. Ausleihst. melden (nicht selbst beheben) bei ausgeliehenem Film.

*Nach eigener Erfahrung streichen oder ergänzen!*

## Video

Fernsehapparat vorhanden
Antennenkabel vorhanden
Videogerät (Kassetten- oder Spulengerät) vorhanden
Verbindungskabel zum Fernsehapparat vorhanden
Paßt vorhandene Video-Kassette oder -band zum Videogerät
Probelauf machen
Abdunklungsmöglichkeiten überprüfen (bei Sonneneinstrahlung)
Länge des Videofilms geprüft
Videokassette oder -band zurückgespult
Bei Bild- und Tonstörung Fachmann zu Rate ziehen
Videomitschnitte von Fernsehsendungen bei Verleihern erhältlich (u.U. Labi.)

*Nach eigener Erfahrung streichen oder ergänzen!*

Technische Matrix

| Dia |

Gerät besorgen
Anschlußkabel vorhanden
Ersatzbirne und -sicherung vorhanden
Fernbedienungskabel vorhanden
Objektiv sauber
Anschlußbuchse für Tonbandgerät vorhanden (für Ton-Bild Vorführungen)
Raum optisch und akustisch für Vorführung geeignet (vgl. Film)
Leinwand vorhanden
Überprüfen ob alle Dias wieder in der Kassette (nach der Vorführung)

*Nach eigener Erfahrung streichen oder ergänzen!*

## Tonband (Spulen- oder Kassettengerät)

Gerät besorgen
Richtige Bandgeschwindigkeit wählen
Auf Spur achten (m. bespieltem Tonband vergleichen ob 4 oder 2 Spuraufnahme)
Anschlußkabel vorhanden
Lautsprecheranschluß vorhanden
Adapterkabel für Diaprojektor vorhanden
(Bei Ton-Bild Vorführungen)
Lautsprecher mit Anschlußkabel vorhanden
Probelauf
Tonband zurückgespult (vorher und nachher prüfen)
Raum akustisch geeignet

*Nach eigener Erfahrung streichen oder ergänzen!*

## Hilfsmedien

Lehrbücher mit Material zum Vertiefen vorhanden
Filmbesprechungen aus Fachzeitschriften vorhanden
Informationsmaterial der Verleiher vorhanden
Informationsmaterial des Fernsehens vorhanden (bei Video-Aufzeichnungen)
Programmzeitschriften vorhanden (bei Video-Aufzeichnungen von Fernsehsendungen.)
Schriftliche Ergänzungen durch Lernende angeregt (Grafiken, Dokumentation usw.)

*Nach eigener Erfahrung streichen oder ergänzen!*

## 2: Inhaltliche Matrix

*Hinweise zum Gebrauch der inhaltlichen Matrix*

Voraussetzung für den Gebrauch der Matrix ist, daß der Lehrende sein Lernziel festgelegt hat und genaue Informationen über seine Adressatengruppe besitzt. Ferner muß er wissen in welcher Situation (Ort, Arbeitsbedingungen usw.) er das Medium einzusetzen gedenkt. Weiterhin läßt sich die Matrix nur dann anwenden, wenn alle Punkte der folgenden Liste immer unter dem Aspekt gesehen werden, wozu dient *mir* und *meinen Lernenden* das Medium. Der inhaltliche Teil der Matrix ist ebenso wie der technische Teil nach den jeweiligen Bedingungen der Praxis veränderbar und ergänzbar; er ist also kein Rezept sondern eine Erinnerungshilfe.

Inhaltliche Matrix 103

## Lernziel — Inhalt des Mediums

Inhalt des AV-Mediums ist für Lernstoff und -ziel geeignet
Unterrichtsziel und Inhalt des AV-Mediums
   sind deckungsgleich
   fallen auseinander
Medium deckt Teilziele

} Medium ein- bis zweimal ansehen, Lernziele herausarbeiten und mit den eigenen vergleichen

Ergänzungen, die das Medium zur Erreichung des Lernziels benötigt

z.B. Begleitkarte bei FWU-Filmen, Quellen, Literatur usw.

Inhalt des AV-Mediums bedarf Vorinformation

Wenn ohne Erläuterungen unverständlich

Inhalt des AV-Mediums selbst ist im Lernprozeß kritisch prüfbar

Untersuchungen auf Gestaltungselemente, inhaltliche Manipulation, Verständlichkeit ...

Medium ist dem Lernziel vom Aufwand her angemessen

u.U. können einfachere Medien erfolgreicher eingesetzt werden

Medium ist für ein oder mehrere (alternative) Lernziele verwendbar

In Zusammenhang setzen mit den Fragen zur Unterrichtsgestaltung

*Nach eigener Erfahrung streichen oder ergänzen!*

## Adressaten

Medium überfordert die Lernenden
Medium ist den Lernenden angemessen
Medium unterfordert die Lernenden

    aufgrund von vorhandenen Erfahrungen im Umgang mit Medien     Lernende sind gewohnt, mit Medien zu arbeiten

    des Bezugs zur Lebenswelt der Lernenden     Beruf, soziale Herkunft usw.

    des Alters der Lernenden

    der Gestaltung des Mediums

    a) formale Gestaltung     Länge, Verständlichkeit, Anforderung an Konzentration

    b) Inhalt des AV-Mediums     Schwierigkeit, Vertrautheit mit dem Thema, Abstraktionsgrad

    c) Aktualität des Inhalts     Unterfordert meist nicht – Thema steht in der öffentlichen Diskussion, wurde gerade im Unterricht behandelt

    der Konsequenzen für den weiteren Lernprozeß: ermöglicht, regt an zu, erfordert Weiterarbeit; erschöpft den Lernstoff

*Nach eigener Erfahrung streichen oder ergänzen!*

## Meine Unterrichtsgestaltung

Medium beherrscht

Medium ist eigenständiger Träger
von Lernstoff:
   durch den didaktischen Aufbau
   durch die Klarheit der Gestaltung
   durch die Vollständigkeit der
   Information

Medium bedarf der Strukturierung
durch den Pädagogen

Medium verlangt Zuordnung von
anderen Medien

Medium sollte einmal/wiederholt
im Lernprozeß eingesetzt werden

Medium ermöglicht selbständiges
Arbeiten:
   in Einzelarbeit
   in Gruppenarbeit

Zeitlich: z.B. durch die Länge des Films
Thematisch: durch die Menge der inhaltlichen Anregungen

Logisch nachvollziehbar
Inhaltlich und formal verständlich

Vor, während, in Pausen, nach der Präsentation

Bücher, Filme, Karten . . .

In Teilen, stumm, nur Ton

*Nach eigener Erfahrung streichen oder ergänzen!*

## Einsatzmöglichkeiten

Medium dient als
  Einstieg
  Motivation
  Verstärkung
  Grundinformation
  Zusatzinformation
  Differenzierung
  Veranschaulichung
  Vertiefung
  Anregung von Tranferleistungen
  Anregungen von Problem-Löse-Verhalten
  Anleitung zum Handeln
  Übung
  Kontrolle

Je nach eigener didaktischer Planung ergänzen; mehrere Möglichkeiten sind zutreffend

*Nach eigener Erfahrung streichen oder ergänzen!*

Inhaltliche Matrix 107

## Übergreifende Bemühungen

Medienpädagogische Fortbildungskurse
Filmkurse für die aktive Mitarbeit
(Super-8, Video, Foto, Tonbild usw.)
Gerätetechnische Grundausbildung
} Durchführung: Bildstellen, Volkshochschulen usw.

Nutzung von medienkritischen Rundfunk-Fernsehsendungen

z.B. „betrifft: fernsehen" — ZDF;
„Kritik am Sonntagabend" — ARD

Nutzung von Fachliteratur:
— medienpädagogische Bücher

z.B. Baacke, Dieter: Mediendidaktische Modelle, München 1973; Funke, Wolfgang u.a.: Thema: Massenmedien, Düsseldorf 1974; Wittern, Jörn: Mediendidaktik, Opladen 1975

— medienpädagogische Zeitungen

z.B. medien + erziehung, Opladen; Medium, Frankfurt/M.; Ästhetik und Kommunikation, Berlin

Inanspruchnahme von Fachberatung

z.B. Bildstellen, Filmdienste

*Nach eigener Erfahrung streichen oder ergänzen!*

# Dokumentation

## Medienpädagogische Einordnungsverfahren (Beschreibung und Modelle)

## Einführung

Die folgende Dokumentation erhebt keinen Anspruch auf Vollständigkeit. Es dürfte auch kaum eine Person oder Stelle geben, die einen Überblick über alle bisherigen Veröffentlichungen zur Medienpädagogik hat. Allerdings soll dokumentiert werden, wie umfangreich das Problemfeld „Medien und Lernen" ist, welche Aspekte des Autors hier hineinspielen.

Im ersten Teil, einer ausführlichen Darstellung der allgemeinen Grundlagen, sind Texte angeführt, die sich zur Aufgabe gestellt haben, den Pädagogen an das Problemfeld Medien heranzuführen bzw. die Strukturen des Feldes zu veranschaulichen. Soweit auch jeder einzelne Beitrag für sich beanspruchen darf, systematisch zu sein, so deutlich wird hier — wie auch in den anderen Teilen — daß es noch ein weiter Weg bis zu einer intersubjektiven, strukturierten Medienpädagogik ist.

Der zweite Teil zeigt exemplarisch drei Schemata, die verschiedene Medien einander und anderen Wirkfaktoren zuordnen.

Im letzten Teil schließlich werden solche Ansätze vorgestellt, die — ausgehend vom Medium — versuchen, dieses in den Lernprozeß einzuordnen. Hierzu gehört auch eine „Checkliste" für die Katalogisierung von Unterrichtsfilmen.

# Allgemeine Grundlagen

*Dieser Text gibt einen kurzgefaßten (aber mit Fachausdrücken gespickten) Überblick über die Problembereiche, denen Medienpädagogik und Mediendidaktik sich zuordnen.*

*Lernen mit Medien*

Herkömmliche Lehrpläne weisen offensichtlich einen Mangel an Affinität zur gesellschaftlichen Wirklichkeit auf. Daraus entstand in der Bundesrepublik eine umfassende Curriculum-Diskussion. Bei den Versuchen, allgemeingültige Curricula zu gewinnen, wurde deutlich, daß herkömmliche Unterrichtsmittel und Anschauungshilfen nur geringe Leistungen erbringen konnten, wenn zeitgemäße Lernziele erstellt werden sollten. Vielmehr waren dann unterrichtliche Montageteile notwendig, die Inhalte objektivieren und multiplizieren und die Lernziele effektiver realisieren und Verfahren der Differenzierung wie Individualisierung unterstützen sollten.
Dazu kam die Forderung, Medien der gesellschaftlichen Kommunikation in den Unterricht der Schule zu integrieren – sowohl in ihrer Eigenschaft als Informationsmittler in Lernprozessen (Unterrichtsfilme, Unterrichtsdias usw.) als auch in ihrer Funktion als Gegenstand unterrichtlicher Behandlung (Massenmedien).
Ein weiterer wichtiger Aspekt wird in der Bedeutung der Medien als Artikulationsmöglichkeit für Lehrer wie für Schüler gesehen: durch Eigenproduktion von Medienaussagen.
Die Folge des Aufeinandertreffens unterschiedlicher Ansätze wurde vor allem im Wachsen einer neuen Disziplin sichtbar, der Unterrichtstechnologie. Häufig wird dabei der unabdingbare Zusammenhang zwischen der dienenden Funktion der Technik und den Entscheidungsfragen nach Inhalten aus dem Auge gelassen. Dabei sollte es aber doch selbstverständlich sein, den Einsatz von Medien stets im Rahmen der Ziele, Intentionen, Inhalte und Verfahren zu planen. Sie allein bestimmen das Curriculum, seine Produktion wie Revision, und nicht etwa eine dominierende Technik.
Aus der Tatsache, daß den Fakten ein unterschiedliches Gewicht beigemessen wurde und unterschiedliche Ansätze erfolgten, resultiert dann auch ein diffuser Medienbegriff, unter dem schließlich sämtliche Vermittlungsinstanzen

des Lernprozesses verstanden werden: Personale und apparative Medien — also Lehrer und Massenmedien; Geräte und Informationsträger — also Filmprojektor und Unterrichtsfilm: Medien konventioneller und elektronischer Art — also Wandtafel und Videorecorder. Die zumeist unreflektierte Belegung von Begriffen für diese Sachverhalte verhinderte zum einen die adäquate Auseinandersetzung mit einem gesellschaftlich wichtigen Problem und machte zum anderen eine weitreichende Verständigung unmöglich.
Erste Systematisierungsversuche differenzieren inzwischen:
Unter *Mediendidaktik* wird die Problematisierung des Vermittlungsprozesses verstanden.
*Medienkunde* meint das immanente Wissen über Medien.
*Medienerziehung* bedeutet das Einbeziehen der Medien in meist normative pädagogische Absichten.
*Medienpädagogik* wird als eine Art Oberbegriff verwendet und schließt alle Aspekte ein.
Neuerdings taucht zur Beschreibung des schülerzentrierten Medieneinsatzes auch der Begriff *Medienpraxis* auf.
Die Systematisierung der Wirklichkeit nach Begriffen scheint jedoch wenig hilfreich. Es ist vielmehr erforderlich, Medien und die über sie geleistete Kommunikation in pädagogische Überlegungen zu integrieren. Es geht dabei immer um Vorgänge sozialer Kommunikation, die sich mit Hilfe von Medien vollziehen. Eine Didaktik dieses Bereiches hat es also mit der vermittelten Kommunikation und deren Interdependenzen mit Formen personaler Kommunikation zu tun.

*Kritisches Rezeptionsverhalten*

Von daher können unterschiedliche Aspekte beschrieben werden. Neben den institutionalisierten Erziehungsinstanzen wie Familie und Schule und den sie ergänzenden Verbänden (Jugendorganisationen usw.) existieren die Massenmedien als Mittler gesellschaftlichen Wissens. Über die Massenmedien vollziehen sich große Teile der gesellschaftlichen Reproduktions- und Veränderungsprozesse. Diese Teile sind von den Vertretern konventioneller Erziehungsmonopole nicht steuerbar, die Auswirkungen massenmedial vermittelter Aussagen nicht kalkulierbar. Daraus resultiert das Problem konkurrierender Erziehungsmächte: Entweder wird versucht, den vermeintlichen Wirkungen der Massenmedien entgegenzutreten, sie sich nutzbar zu machen, oder die Anstrengungen haben zum Ziel, zu kritischem Rezeptionsverhalten zu befähigen. Erziehungsziel kann hier nur die kommunikative Kompetenz sein, das reflektierte Verhalten gegenüber Medienkonsum und seinen Inhalten. Ein solcher Unterricht erfordert das Hinterfragen und die Analyse der Medienaussagen, ihrer technischen, personalen, ökonomischen Bedingungen und ihrer gesellschaftlichen Funktion.

Pädagogische Einordnungsverfahren für Medien

*Curriculare Bausteine*

Medien können als curriculare Betsandteile in Lernprozessen wirksam sein. Sie tragen veränderten Rezeptionsgewohnheiten und Rezeptionserwartungen Rechnung. Ihre Inhalte werden von bestehenden gesellschaftlichen Bedingungen bestimmt. Der Einsatz von Medien als unterrichtliche Montageteile verändert die Kommunikationsstruktur des konventionellen Lernens, indem jetzt Lernprozesse nicht mehr nur von Personen (Lehrer, Schüler), sondern auch von Medien getragen werden. Je nach Beschaffenheit des Mediums und seiner Rezipientenbindung ist das Heraustreten aus der Massenkommunikation mehr oder weniger möglich: Schulfernsehen und Unterrichtsfilm erlauben nach deren Rezeption das personale Gespräch, während das programmierte Lernen über den Computer eine wesentlich stringentere Form der Medienbindung bedeutet.

Medien werden eine Reihe positiver Möglichkeiten zugeschrieben:
— Sie können Informationen vermitteln.
— Sie können motivieren.
— Sie tragen zur Differenzierung und Induvidualisierung des Unterrichts bei.
— Sie können Lernprozesse durch optimale und objektivierte Informationsgebung effektivieren.
— Sie lassen phasenhaftes Lernen zu.
— Sie erlauben die Multiplizierung von Unterricht.

Medien können jedoch auch dazu führen,
— daß Frontalunterricht verfestigt wird,
— daß autoritäre Strukturen betont werden,
— daß die Kontrolle wie Steuerung der Lernenden immer perfekter wird.
— Auch drohen die wirtschaftlichen Interessen der Kommunikationsindustrie langfristig die Kriterien für Auswahl, Einsatz und Inhalte von Medien ungünstig zu verändern.

*Medienverbund*

Erfahrungen aus der empirischen Pädagogik lassen die Vermutung zu, daß durch die Verwendung von Kombinationen unterschiedlicher Medien als unterrichtliche Montageteile die Lernleistung gesteigert werden kann. Die Medienverbundsysteme der Verlage und Rundfunkanstalten finden offensichtlich zahlreiche Abnehmer (Medien als Kontextmaterialien — z.B. Bücher zu Fernsehsendungen — können im Rahmen der Lehrmittelfreiheit beschafft werden). Das gibt Anlaß zu der Forderung, Lerneinheiten nicht mehr nur unter dem schlichten Aspekt der personalen Vermittlung zu planen, sondern die Verwendung von Medien mit zu bedenken.
Auf die Schule übertragen würde eine solche planerische Aktivität dem einzelnen Lehrer einen unzumutbaren Aufwand abverlangen. Deshalb wird es lang-

fristig gesehen notwendig werden, zu arbeitsteiligen Verfahren auch bei der Planung und Durchführung von Unterricht zu kommen (teamteaching, teacherteam). Das gilt in besonderem Maße bei der Entwicklung, Kontrolle und Revision von Curricula unter Einschluß von Medien und Kontextmaterialien. Dazu müssen sowohl die psychologische Komponente der Variation von Darbietungsformen zur Erhaltung der Aufmerksamkeit als auch die sachrationale Komponente der adäquaten Darstellung und Vermittlung bedacht werden. Als Beispiel sei ein Sachunterricht angeführt, bei dem der Lehrer einen Arbeitsstreifen und einen zugehörigen Arbeitsbogen einsetzt. Die erste kurze Aufgabenstellung gibt der Lehrer selbst, zeigt dann den Super 8-Film und läßt anschließend den vorbereiteten Arbeitsbogen ausfüllen.

Die Erarbeitung solcher Materialien erfordert ein ständiges Überprüfen an der Wirklichkeit (Erprobung, Diskussion) und ist auch ohne einen gewissen technischen Aufwand nicht zu leisten (Schreiben von Matrizen, Vervielfältigungen), doch ergeben sich aus solchen Anstrengungen multiplizierbare Ergebnisse, die wieder von anderen Lehrern in anderen Unterrichtssituationen genutzt werden können. So könnte die erste Stufe arbeitsteiliger Unterrichtsarbeit in der Kooperation fächer- oder stufenverwandter Lehrer bestehen. Auch die Form des Projektunterrichts begünstigt das Zusammenarbeiten von Lehrern und Schülern.

Der Effekt des Medieneinsatzes als didaktisch kalkulierte unterrichtliche Montagezeile ist aber nicht nur in der Steigerung der Lernleistung zu sehen. Es geht vielmehr um andere wesentliche Aspekte:

— Die Planung von Unterricht mit Medien fördert die didaktische Analyse von Lerninhalten durch den Lehrer,
— die inhaltliche Kompetenz der Lehrer wird bei der Erarbeitung von Kontextmaterialien größer,
— Kontextmaterialien können das Aufbrechen traditioneller Kommunikations- und Interaktionsstrukturen (Frontalunterricht, lehrerzentriert) zugunsten größerer Schülerbeteiligung fördern,
— es ist möglich, Schüler bei der Erstellung von Kontextmaterialien zu beteiligen.
— Schüler erhalten darüber hinaus die Möglichkeit, an der Planung von Unterricht mitzuwirken.

*Kommunikationslehre*

Die Entwicklung einer Kommunikationslehre als alternatives Konzept zur herkömmlichen Integration von Medien in konventionellen Unterricht geht davon aus, daß es notwendig ist, zur Realisierung kommunikativer Kompetenz über Faktoren, Bedingungen und Schwierigkeiten sozialer Kommunikation informiert zu sein. Die Kommunikationslehre wurde aus den Erkenntnissen der Kommunikationssoziologie, der Integration ökonomischer Fragestellungen und gesellschaftspolitischer Zielsetzungen entwickelt.

Für medienpädagogische Bemühungen im Sinne der Kommunikationslehre ergeben sich Fragestellungen wie:
— Können Medienaussagen überhaupt wertneutral oder objektiv sein?
— Wie kann man den ideologischen Standort der Produzenten ermitteln?
— Mit welchen Mitteln lassen sich ideologische und ökonomische Interessen verschleiern?
— Wie kann der Zuschauer seine Interessen gegen Fremdbestimmung durch Medien verteidigen?
— Wie lassen sich eigene Aktivitäten im Bereich medialer Kommunikation realisieren?

Es ist selbstverständlich, daß die Kommunikationslehre mit der Reflexion über Medien auch die Problematisierung der Gesellschaft erreicht, in der diese Medien existent sind und rezipiert werden.

Darüber hinaus bemüht sich die Kommunikationslehre auch um die Integration medial vermittelter Informationen in institutionalisierte Lernprozesse, befaßt sie sich beispielsweise mit der Objektivierung von Lehrfunktionen auf Unterrichtsmedien.

Schließlich gehört auch das eigene Artikulieren über Medien in das Spektrum der Kommunikationslehre:
— Rezipienten haben die Möglichkeit, ihre Interessen in Massenmedien zu artikulieren. Die aktuellen Bedingungen erlauben allerdings nur zaghafte Versuche der Interessenäußerung: Leserbrief, Gegendarstellung, ,,Phone in" usw. ... Langfristig ist jedoch vor allem im Zusammenhang mit Stadtteilzeitungen und Kabelfernsehen mit größeren Bandbreiten der Beteiligung zu rechnen.
— Die curriculare Planung von Unterricht erfordert häufig die Eigenproduktion spezifischer Medien. Das kann notwendig werden, wenn lokale Probleme dargestellt und gelöst werden sollen (z.B. die Verschmutzung von Wasserläufen durch ortsansässige Betriebe), oder wenn bestimmte Aspekte eines Problems behandelt werden sollen und entsprechende Medien nicht verfügbar sind (lernzielorientierte Lichtbildreihe usw.). Auch bei der Analyse eigenen Verhaltens (Videomitschnitte von Diskussionen usw.) oder der kreativen Arbeit (Herstellung eines Dokumentarfilms) kann die Eigenproduktion von Medien sinnvoll sein.
— In einer Gesellschaft, die mediale Botschaften nicht nur durch Schrift und Sprache empfängt, ist es erforderlich, über das Sprechen, Schreiben und Lesen hinausführende Kulturtechniken zu erlernen: Fotografieren, Filmen, Videographieren, Tonaufnahmen usw.

Eine der Konzeption von Kommunikationslehre angemessene unterrichtliche Umsetzung läßt sich also nicht auf bloße Reflexion, bloße unterrichtstechnologische Fragen oder bloßes Lernen der technischen Handgriffe reduzieren. Es sind vielmehr übergreifende Gesichtspunkte einzubeziehen:
— Der Einsatz vorgefertigter Unterrichtsfilme bedarf der Reflexion über die

Intentionen der Macher genauso wie über wirtschaftliche und politische Bedingungen der Produktion;
- der Einsatz von Medien zur Artikulation eigener Probleme kann nicht ohne Einsichten in die Funktionsmechanismen der Medienindustrie geschehen;
- Reflexion über mediale Aussagen ist nur möglich, wenn die technischen Produktionsbedingungen bekannt sind.

Ziel dieser Kommunikationslehre ist es, das Individuum an gesellschaftlichen Veränderungsprozessen zu beteiligen, die durch Kommunikation geleistet werden. Dabei wirkt die unbegriffene Festlegung auf vorgegebene Werte, Normen und Dogmen handlungshemmend, sie würde das Individuum in kommunikative Passivität drängen, zur Abhängigkeit von Meinungsführern führen und neue Herrschaftsstrukturen etablieren. Durch qualifizierte Beteiligung an gesellschaftlicher Kommunikation soll das Individuum vielmehr die Möglichkeit erhalten, aktiv seine Interessen zu erfahren und zu vertreten, sich aus der Abhängigkeit von anderen Menschen soweit als möglich zu emanzipieren sowie eigene Glücksansprüche geltend zu machen und zu befriedigen.

In diesem Zusammenhang geht es also nicht mehr darum,
- Bewahrungspädagogik zu betreiben,
- Medientechnik als Selbstzweck zu handhaben,
- Medien als scheinbar wertfreie Informationsträger unreflektiert zu akzeptieren oder
- den Einsatz von Medien irrelevanten Taxonomien zu unterwerfen.

Die Kriterien für den Einsatz, die Integration und die Nutzung von Medien ergeben sich vielmehr aus der Analyse der schulischen Lernprozesse, die sich als Kommunikationsprozesse darstellen:
- Welche Inhalte sollen mit welchen Intentionen, Zielen und Methoden vermittelt werden?
- Welche kognitiven und affektiven Voraussetzungen sind bei den Beteiligten zu erwarten?
- In welcher sozialen Situation soll gelernt werden?
- Welche organisatorischen Voraussetzungen sind zu schaffen?
- Welche Umweltfaktoren werden außerdem den Lernprozeß bestimmen?

Erst daraus leitet sich die Entscheidung für Medien ab. Dabei werden sowohl vorhandene Medien als auch noch herzustellende Medien berücksichtigt. Gerade bei der Bereitstellung und Produktion von Medien treten im gegenwärtigen Stadium häufig Schwierigkeiten auf. Hier sollen ,,Medienzentren", ,,Mediotheken" und ähnliche Institutionen für die Bedürfnisse der Schule in ausreichendem Maße bereitstehen. Nur durch die Institutionalisierung solcher Einrichtungen kann langfristig eine wirkungsvolle Integration von Medien in schulische Lernprozesse erreicht werden. Diese Institutionen müssen als Vermittlungsinstanzen zwischen Forschung und Praxis ihren pädagogischen Auftrag bei der Bereitstellung von vorgefertigten Medien genauso wie in der Hilfestellung bei der Produktion spezifischer Medien erfüllen können. Dazu sind fi-

nanzielle, technische, räumliche und personelle Voraussetzungen erforderlich. Diese Einrichtungen dürfen nicht als reine Verleihinstitutionen funktionieren, wie es die Bildstellen von gestern taten, sie dürfen auch nicht nur pädagogische Werkstatt sein, in der lediglich Werkzeug und Material zur Verfügung stehen, genausowenig dürfen sie Stätten akademischer Selbstbefriedigung werden und vor allem dürfen sie nicht in den Einflußbereich von Gruppen mit ökonomischen Interessen oder ohne pädagogische Erfahrungen geraten. Die Diskussion über solche Einrichtungen, deren Notwendigkeit von fast niemandemdem bestritten wird, ist nach der Euphorie der Bildungspolitiker in eine Phase des Schweigens und Abwartens gekommen. Nicht zuletzt wird diese Tatsache auf die knapper gewordenen Finanzen zurückgeführt. Gerade deshalb aber erweist es sich als Notwendigkeit, keine neuen Institutionen zu schaffen, sondern eher auf geeignete, bereits bestehende Einrichtungen zurückzugreifen und diese zu befähigen, die anstehenden Aufgaben zu lösen. Ob die Bildstellenorganisation, die – so geschlossen sie von außen her auf den ersten Blick erscheint – sich letzten Endes aus einer großen Zahl, ihrer vorwiegend kommunal bestimmten Struktur nach heterogenen Teilen zusammensetzt, ob diese aus sich heraus die Kraft haben wird bzw. ihr die Möglichkeiten gegeben werden, neue Aufgaben, die ja eigentlich zu ihrem ureigensten Bereich gehören, zu übernehmen, erscheint im Augenblick noch fraglich. Trotz dieser skizzierten Schwierigkeiten ist wohl in der derzeitigen Situation die Bildstelle für Lehrer wie Schüler jedoch der wahrscheinlichste und natürliche Gesprächspartner. Möglicherweise kann eine erstarkte Organisation von Medienzentren auch auf einem anderen Gebiet Hilfestellung leisten: Bei der Änderung des Urheberrechtes. Vor allem Sendungen öffentlicher Medien (Rundfunk und Fernsehen) müßten in größerem Ausmaß als bisher für den unterrichtlichen Einsatz nutzbar gemacht werden können. Auch hierfür ist eine rechtliche Einbeziehung der Bildstellen, Medienzentren oder AV-Zentren als Einrichtungen einer Bildungsorganisation erforderlich.
Im übrigen ist die angemessene didaktische Integration der Medien als gesellschaftliches Kommuniaktionsmittel abhängig vom Informationsstand der Lehrer. Und da besteht die Hoffnung, daß in den einzelnen Phasen der Lehrerbildung der Komplex Kommunikationslehrer/Mediendidaktik eine zunehmend größere Rolle spielen wird. Immer mehr Pädagogische Hochschulen richten einen Lehrstuhl für Mediendidaktik ein. Probleme der Medienkommunikation werden auch in der zweiten und dritten Phase der Lehrerbildung Gegenstand des Ausbildungsplanes. Es kann dabei nicht so sehr um ein „Medienlehrerstudium" gehen. Ziel muß vielmehr sein, alle Lehrer für diese Fragen zu qualifizieren.
Aus: Grau, R/Stuke, F.R./Zimmermann, D.: Lernen mit Medien, Braunschweig 1977 S. 10 - 16.

# Ein „Reflexionsmodell" zur Einordnung von Mediendidaktik

*Das sehr komplexe Modell von Krauth versteht, die Bezugsfelder zu visualisieren, in denen Medienpädagogik steht. Innerhalb dieses Beziehungsgefüges hat Mediendidaktik als Anwendungslehre keine zentrale Stellung. Unter Medienerziehung versteht der Autor das Lernen mittels Medien (intendiertes Lernen), durch Medien (Sozialisation durch Massenmedien) und mit Medien (aktiver Umgang mit Medien). Das Modell zeigt im Ideal reflektiertes pädagogisches Handeln, in welches Mediendidaktik eingeordnet ist.*

Das visualisierte „Reflexmodell" hat in erster Linie das Ziel, diejenigen Problembereiche aufzuzeigen, vor deren Hintergrund die Skizzierung des didaktischen Ansatzes, konkretisiert am Gegenstand „Massenkommunikation" und „Massenmedien", vorgenommen wurde bzw. welche Problembereiche bei der Präzisierung, Modifizierung und Konkretisierung dieses Ansatzes weiterverfolgt werden müssen.
Die Auseinandersetzung mit den für einen didaktischen Ansatz relevanten Wissenschaftszweigen (Ebene A), die weiter vorangetrieben werden muß, geschah einmal in der Absicht, sich die Bedeutung der Medien in unserer Gesellschaft zu verdeutlichen bzw. anderen bewußt zu machen... Zum anderen scheint die Auseinandersetzung mit der Frage, welche Bedeutung Medien in der Entwicklung Heranwachsender haben, ein zentraler Diskussionsgegenstand für pädagogische und didaktische Überlegungen zu sein. Die Erörterung der Ergebnisse der Bezugswissenschaften unter pädagogischem Aspekt erscheint ferner für die Bestimmung des Stellenwerts, den eine Medienerziehung, im w.S. eine Kommunikationspädagogik, in pädagogischen Feldern haben sollte, von besonderer Bedeutung.
Erziehungswissenschaftliche Überlegungen (Ebene B) haben nach unserer Auffassung eine vermittelnde Aufgabe. Sie sind einerseits auf die Diskussion mit den Bezugswissenschaften angewiesen und müssen zum anderen das Problem der Verwirklichung von Erziehungskonzeptionen im Auge haben. Die Definition von „pädagogischen Leitvorstellungen" soll dabei eine Orientierungshilfe bieten. Hierbei wird nicht an die Möglichkeit gedacht, pädagogisches Handeln von diesen Leitvorstellungen technologisch abzuleiten, sondern hierbei geht es um eine gemeinsame Orientierung auf der Planungs- (Ebene B und C) und Durchführungsebene (Ebene C), d.h. Planung und Durchführung sollten logisch

Pädagogische Einordnungsverfahren für Medien 117

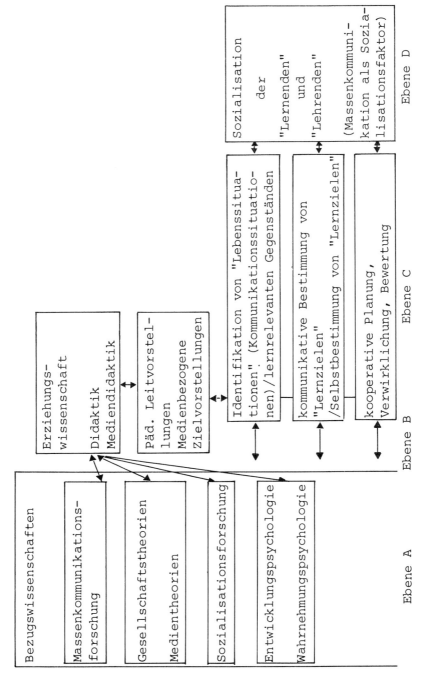

*Formalisiertes „Reflexionsmodell" für die Skizzierung des didaktischen Ansatzes im Bereich von Medienerziehung*

auf die Leitvorstellungen rückbezogen werden können. Pädagogisches Handeln (Ebene C) kann selbst wieder zum Gegenstand der Diskussion auf allen drei Ebenen werden, wobei hier in erster Linie an eine Diskussion innerhalb von Arbeitsgruppen gedacht wird.

Überlegungen auf der Ebene D sollen die Bedeutung der spezifischen Sozialisation der Lerngruppe (Lehrende und Lernende) im Auge haben, d.h. bezogen auf die Medien Aktualisierung und Reflexion des eigenen Medienverhaltens, der Bedeutung von Medien in der eigenen Sozialisation. Die auf allen Ebenen angesprochenen Problembereiche stehen in enger Beziehung zueinander und können nicht isoliert voneinander betrachtet werden.

Aus: Krauth, G.: Medien und Erziehung, Wiesbaden o.J. (Veröffentlichung des Bildungstechnologischen Zentrum GmbH) S. 65, 83f.

# Medienpädagogik —
# eine Summe von Aufgaben

*Medienpädagogik ist eine relativ neue wissenschaftliche Disziplin. Sie bestimmt sich hauptsächlich durch den Gegenstandsbereich Medien, nicht durch genuine Inhalte und Methoden. Ganz deutlich wird dies an den Verknüpfungen mit Problemen und Fragestellungen z.B. der Kommunikationswissenschaft, der Psychologie, der Soziologie usw.*

Pädagogik als Gesellschaftswissenschaft, die sich verändert und sich als verändernde versteht, ist nicht fixierbar. Ihre Aufgaben lassen sich aus dem historischen Kontext beschreiben, aber nicht festschreiben. Es ist also unter dem Begriff Medienpädagogik ein Gegenstandsbereich pädagogischer Theorie und Praxis umrissen, und es sind vor allem Aufgaben zusammengefaßt, die sich einer als Handlungswissenschaft — die Betonung liegt auf beiden Komponenten des Hauptwortes — begriffenen Pädagogik stellen.
Das heißt auch, daß man von Medienpädagogik oder Medienerziehung sprechen kann, unbeschadet all der kursierenden Synonyme — bis hin zu einer „Interaktionspädagogik" —, die sich in der Literatur und der Benennung von Lehrstühlen finden. Pädagogik . . . ist nicht teilbar, sie läßt sich auf einen Gegenstandsbereich zuspitzen — hier Medien —, aber sich nicht auf diesen einschränken. Medien ohne die Problembereiche Kommunikation und Interaktion behandeln zu wollen ist ebenso unmöglich in einer wissenschaftlichen Forschung wie in einer reflektierenden Praxis.
Wir haben Pädagogik als Handlungswissenschaft benannt, also eine Wissenschaft vom Handeln und des Handelns. Dies sollte nicht — wie von manchen mehr oder minder „exakten" Wissenschaftlern — verwechselt werden mit einer Handlangerwissenschaft, der bloßen Umsetzung der „Erkenntnisse" anderer Disziplinen in Lehr- und Lernmuster. Will sich eine Medienpädagogik verstehen als eine Pädagogik, die mit den Medien praktisch umgeht, so muß sie zuvor und zugleich alle Bedingungen dieses Umganges erforschen und erfassen. Nur einen Gegenstandsbereich, den man begriffen hat (im doppelten Wortsinne) kann man auch sinnvoll benutzen. Medienpädagogik ist demnach immer auch Medientheorie und diese hinwiederum muß im Rahmen einer Gesellschaftstheorie sowohl die Phänomene der Kommunikation wie auch die Bedingungen der Produktion von Medien zu analysieren imstande sein.

## Problemkreise der Medienpädagogik

Ein so umfassender Anspruch sollte nicht begriffen werden als Versuch, die sofia katholika, die Universalwissenschaft wieder zu etablieren und sie unter dem Begriff Pädagogik zu vereinnahmen. Das universelle Denken im Sinne des Allwissens ist unwiederbringlich dahin. Es sollte aber keine Handlungswissenschaft arbeiten, ohne die Analyse der Basis, auf der sie arbeitet und des Ziels, auf das sie steuert. In diesem Sinne stellt sich Medienpädagogik eine Reihe von Problemkreisen zur Bearbeitung ...

Gehen wir davon aus, daß Medienpädagogik sich die tätige Auseinandersetzung mit den Medien zum Ziele setzt, so hat sie zu klären, wie diese Medien entstanden sind, d.h. welche gesellschaftliche Funktion ihnen zukommt. Medien als Produkte und Träger von Ideologien müssen analysiert werden in ihrer Formbestimmtheit, bezogen auf die sozioökonomische Basis. Um sich mit den Medien in ihrer gegenwärtigen Erscheinungsform auseinanderzusetzen, ist des weiteren zu klären, unter welchen historischen Bedingungen Medien und mediale Produkte entstanden sind, welchen Stellenwert sie in der Struktur dieser Gesellschaft einnehmen und welche Tendenzen einer Änderung ihnen innewohnen bzw. an sie herangetragen werden können. Die bislang noch nebeneinanderstehenden Ansätze einer Medientheorie, die schon in die zwanziger Jahre zurückreichen, sollten aufgearbeitet werden, besonders unter den zwei Gesichtspunkten: einer Wesensbestimmung der Medien und Möglichkeiten einer Wesensänderung.

Bezeichnen wir diese Analyse als die der objektiven Seite, so ist, mit ihr verschränkt, zugleich deren subjektive Seite zu erfassen: Medien als Träger menschlicher Kommunikation. Bislang wurde auf diesem Gebiet bereits in weitem Umfange geforscht und publiziert. In hartem Kontrast zum Umfang der Forschungen steht jedoch die Reichweite des Inhalts. Kaum eine der mannigfaltigen Untersuchungen stellt eine Verbindung her zwischen den Intentionen, die der Medienproduktion inhärent sind — also der objektiven Seite — und den Rezeptions- und Verhaltensfolgen, die auf seiten der „Konsumenten" beobachtet werden können. Das Modell der Einwegkommunikation, welches glücklicherweise in der Zwischenzeit differenziert wird, verstellt den Blick auf eine Reihe wichtiger inhaltlicher Fragestellungen, die es zu klären gilt.

Da ist die Frage nach Wechselwirkung von Kommunikator und Rezipient. Hat der Rezipient keine Rückkoppelungsmöglichkeit — außer dem Ausschalten des Gerätes —, oder liegt nicht vielmehr die mangelnde Kommunikation von Kommunikator und Konsument darin begründet, daß der Inhalt des Kommunikats für beide gleich unhinterfragt und in der Regel nicht hinterfragbar — weil formell per Administration und informell per „öffentlicher Meinung" geschützt — die dominanten Wert- und Verhaltensmuster einer bestimmten Gesellschaftsform tradiert? Sollten die veröffentlichten Medien sich als Träger und Vermittler der dominanten Ideologie analysieren lassen, so stellt sich die weitere Frage, in welcher Weise das Kommunikat mit seinem Inhalt von den „konsumierenden" Individuen erfaßt wird. Denn zum ersten muß man davon ausgehen, daß Vermittlung und Rezeption dieser Inhalte vielgestaltig, differenziert sind; zum zweiten sind die veröffentlichten Medien durch Intentionalität der Vermittlung von Inhalten gekennzeichnet – man denke nur an Sendungen von Schulfunk und -fernsehen –, zielen also auf Einstellungs- und Verhaltensänderungen; und zum dritten stehen sowohl Kommunikatoren wie Rezipienten in einer ganzen Reihe anderer Interaktions- und Kommunikationssituationen, die die individuelle Adaption des Kommunikats interpretativ differenzieren.

*Medien als Gegenstand der Pädagogik*

Die Untersuchung des tertiären Sozialisationsbereiches, die Erziehung durch Medien, könnte Antworten auf die Fragen geben, in welcher Weise mediale Produkte Verhaltensänderungen bzw. -fixierungen erzielen – zu denken ist sowohl an die Folgen eines Produkts (Film z.B.) wie die Folgen der Festsetzung des Mediums im Lebensbereich der Menschen; ob mediale Kommunikation eine originäre oder eher substitutive Funktion hat; und auch wie die Medien zur öffentlichen Kommunikation eingesetzt werden können, gegen veröffentlichte mediale Kommunikation oder neben ihr.

Aus der Klärung solcher, hier nur umrissener Fragen lassen sich dann auch Probleme einer Didaktik, des Medienlehrens und -lernens, angehen. Die Analyse der objektiven und subjektiven Seite medialer Kommunikation im Gefüge menschlichen Denkens und Handelns wird die Zielsetzungen einer Medienpädagogik umreißen. Sie wird diejenigen, welche sich mit dem kritischen, aber weiterhin passiven Konsumenten bescheiden, trennen von denjenigen, welche eine aktive Handhabung der Medien durch ihre Besitzer erstreben – schließlich gehört ein Gutteil der Medien bei uns der (juristischen) Öffentlichkeit.

Konkretisiert auf den institutionalisierten Lernort Schule sollte eine Medienerziehung das Ziel verfolgen, dem Lernenden Handlungskompetenz zu vermitteln, in der Analyse und im Gebrauch des Mediums durch die vermittelte Erfahrung hindurch seine authentische Erfahrung, die Realität seiner Umwelt und eigenen Lebenswelt, zu erkennen und zu vermitteln. Analyse der Medien und Gebrauch derselben sollten unter der Prämisse stehen, veröffentlichte und öffentliche Medien zur Zielerreichung zu nutzen. Medienpädagogik als technische Modernisierung der Zeigestockpädagogik sollte ausgeschlossen sein. Diese Vorstellungen einer Medienpraxis ... diskutiert unter den Prämissen der Verzahnung von Theorie und Praxis in der Medienpädagogik, unter dem Begriff der Gegenmedien, der Verflechtung von Erfahrungs- und Verfahrensorientierung, einer auf Handlungsziele gerichteten Pädagogik etc. Medienpädagogik als Medienpraxis beinhaltet sicher den Umgang mit der Technik und dem rationellen Einsatz von Technik. Aber wie bei jedem Instrument die Handhabung ohne Ziel zur bloßen Geschäftelei verkommt, so ist auch ein Lehr- und Lerngebrauch der Medien ohne Gleichwertigkeit der Reflexion unsinnig und unmöglich.

*Übergreifende Aufgabenstellungen*

Die geschilderten Aufgabenstellungen sind, zumindest vom Gegenstand her, eingegrenzt auf Medien. Die angesprochene Zielproblematik jedoch weist weit über diesen Gegenstand hinaus. Wurde oben die „Zeigestockpädagogik" diskriminiert von einer — das Attribut ist schon fast in Vergessenheit geraten — emanzipatorischen Pädagogik, so verwies dies bereits darauf, daß sich Medienpädagogik um die Erarbeitung einer Lehr- und Lerntheorie zu kümmern hat, am Gegenstand Medien skizziert, aber an der Lebenswelt von Lehrenden und Lernenden orientiert. Medienpädagogik umfaßt die Methoden des Lernens allgemein — mag man sie nun bezeichnen als Lernplanung, Curriculum o.ä. —, ausgerichtet auf Verhaltensziele des „emanzipierten, reflektiv-agierenden, mündigen" Menschen.

Mehr noch, die Erarbeitung einer Methodik des Lernens muß die Auseinandersetzung mit Methoden zur Bestimmung der Lernziele einbeziehen. Es ist, wie die gegenwärtige Diskussion um Handlungsforschung beweist, entscheidend für die erforschten Inhalte (etwa die Erforschung der Sozialisationswirkungen der Massenmedien), welche Instrumentarien zur Untersuchung benutzt wurden. Medienpädagogik muß sicher auch Wissenschaftstheorie werden, das Be- und Ergreifen der Bezüge in die jene eingeordnet ist und der Werkzeuge derer sich jene bedient.

So bleiben diesem, sicher nicht vollständigen Überblick noch zwei wichtige Bereiche, auf die die Medienpädagogik ihre untersuchende und praktizierende Aufmerksamkeit richten muß: Die pädogogischen Subjekte und die Lernorte. Es war bei der Frage nach der Sozialisationswirkung der Medien bereits angesprochen, daß diese nicht unabhängig von der Lebenswelt „konsumierender" Subjekte begriffen werden dürfen. Die Lebenswelt, als Ensemble der Erfahrungen, die das Individuum gemacht hat und der externen Schranken, die ihm gesetzt sind, ist in die Vorbereitung und Durchführung einer jeden pädagogischen Arbeit einzubeziehen. Erweist doch die Analyse der Lebenswelt die Voraussetzungen, mit denen die Subjekte in einen Lernprozeß eintreten und die Grenzen, an denen sie sich in diesem Prozeß reiben werden. Unter dem kalten Begriff Adressatenforschung werden heute partielle Fragenstellungen einer Lebensweltanalyse zu beantworten versucht.

Schließlich muß Medienpädagogik Bildungsforschung sein, in dem Sinne, daß sie die Bedingungen untersucht, die an den Lernorten vorherrschen, auf die sie sich richtet, Gerade wenn eine Medienpädagogik Handlungsziele verfolgt, muß sie klären, inwieweit Schule, Freizeitbereich etc. die Erreichung solcher Ziele zulassen oder hindern, sie muß ihre Methoden des Lehrens und Lernens so gestalten, daß sie unter den Bedingungen der Lernorte zur optimalen Zielerreichung

führen. Sie wird, darauf sei nochmals ausdrücklich verwiesen, zu diesem Optimum nur dann gelangen, wenn sie sich Untersuchungsmethoden bedient, die eine *tätige* Auseinandersetzung mit den Individuen und den Lernorten und an diesen erlaubt.
Wie eingangs gesagt, Medienpädagogik soll sich nicht zur Universalwissenschaft aufblähen, sie soll sich jedoch alle Aufgaben, die sich ihr stellen, auch erarbeiten. Dies ist kein Programm für einen Medienpädogogen, sondern die Verpflichtung für eine Gruppe von Medienpädagogen (seien sie mehr Wissenschaftler oder mehr Praktiker) aufgrund eines Zielkonsensus die Lösung der gestellten Probleme anzugehen. So kann Medienpädagogik — deren Etikettierung dann nicht mehr das Hauptproblem darstellt — zur Handlungswissenschaft werden: weder Werkelei noch Zwangsvollstreckung.
(Aus: Schorb, B.: Medienpädagogik — eine Summe von Aufgaben. medien und erziehung, 20, 3/76, 172-175)

# Funktion der Medien
# im Unterricht

*Dieser Text zeichnet sich aus durch die knappe Übersicht über die wichtigsten Bedingungszusammenhänge von Medien und Unterricht. Darüber hinaus führt die Literaturliste die wichtigsten Titel der relevanten Literatur auf. Wären aus diesen „Materialien" schulische Konsequenzen gezogen worden, so sähe die Situation der Medienarbeit im Unterricht heute bedeutend besser aus.*

Lehr- und Lernmittel unterschiedlicher Art sind seit jeher als Hilfen der Verdeutlichung (Veranschaulichung) von Unterrichtsinhalten und als Hilfen für die quantitative und qualitative Verbesserung (Effektivierung) von Unterrichtsprozessen in der Schule verwendet worden.
Im Zusammenhang mit der beschleunigten Entwicklung industriegesellschaftlicher Systeme haben Unterricht und Lernen in zunehmendem Maße öffentliche, d.h. politische Funktion erlangt: sie sind zum Massenproblem geworden. Damit sind die Fragen nach der Reproduzierbarkeit und Multiplizierbarkeit von Lernen und Unterricht aktuell geworden. Technische Medien als Speicher- und Reproduktionssysteme wurden für den Unterricht entdeckt.
Darüber hinaus haben die bisherigen Erfahrungen gezeigt:
— Medien können bestimmte Lehrfunktionen übernehmen und damit objektivieren.
— Medien können die Motivation der Lernenden fördern.
— Medien können die Differenzierung und Individualisierung der Lernprozesse erleichtern.
Allerdings werden die übertriebenen Erwartungen in die Unterrichtstechnologie bezüglich der Rationalisierung des Unterrichts zunehmend in Frage gestellt:
— Medien können nur spezifische Teilfunktionen übernehmen und nicht den gesamten Lehrprozeß.
— Der Medieneinsatz muß in personale Interaktions- und Kommunikationsprozesse eingebettet werden.
— Vorgefertigte Medien dürfen die Entscheidungsmöglichkeiten von Lehrern und Schülern bezüglich der Lernziele und Lernwege nicht einengen.
Diese Tatbestände fordern dringend die Entwicklung einer Mediendidaktik, die auch ein neues Verständnis der Lehrerrolle einschließt. Der Lehrer muß seine traditionelle Rolle als Vermittler von Lerninhalten relativieren, etwa zugunsten der Organisation von Lernmöglichkeiten oder der Sozialisation von

Lernprozessen. Erst eine so veränderte Lehrerrolle ermöglicht transparenten und realitätsbezogenen Unterricht. Vordringlich erscheint die Beantwortung folgender Fragen:
In welcher Weise könnten technische Medien als Mittler im Unterricht
— Lernprozesse verkürzen, sowohl hinsichtlich der Zeit als auch hinsichtlich des methodischen Aufwandes,
— Lernprozesse eindeutiger und unmißverständlicher machen,
— einen größeren Adressatenkreis erreichen,
— die Eigentätigkeit der Lernenden fördern,
— deren Wahrnehmungsfähigkeit erweitern bzw. konzentrieren?
Bei der Behandlung mediendidaktischer Fragen sollte stets bedacht werden, daß Medien
— die Wirklichkeit nur eingeschränkt objektiv wiedergeben
— die Subjektivität menschlicher Wahrnehmung im sozialen Kontext aufdecken,
— soziale Prozesse differenzieren und analysieren,
— individuelle bzw. gesellschaftliche Wahrnehmungsfähigkeit steuern (manipulieren).
Es muß ferner bedacht werden, daß die jeweiligen Medien ihre Eigengesetzlichkeit haben, die es zu erkennen und zu reflektieren gilt.
Möglichkeiten zur Eigenproduktion technischer Medien sollten stets gegeben sein, damit ein besseres Reflexionsniveau von Eigen- und Fremdverhalten erreicht wird. Dabei können medienkritische Analysenmethoden verwendet und/oder entwickelt werden.

**Medien — Versuch einer Definition**

Medien sind Träger und Vermittler von Information. Zu ihnen gehört das Buch genauso wie der Lehrer, der Computer wie Kreide und Tafel. Früher sah man in ihnen häufig nur einen „möglichen Zusatz zum pädagogisch wertvolleren Personenunterricht des Lehrers" (Heidt, 1973, S. 1).
In den vergangenen Jahren hat sich die Bedeutung der Medien durch den verstärkten Einsatz von Arbeitsblättern, Unterrichtsprogrammen, Geräten und den dazugehörenden Folien, Bildern, Kassetten, Filmen usw. geändert. Liest der Lehrer beispielsweise die Rede des Politikers nicht selbst vor, sondern hört er sie mit seinen Schülern gemeinsam von einer Schallplatte, so hat er diesem Medium eine unterrichtliche Funktion übertragen, die er sonst selbst hätte übernehmen müssen.
In viel stärkerem Maße findet diese Funktionsverlagerung beim Einsatz eines medialen Lehrsystems statt. Als Teil dieses Systems gibt der Lehrer zwar traditionelle Unterrichts- und Moderatorfunktionen auf; er wird aber frei für eine bessere Wahrnehmung von Aufgaben der Organisation und Kommunikation, insbesondere für gezielte Lernhilfen, Einzelberatung usw.

### Übersicht der Medien

*personale Medien*
— Bewegungen, Gesten, Blicke, vokale Äußerungen usw.
*apersonale Medien (software)*
— didaktisch weitgehend neutrale Medien: Gegenstände, Modelle, Bilder, Texte usw.
— *didaktisch aufbereitete (curriculare) Medien:* ausgewählte Texte und Kommentare, Buch- und Computerprogramme, Bildfolgen, Unterrichtsfilme, Filme, Sendungen des Hörfunks, Schulfernsehen im Medienverbund usw.
Der Einsatz apersonaler Medien ist zumeist gebunden an die Benutzung technischer Apparaturen, sogenannte
*technische Medien (hardware)*
— Tafel, Tonwiedergabegeräte, Projektoren, Fernsehaufnahme- und -wiedergabegeräte, Computer usw.

### Problem der Medienwahl

*Lösungsversuche*
In den letzten Jahren wurde die Schule von einem solchen Medien-Angebot überschwemmt, daß Lehrer immer häufiger nach Kriterien für die Auswahl von Medien verlangen. Solche Kriterien glaubte man zunächst mit einfachen Zuordnungen gefunden zu haben, beispielsweise hinsichtlich der
— Präsentationsmodi (Tosti/Ball 1969)
— ökonomischen Kriterien (Ducan 1969)
— Unterrichtsfunktionen (Gagné 1970)
— Sozialformen (Kemp 1971)
Aus diesen Versuchen ergaben sich wichtige Hinweise für die Auswahl von Medien. Eine allgemein gültige Theorie der Medienwahl (z.B. eine Medientaxonomie) liegt aber noch nicht vor, da dem komplexen Gefüge des Unterrichts bislang wenig Rechnung getragen wurde. Auch besondere Medieneigenschaften, wie z.B. die „Plastizität" (Hinst, 1972, S. 8) und die Wirkung als „didaktischer Eigenfaktor", der seinerseits „Ziele, Inhalte, Methoden, Adressaten und Voraussetzungen bzw. Rahmenbedingungen verändern" kann (Dohmen, 1973, S. 8), werden noch wenig bedacht.
Eine konkrete Medienwahl, die diese kritischen Einwände berücksichtigt, ist somit in jedem Falle das Ergebnis eines stets neuen Entscheidungsprozesses, der die Zusammenhänge zwischen den didaktischen Tatbeständen und den Medieneigenschaften beachtet.

# Pädagogische Einordnungsverfahren für Medien

## Ein Vorschlag zur Medienwahl

Der erste Schritt ist die Definition des erwarteten Endverhaltens des Adressaten, der Lernziele. Als Lernziele sollten aber nicht nur die des kognitiven Bereichs verstanden werden, für die bereits eine Operationalisierung durchgeführt wurde, sondern auch die des affektiven und psychomotorischen Bereichs. Zur genaueren Beschreibung des Lernprozesses sind dann die unterschiedlichen Lernziele daraufhin zu analysieren, durch welchen Lerntyp (Gagné 1973) sie sich optimal realisieren lassen. Die sich aus dieser Analyse herzuleitende „Lernstruktur" ermöglicht es, einzelne Lernakte zu identifizieren, die die notwendigen internen Bedingungen zur Erreichung der Lernziele darstellen (Gagné 1973, S. 258).

Zu diesen internen Bedingungen gehören aber nicht nur die einzelnen Lernakte, die vom Schüler durchlaufen werden müssen, sondern sie umfassen auch (nach Heimann 1962) die anthropologisch-psychologischen und situativ-sozial-kulturellen Aspekte. Ihr Einfluß auf die Lernziele ist auf dieser Stufe bereits zu berücksichtigen.

Folgt man weiter dem Vorschlag Gagnés (1973), so ist in Kenntnis dieser Faktoren nun die Gestaltung des Unterrichts selbst zu bestimmen. Der Lehrer muß für jeden Lerntyp überlegen, durch welche Reizsituationen, Informationen, durch welchen Unterrichtsstil und welche unterrichtliche Sozialform die Aufmerksamkeit und das Denken des Schülers zu lenken sind. Weiter ist zu überlegen, wie der Schüler erfahren soll, ob er ein Lernziel erreicht hat und wie diese Information zu einer Verstärkung des Lernprozesses genutzt werden kann.

Erst jetzt erfolgt in Kenntnis der Ziele und Inhalte, der Lerntypen, der besonderen Adressatensituation und dem darauf abgestimmten Lehr-/Lernprozeß die Medienwahl (Gagné 1973, S. 273 ff.; Dohmen 1973, S. 18).

Die Materialien zur Verwendung von Medien im Unterricht sollen für diesen sicher schwierigen und komplizierten Weg der Medienwahl eine Hilfe sein, indem sie den Versuch unternehmen, die spezifischen Merkmale der verschiedenen Medien zu erfassen.

## Literatur

D. Baacke: Kommunikation und Kompetenz, Grundlegung einer Didaktik der Kommunikation und ihrer Medien, München 1973

H. Bertram u.a., Moderne Unterrichtstechnologie, München 1972

James S. Colemann: Bildung in der modernen Gesellschaft, in: Die Deutsche Schule, H. 5/1974, S. 359

F. Dröge: Wissen ohne Bewußtsein — Materialien zur Medienanalyse, Frankfurt/M 1972

Dohmen, G.: Medienwahl und Medienforschung im didaktischen Problemzusammenhang, in: Unterrichtswissenschaften 2/3 — 1973, S. 2-26)

Ducan, C.J.: A survey of audio-visual equipment and methods, in: Unwin. G. (Ed.): Media and Methods: Instructional Technology in Higher Education, Maidenheat 1969, S. 13-67

Gagné, R. F.: Die Bedingungen des menschlichen Lernens, Hannover 1970

Heidt, E. U.: Mediendidaktik als Entscheidungshilfe? Polykopie, Tübingen 1973

Heimann, P.: Didaktik als Theorie und Lehre, in: Die Deutsche Schule 9/1962, S. 407-427

Hinst, K.: Zur Problematik der Medienmdidaktik, in: Programmiertes Lernen 1/1972, S. 7-13

Kemp, J. E.: Which Medium, in: Audiovisual Instruction, December 1971, S. 32-36

Salomon, G.: What does it do to Johnny? in: Salomon, G. u. Snow, R. E. (Eds.): Commentaries on Research in Instructional Media: An Examination of Conceptual Schemes, Indiana University: Viewpoint, 46 (5), 1970, S. 33-62

Schwittmann, D.: Ansätze zur Medientaxonomierung, in: Erziehungswissenschaften, 2/3 — 1973, S. 37-52

Strittmatter, P.: Zur Entwicklung von multi-medialen Lehrsystemen, in: Programmiertes Lernen 3/1971, S. 148-159

Tosti, D. T. u. Ball, J. R.: A Behavioral Approach to Instruction Design and Media Selection. AV Commun. Rev., 17, 1969, S. 5-25

Zeitschrift „Ästhetik und Kommunikation" H. 14, April 1972, Thema: Medien — Geschichte, Theorie, Unterrichtspraxis

Zeitschrift „betrifft: erziehung" H. 4/1974, Thema: Unterrichtsmedien

Zeitschrift „Unterrichtswissenschaft" H. 2/3, 1973, Thema: Mediendidaktik

Zeitschrift „Unterrichtswissenschaft" H. 1, 1974, Thema: Lernen ohne Schule?

Aus: Der niedersächsische Kultusminister (Hrsg.): Materialien zur Verwendung von Medien im Unterricht, 1975, S. 5f

# Einordnung der Medien

*Die folgenden Schemata zeigen drei Aspekte, unter denen Medien einordbar sind. Das erste, der berühmte Erfahrungskegel von Dale, kombiniert die Unvermitteltheit der Medien mit der Abstraktionsleistung der Adressaten und gelangt so zu einer Hierarchie.*

*Greil und Kreuz stehen hier stellvertretend für eine Reihe von Versuchen einer imanenten Medienstrukturierung, einer Ordnung der vielen technischen Medien.*

*Krauth's Ansatz geht dahin, Medienvielfalt unter methodisch-inhaltlichen Gesichtspunkten zu systematisieren, mögliche Funktionen der Medien zu bestimmen.*

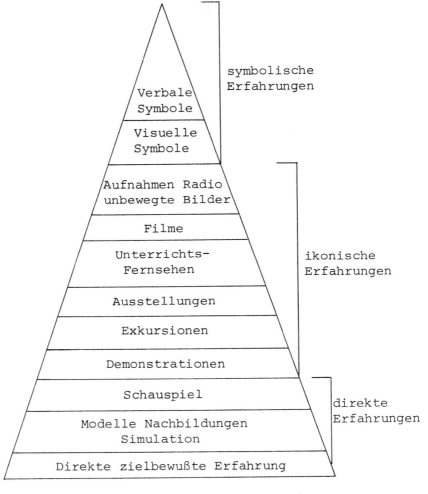

Aus: Schwittmann, D.: Ansätze zur Medientaxonomierung, In: Unterrichtswissenschaft 2/3 1973, S. 39

# Pädagogische Einordnungsverfahren für Medien

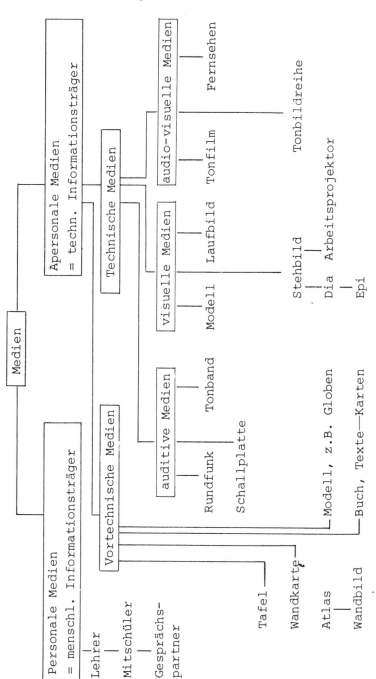

Aus: Greil, I./Kreuz, A.: Einsatz von Medien im Sachunterricht, in: Pädagogische Welt, 4/77, S. 247

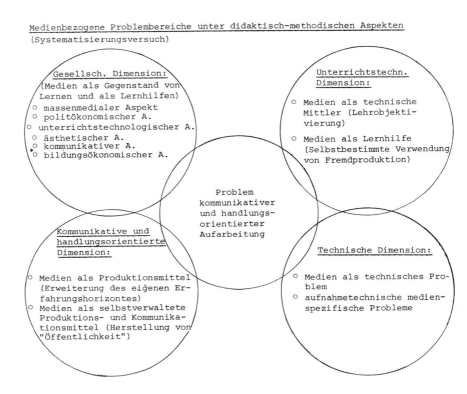

Aus: Krauth, G.: Medien und Erziehung, Wiesbaden o.J. (Veröffentlichung des Bildungstechnologischen Zentrum GmbH)

# Unterrichtliche Einordnungen von AV-Material

*Die Mannigfaltigkeit der Beurteilungs- und Einordnungsmöglichkeiten zeigt sich auch dort, wo Verfahren nur für ein ganz bestimmtes Medium (heute noch meist der Film) angeboten werden. Das Spektrum reicht vom weiten Blick auf den gesamten Komplex Unterricht bis zum schmalen Ausschnitt der Beurteilung einzelner Arbeitsstreifen.*

*In Fragebogenform, ausführlich und auf das AV-Material ebenso wie auf den Film bezogen ist der Fragebogen von Fritsch, der Beurteilungsbogen von Ott dagegen lehnt sich eng an den Film an und hier speziell an S-8 Arbeitsstreifen.*

| Fragebogen zur Beurteilung audiovisueller Materialien |
|---|

| Art des AV-Materials: _____ Fach: _____ |
|---|

| Titel: _____ Schul- _____ |
| _____ typ: _____ |
| Best.Nr.: _____ Verlag _____ Stufe/ Klasse _____ |
| Preis: _____ |

| Name/Adresse des Beurteilers: _____ |
|---|

| Fächerkombination des Beurteilers: _____ |
| Schulpraktische Erfahrung: _____ Jahr(e)  Datum: _____ |
| Ich kann an meiner Schule bei Bestellung/Kauf von Medien |
| ☐ a entscheiden ☐ b mitentscheiden ☐ c vorschlagen |

| Beurteilung: |
| Geben Sie bitte in diesem Fragebogen Ihre persönliche Einschätzung des von Ihnen eingesetzten AV-Materials an. Es geht darum, ob das Material im Hinblick auf die beabsichtigten Lerneffekte (die erwarteten Verhaltensänderungen) geeignet ist. Nach jedem Abschnitt der Liste ist Raum für eigene Anregungen und Bemerkungen. Sollte Ihrer Meinung nach eine Frage für das entsprechende Material nicht zutreffen, dann kreuzen Sie bitte "keine Antwort" an. |

| Aufmerksamkeit |
| 1. Ist das Material so anregend gestaltet, daß die Aufmerksamkeit der Adressaten an den wichtigsten Stellen vorhanden sein wird? |
| ☐ a spannende Gestaltung |
| ☐ b abwechslungsreich |
| ☐ c angemessene Gestaltung |
| ☐ d deutliche Schwächen |
| ☐ e langweilige Gestaltung |
| ☐ f keine Antwort |

| Lernziele |
| 2. Ist der inhaltliche Bezug zum ausdrücklich genannten Lernziel immer deutlich? |
| ☐ a stark auf das Lernziel ausgerichtet |
| ☐ b nicht immer deutlicher Bezug zum Lernziel |
| ☐ c schwacher Bezug, da die Lernziele undeutlich sind |
| ☐ d keine Antwort |

Pädagogische Einordnungsverfahren für Medien

Vorkenntnisse

3. Werden Vorkenntnisse spezieller Art vorausgesetzt, ohne die das Material unverständlich bleibt?

    ☐ a eine kurze Erinnerung an die Vorkenntnisse reicht zum Verstehen aus
    ☐ b ohne breiteres Vorwissen unverständlich
    ☐ c detaillierte Vorkenntnisse sind nicht notwendig
    ☐ d keine Antwort

Darbietung der Inhalte

4. Ist die Darstellungsweise didaktisch einleuchtend, so daß sich das Material problemlos in Ihren eigenen Unterricht einfügen läßt?

    ☐ a optimale Darstellung der Inhalte
    ☐ b angemessene didaktische Vorgehensweise
    ☐ c didaktische "Brüche" erschweren den Einsatz
    ☐ c keine Antwort

4.1 Ist Ihrer Meinung nach die zeitliche Verteilung und Gewichtung der Lehrinhalte im Material angemessen?

    ☐ a hervorragend
    ☐ b stört nicht
    ☐ c völlig schief
    ☐ d keine Antwort

4.2 Ist das Material so gut gegliedert, daß allein schon dadurch das Lernen erleichtert wird?

    ☐ a sehr gut gegliedert
    ☐ b die Gliederung stört nicht
    ☐ c die Gliederung ist verwirrend
    ☐ d keine Antwort

Fehler/Änderungen

5. Lassen sich sachliche Fehler nachweisen? (wo?)

    ☐ a keinerlei Fehler, entspricht dem heutigen Erkenntnisstand
    ☐ b ich habe keine Fehler gefunden
    ☐ c ja, nämlich _____

    _____

    ☐ d keine Antwort

5.1 Sollten Wiederholungen wichtiger Inhalte angeboten werden?

    ☐ a Nein, sonst wird's langweilig
    ☐ b ja, das könnte nicht schaden
    ☐ c keine Antwort

5.2 Gibt es überflüssige Informationen?

    ☐ a Ja      ☐ b Nein      ☐ c keine Antwort

5.3 Gibt es Ihrer Meinung nach Stellen, an denen sich Wort (Text) und Bild gegenseitig stören?

    ☐ a Ja, häufig ☐ b teilweise ☐ c Nein

Anleitung/Hilfestellung für den Lehrer

6. Ist eine aktive Beteiligung am Unterricht möglich?

    ☐ a Der Lernende bleibt völlig rezeptiv
    ☐ b es gibt genügend Anregungen zum Mitdenken
    ☐ c man kann sich dem Zwang zur Mitarbeit nicht entziehen
    ☐ d keine Antwort

6.1 Das Material ist so gestaltet, daß

    ☐ a es erst im Unterricht ergänzt, vervollständigt wird
    ☐ b es als Halbfertig-Produkt jedesmal neue Ergebnisse bringt
    ☐ c es schrittweise zum Ziel hinführt
    ☐ d Umwege zuläßt
    ☐ e auch für Einzelarbeit geeignet ist
    ☐ f keine Antwort

6.2 Ergeben sich aus dem Material(-paket) Möglichkeiten zur Überprüfung des Lernerfolges?

    ☐ a Ja, ganz allgemein, wie sonst auch
    ☐ b ja, in Form eines Tests
    ☐ c Nein
    ☐ d keine Antwort

6.3 Kann der Lernende seinen Erfolg selbst einschätzen?

    ☐ a Ja      ☐ b vielleicht ☐ c Ja, aber zu wenig

    ☐ d Nein      ☐ e keine Antwort

# Pädagogische Einordnungsverfahren für Medien

**Überblick**

7. Gibt es im Material systematische Überblicke zur Einordnung des Gelernten in größere Zusammenhänge?

   ☐ a Ja, genug
   ☐ b ja, aber zu wenig
   ☐ c nein
   ☐ d keine Antwort

**Wiederholung**

8. Kann das Material zur kurzfristigen Auffrischung von früher Gelerntem verwendet werden?

   ☐ a Nur schwer
   ☐ b Möglich
   ☐ c sehr gut

**Allgemeiner Eindruck/Note**

    Gesamturteil:

        Note:

**Bemerkungen:**

| Lehrsituationsfaktoren | | |
|---|---|---|
| 1) Schultyp .............................................. | | |
| Jahrgangsklasse ...................................... | | |
| Sonstige Gruppe ...................................... | | |
| 2) Präsentation im Rahmen des normalen Unterrichts ☐ | | |
| Ich unterrichte die Klasse/Gruppe auch sonst regelmäßig ☐ | | |
| Ich habe schon häufiger ähnliches Material eingesetzt ☐ | | |
| 3) | ja | nein |
| _____ Raum: speziell für AV-Präsentationen | ☐ | ☐ |
| verdunkelt | ☐ | ☐ |
| technische Anlage defekt | ☐ | ☐ |
| mit fest installierten Geräten | ☐ | ☐ |
| Art der benutzten Apparate ............ | | |
| ........................................ | | |
| 4) Das AV-Material habe ich von | | |
| der Bildstelle ☐ | | |
| (aus dem Archiv) unserer Schule ☐ | | |
| vom Verlag/Herstellerfirma zur Ansicht ☐ | | |
| selbst gekauft ☐ | | |
| anderswo her ................................ | | |
| 5) Zur Vorführung habe ich an technischer Vorbereitung ..... Std. gebraucht. | | |
| Es kümmerte sich um: | ich selbst Kollege Schüler | |
| Materialbestellung/ Verlängerung | | |
| Materialabholung | | |
| Apparatebestellung | | |
| Apparateabholung | | |
| Apparateaufbau | | |
| Vorführung | | |
| Abbau, wegschaffen | | |

6) Ich konnte das Material exakt zum von mir geplanten Zeitpunkt im Unterricht einsetzen.

   ja ☐   nein ☐

   Falls nein: die Verzögerung lag an

   ☐ Verzögerung der Stoffbewältigung im Unterricht
   ☐ der Ausleihe/Verlängerungsschwierigkeit
   ☐ technischen Pannen

7) Das Material paßte sich nahtlos in meine Unterrichtssituation ein

   ja ☐   nein ☐

   Falls nein:

   ☐ Es mußte stärker als erwartet vorbereitet werden
   ☐ es paßte kaum
   ☐ für meinen Unterricht war die Vorführung eher ein Exkurs und trägt zum Unterrichtsziel wenig bei
   ☐ Ich empfand die Vorführung als eine angenehme Unterbrechung des üblichen Unterrichts
   ☐ Die Nacharbeitung war umfangreicher als erwartet

8) Die Vorführung/Beschäftigung mit dem Material dauerte

   ...... Stunden.

Lehrersituationsfaktoren

9) Zahl der Teilnehmer:   männl. ☐   weibl. ☐

   Alter:

   Die Teilnehmer haben Erfahrung mit AV-Material

   ☐           ☐            ☐              ☐
   sehr viel   regelmäßig   von Zeit zu Zeit   eher selten
   ☐
   kaum

   Tagesfzeit der Vorführung ...................

   Lag die Vorführung unmittelbar nach

   ☐ Klassenarbeit    ☐ Zu Beginn eines Schulj.-Abschnitts
   ☐ Sportstunde      ☐ eher Mitte eines Schulj.-Abschnitts
   ☐ oder normal      ☐ gegen Ende eines Schulj.-Abschnitts

10) Die Aufmerksamkeit der Teilnehmer war

    sehr groß ☐     normal ☐      gering ☐

    Es wurden      viele ☐       normal ☐    kaum ☐
    Zwischenfragen, Rückfragen, Verständnisfragen gestellt.

Aus: Fritsch, H.: Fragebogen zur Beurteilung audiovisueller Materialien, Paderborn 1975 (FEOLL).

Beurteilungskriterien
von Super-8mm-Arbeitsstreifen

1. Inhalt

1.1 In welchen Schulstufen läßt sich der Arbeitsstreifen einsetzen?

　　Grundschule　　　　□
　　Sekundarstufe I　　□
　　Sekundarstufe II　 □

1.2 Werden zu zahlreiche Vorkenntnisse vorausgesetzt, ohne die der Inhalt unverständlich bleibt?

　　ja　　□　　Wenn ja, welche? _____

　　nein　□　　_____

　　　　　　　　_____

　　　　　　　　_____

1.3 Ist die Darstellung

　　gerade richtig?　　　□
　　zu stark vereinfacht?　□
　　zu schwierig?　　　　□

1.4 Reichen die in Bild und Kommentar gegebenen Informationen, die auf der Filmbegleitkarte angegeben sind, zur Erreichung der Lernziele aus?

　　ja　　□　　Wenn nein, welche Lernziele werden nicht
　　nein　□　　erreicht?

　　　　　　　　_____

　　　　　　　　_____

　　　　　　　　_____

　　　　　　　　_____

1.5 Ist die Informationsdichte zu hoch?

　　ja　　□　　Wenn ja, auf welche Informationen könnte ver-
　　nein　□　　zichtet werden?

　　　　　　　　_____

　　　　　　　　_____

　　　　　　　　_____

# Pädagogische Einordnungsverfahren für Medien

1.6 Stimmt die Ausführlichkeit der Behandlung in den Filmsequenzen mit der Bedeutung der Lernziele überein? Ist also die Gewichtung angemessen?

    ja   ☐      Wenn nein, welche Filmsequenzen sind
    nein ☐

         a) zu ausführlich? _____

         b) zu kurz? _____

1.7 Ist die Gliederung des Inhalts didaktisch und methodisch einleuchtend?

    ja   ☐
    nein ☐

1.8 Weist der Arbeitsstreifen sachliche Fehler auf?

    nein, überhaupt keine     ☐
    ja, geringfügige Fehler    ☐
    ja, schwerwiegende Fehler ☐

         Wenn ja, welche? _____

1.9 Entspricht die Behandlung des Lehrinhalts dem heutigen Stand der Forschung?

    ja   ☐
    nein ☐     Wenn nein, welche Sequenzen? _____

2. Gestaltung

2.1 Ist die Gestaltung des Arbeitsstreifens so ansprechend, daß sie die Aufmerksamkeit der Schüler

erhöht?                        ☐ Wenn Ablenkung, in welchen
vom Wesentlichen ablenkt?    ☐ Filmsequenzen?

_____

_____

_____

2.2 Sind die filmischen Mittel (Zeitraffer, Zeitdehnung, Zeichentrick)

genügend ausgenutzt? ☐    Wenn zum Teil unnötig,
zum Teil unnötig?       ☐    welche?

_____

_____

_____

2.3 Ist die Schnittfolge

gerade richtig?                        ☐
zu schnell und erschwert
dadurch das Verständnis?      ☐
zu ruhig und ermüdet die
Aufmerksamkeit der Schüler?   ☐

2.4 Sind alle Details, auch die Schriften in den Real- und Tricksequenzen

gut erkennbar?             ☐    Wo sind Details schlecht zu
manchmal schlecht zu   ☐    erkennen?
erkennen?

_____

_____

_____

2.5 Würde ein Schwarz-weiß-Film zu dem im Film dargestellten Thema auch ausreichen?

ja    ☐
nein ☐

Pädagogische Einordnungsverfahren für Medien 143

3. Vertonung des Arbeitsstreifens

3.1 Ist ein Kommentar zum Verständnis des Films notwendig?

    ja   ☐   Wenn ja, warum? _____
    nein ☐

    _____

    Wenn nein, warum? _____

    _____

3.2 Würden Originalgeräusche allein ausreichen?

    ja   ☐
    nein ☐

3.3 Lenkt der Kommentar vom Bild ab?

    ja   ☐
    nein ☐

3.4 Stören sich Bild und Wort gegenseitig?

    ja   ☐   Wenn ja, in welcher Filmsequenz? _____
    nein ☐

    _____

    _____

3.5 Wie werden die wichtigsten Informationen übermittelt?

    vorwiegend über das Bild         ☐
    vorwiegend über den Kommentar   ☐
    über Bild und Kommentar         ☐

3.6 Ist der Kommentar

    gut verständlich?       ☐   Wenn schlecht verständlich,
    schlecht verständlich? ☐   warum?

    _____

    _____

    _____

3.7 Ist der Umfang des Kommentars der Schwierigkeit der Filmsequenz angepaßt?

    ja  ☐   Wenn nein, welche Filmsequenz ist
    nein ☐
               a) zu ausführlich? _____

_____

_____

_____

                b) zu knapp kommentiert? _____

_____

_____

_____

4. Effizienz des Arbeitsstreifens

4.1 Wird die Unterrichtsgestaltung mit Hilfe des Arbeitsstreifens verbessert?

    ja  ☐   Wenn nein, warum nicht? _____
    nein ☐

_____

_____

_____

4.2 Wird die Lernwirksamkeit bei den Schülern erhöht?

    ja  ☐   Wenn nein, warum nicht? _____
    nein ☐

_____

_____

_____

4.3 Könnte der Inhalt durch ein billigeres Medium als den Film ebenso effektiv dargestellt werden?

    ja  ☐   Arbeitstransparent ☐
    nein ☐  Dia-Reihe         ☐
              Schallplatte      ☐

              Sonstige, und zwar _____

_____

# Pädagogische Einordnungsverfahren für Medien

4.4 Läßt sich der Arbeitsstreifen auch in anderen Unterrichtseinheiten oder in anderen Fächern einsetzen?

ja ☐    Wenn ja, in welchen Unterrichtseinheiten?
nein ☐

_____

_____

Wenn ja, in welchen Fächern? _____

_____

_____

4.5 Welche der aufgeführten Einsatzmöglichkeiten läßt sich mit diesem Arbeitsstreifen verwirklichen?

Motivation ☐
Einstieg ☐
Grundlageninformation ☐
Zusatzinformation ☐
Differenzierung ☐
Veranschaulichung ☐
Übung ☐
Kontrolle ☐
Förderung von Problem-Löse-Verhalten ☐
Anleitung zum Experimentieren ☐

noch weitere, und zwar _____

_____

_____

5. Gesamturteil

Sehr empfehlenswert ☐
empfehlenswert ☐
brauchbar ☐
wenig brauchbar ☐

Warum wenig brauchbar? _____

_____

Aus: Ott, H.: Erfahrungen bei der Erprobung von Arbeitstransparenten und anderen Medien, In: DVV, Pädagogische Arbeitsstelle, 1976, S. 59 f.

# Anwendungsmodell

*Der folgende Literaturauszug fällt aus der Kategorie „Einordnungsverfahren für Medien" heraus.*
*Heitmeyer und Klauser entwickeln ein Modell, in dem die Medien ihren ursprünglichen Sinn als Mittler erfüllen sollen. Vermittelt werden sollen Handlungspositionen und Handlungsalternativen bei Schülern. Im politischen Unterricht erhalten die Medien die Funktion, „Handlungsmöglichkeiten für vermitteltes Kommunikationshandeln des Schülers" zu ermöglichen.*

**Vermitteltes Kommunikationshandeln und Methoden des politischen Unterrichts in curricularen Entscheidungsprozessen – ein Problemaufriß**

Inhalt:
1. Zum Handlungszwang des Lehrers.
2. Zur Verortung des Medienbegriffes
3. Zielgegenstand
4. Bemühungen um Entscheidungshilfe
5. Zur Entwicklung eines Beziehungsgefüges

*1. Zum Handlungszwang des Lehrers*
Vielfältigkeit, ja Unübersichtlichkeit, sieht sich derjenige gegenüber, der Bemühungen um Entscheidungshilfen für den Lehrer zur Unterrichtsplanung sichtet. Diese Vielfältigkeit zeichnet sich vor allem durch mangelnde Realitätsnähe aus.
Der Vorwurf wird zu belegen sein.
So paradox es scheinen mag, vergleichsweise einfach wird diese Auseinandersetzung zu Planungsentscheidungen dann, wenn das Vollständigkeitspostulat weit vorn im Katalog der in Aussicht genommenen Zielperspektiven rangiert. Wird doch durch solche Versuche eine Soll-Situation skizziert, deren Praktizität nie gefragt ist. Sie bleibt abgehoben von tatsächlich vorhanden *Entscheidungsmöglichkeiten* und *Entscheidungsverfügungen* der Lehrer.
Solche Versuche werden theoretisch hergeleitet – nehmen allerdings kaum Rücksicht darauf, woüber entschieden werden soll – über den Mangel an alternativen Medien, die man so sehnsüchtig herbeiwünscht.

Alternative Curriculumplanung, alternative Medienentscheidung, alternative Medienzuordnung, alternative Medienauswahl — Alternativen sind vorhanden, leider, so ist zu befürchten, nur in den Konzepten.
Aus der hier gebotenen Kürze eines Problemaufrisses, der im Hinblick auf Lösungen enttäuschend ausfallen muß, bedeutet diese Situation, daß konkret die Entscheidungsmöglichkeiten und die *Entscheidungsfolgen* für den Schüler angesprochen werden sollen. Gleichfalls ist in den Blick zu nehmen der Zwang kurzfristigen Handelns des Lehrers. Dieser Zwang existiert nicht nur im Hinblick auf Interaktionen in schulischen Lernprozessen, sondern gleichfalls in Planungsprozessen dieses angestrebten Lernens. Besteht letztlich immer noch ein Schulalltag aus sechs Einheiten à 45 Minuten in x Klassen, die jeweils „optimal" vorzubereiten sind.
Bezieht man die Komplexität der unterrichtlichen Vorbereitung schon allein auf die zeitlichen Ressourcen, in denen Überlegungen zu dem hier anschließenden Zielgegenstand getätigt werden können, dann scheint Bescheidenheit am Platze für die Formulierung von „unabdingbaren" Forderungskatalogen an die Lehrer in der Praxis. Die Hinweise auf die Praxis von Entscheidungsvorgängen sind hier besonders deshalb aufgenommen, um die Schwierigkeiten des Lehrers aufzuzeigen bei seinen Vorbereitungen. Sind diese Schwierigkeiten doch geeignet, jenen Bereich einzuengen, der in schulischen Interaktionen ohnehin zu wenig berücksichtigt zu werden pflegt: dem aktiven Handeln der Lernenden. Dies, obwohl offizielle Zielsetzungen wie „Emanzipation" andere Tendenzen vermuten lassen sollten. Die Überlegungen dienen daher auch dazu, den Lehrer darauf zu verweisen, welche Aktivitäten er dem Schüler noch offen läßt bei seinen Planungsentscheidungen, wenn für ihn (den Lehrer) die Ziel- wie Inhaltsfrage abgeklärt ist: das heißt, im Rahmen weiterer Entscheidungen über Methoden und Medien.

## 5. Zur Entwicklung eines Beziehungsgefüges

Soviel kennzeichnet die Situation: Für den politischen Unterricht sind von Didaktikern zahlreiche Methoden benannt worden, von denen man annimmt, daß sie geeignet sind, gesellschaftliche Realität über didaktische Reduktionen vermitteln zu können. Diese Methoden sind:

Lehrgang — oder: Man kann sich von einem Fachmann über ein Problem belehren lassen

Projekt — oder: Wie man komplexe soziale Situationen bearbeitet

Sozialstudien — oder: Man kann ein Problem erforschen

Provokation — oder: Man kann sich selbst zum politischen Problem machen

Rollenspiel — oder: Man kann gesellschaftliche Zwänge spielend zum Sprechen bringen

Planspiel — oder: Man kann politische Aktionen und Konfliktlösungen spielerisch simulieren

Tribunal — oder: Man kann politischen Zuständen spielend den Prozeß machen

Gleichzeitig stehen Ausprägungen vermittelten Kommunikationshandelns bereit, um gesellschaftliche Realität über handelnde aktivierende Inanspruchnahme dieser Ausprägungen schulischer Arbeit zuzuführen.

Als solche Möglichkeiten des vermittelten Kommunikationshandelns (d.h. über Medien) werden hier angesehen:
Zu informieren — oder: Übernahme aufbereiteter Daten
zu dokumentieren — oder: Zusammenstellen von Voraussetzungen, Ergebnissen, Lernfortschritten, Legitimation, Planungen
Zu produzieren — oder: sich medial zu artikulieren über eigene Produkte
Zu rekonstruieren — oder: Darstellung von Abläufen
Selbstreflexion (feed-back) ansetzen — oder: eigenes Verhalten festhalten

Eine bei breiterer Entfaltung notwendige praxisnahe Aufschlüsselung muß hier leider unterbleiben. Es wird daher in Kauf genommen, daß (berechtigte) Kritik bzw. Mißverständnisse hier entstehen könnten. Vermutet werden darf in beiden Bereichen ein breites Spektrum unterschiedlicher Handlungsmöglichkeiten versus Handlungseinschränkungen auf Seiten der Schüler — gesteuert weitgehend durch Planungsentscheidungen des Lehrers.

Soll der Lehrer zu einer Zuordnung gelangen, so ist eine Vermittlungsebene einzuführen, die auf die reklamierten Handlungsmöglichkeiten der Schüler trifft. Hier charakterisiert als Vermittlungsebene zwischen den zur Diskussion stehenden Kategorien. Diese Vermittlungsebene wird abgesichert durch die politische Entscheidung für den Leitwert Emanzipation: „Emanzipation als Ziel von politischem Lernen heißt, die jungen Menschen in die Lage zu versetzen, die vorgegebenen gesellschaftlichen Normen entweder frei und selbstverantwortlich anzuerkennen oder abzulehnen und sich gegebenenfalls für andere zu entscheiden".

Es entsteht die Fragestellung: Welche Handlungsalternativen für vermitteltes Kommunikationshandeln ergeben sich für Schüler bei welcher Kombination von Methoden — Medien?

**Aus einer Zusammenfassung ergibt sich folgendes Schema:**

Ziele des politischen Unterrichts/
Leitwert: Emanzipation

| Methoden des politischen Unterrichts | Vermittlungsebene | Vermitteltes Kommunikationshandeln |
|---|---|---|
| Lehrgang<br>Projekt<br>Sozialstudie<br>Provokation<br>Rollenspiel<br>Planspiel<br>Tribunal | Handlungsalternativen für Lehrer *und* Schüler | informieren<br>dokumentieren<br>produzieren<br>rekonstruieren<br>Selbstreflektion<br>(feed back) |

# Pädagogische Einordnungsverfahren für Medien

Die vorangegangenen formulierten Überlegungen sind unter folgenden Stichworten zu subsumieren:
1. Es besteht Handlungszwang für den Lehrer.
2. Diese Zwangssituation steht im Spannungsverhältnis von Entscheidungsressourcen und politischen Zielentscheidungen.
3. Bisherige Bemühungen zur Entscheidungsfindung haben die Eröffnung von Handlungsalternativen der Schüler bei der Zuordnung von Methoden und Medien weitgehend unberücksichtigt gelassen.
4. Es besteht die Notwendigkeit, eine Matrix zu entwickeln, die dem Lehrer Entscheidungsmöglichkeiten signalisiert, in denen die Vermittlungsebene „Handlungsalternativen der Schüler" im Vordergrund steht.

Dem zuletzt genannten Punkt gilt nun unser besonderes Interesse.
In einem abgestuften Verfahren sind

1. die einzelnen Methoden des politischen Unterrichts und Ausprägungen vermittelten Kommunikationshandelns *benannt* worden;
2. wurden diese zusammen mit der Vermittlungsebene *gegenübergestellt;*
3. sind beide Kategorien in eine *Matrix* einzubringen: dies soll versucht werden.

Ist vorher davon gesprochen worden, daß Entscheidungsalternativen signalisiert werden sollen, die auf einer zu konstatierenden Affinität zwischen zwei Kategorien beruhen, dann ist dazu ein Versuch über Zeichen zu unternehmen. Wird ein Beziehungsgefüge zwischen einer Methodenalternative und vermittelten Kommunikationshandelns als Affinität definiert, so ist es mit einem Viereck □ zu kennzeichnen. Reduziert sich dies auf ein Dreieck ▷ vermindert sich die Affinität. Fehlt eines der beiden Zeichen, so bedeutet dies keine, oder keine nennenswerte Affinität.

Ausgehend von den differenzierten inhaltlichen Implikationen, die bei der Benennung der Methoden des politischen Unterrichts und den Ausprägungen vermittelten Kommunikationshandelns angedeutet wurden, wird hier eine Zuordnung innerhalb der konzipierten Matrix versucht.

Mit dieser Matrix soll folgendes erreicht werden:
1. In verschiedenen methodischen Alternativen sind unterschiedliche Handlungsmöglichkeiten für vermitteltes Kommunikationshandeln des Schülers enthalten.
2. Bei akuter Mangelsituation kontrovers angelegter Medien für den politischen Unterricht und dem Handlungszwang des Lehrers werden alternative Möglichkeiten signalisiert, die er weiter konkretisieren und auf Realisierungschancen verfolgen kann.

Die Vermittlungsebene „Handlungsalternativen der Schüler" ist danach vom Lehrer einzubringen bei seinen weiteren Überlegungen. Ist doch weithin bekannt, daß beide benannten Kategorien unterschiedliche Qualifikationsanforderungen an Lehrer wie Schüler stellen.

|  | | Vermitteltes Kommunikationshandeln | | | | |
|---|---|---|---|---|---|---|
|  | | um zu informieren | um zu dokumentieren | um zu produzieren | um zu rekonstruieren | um Selbstreflexion zu üben (feedback) |
| Methoden des politischen Unterrichts | Lehrgang | ☐ | ▷ | | | |
| | Projekt | ☐ | ☐ | ☐ | ☐ | ☐ |
| | Sozialstudie | ☐ | ▷ | | ▷ | |
| | Provokation | ▷ | | ▷ | ☐ | ☐ |
| | Rollenspiel | ☐ | | ☐ | | ☐ |
| | Planspiel | ☐ | ☐ | ☐ | ☐ | ☐ |
| | Tribunal | ☐ | | ▷ | ☐ | ☐ |

Es sind daher zwei Fragen zu stellen:
1. Sind in der ausgewählten Zuordnung „Medien/vermitteltes Kommunikationshandeln" optimale Handlungsangebote und Handlungsalternativen für die Schüler enthalten?
2. In welchem Verhältnis steht die Auswahl „Methoden/vermitteltes Kommunikationshandeln" zum Kenntnisstand bzw. dem Handlungskönnen der Schüler? Sind diese Überlegungen auf Seiten des Lehrers abgeschlossen, so ist zu vermuten, daß er diesen Entscheidungsstand in die Diskussion der Klasse einbringt. Dieses Vorgehen wird dann gewählt werden, wenn man sich den Erkenntnissen der Curriculumforschung zu offenen und geschlossenen Curriculumkonzepten nicht gänzlich verschließt.

Wurde zu Beginn auf die Zwecksetzung dieser Überlegungen hingewiesen, so sollte doch deutlich geworden sein, daß Annäherungsversuche an begründbare Entscheidungen über Planung politischen Lernens, in dessen Zielmittelpunkt Aktivitäten über vermitteltes Kommunikationshandeln der Schüler stehen, nicht unversucht bleiben sollten. Es entsteht die Forderung, die hier aufgerissenen Probleme weiter zu entfalten und in konkreten Curricula zu erproben.

Aus: Heitmeyer, W./Klauser, R. Vermitteltes Kommunikationshandeln und Methoden des Politischen Unterrichts in curricularen Entscheidungsprozessen – Ein Problemaufriß, in: Heitmeyer, W./Klauser, R. u.a. Perspektiven mediensoziologischer Forschung, Hannover/Paderborn 1976

Tilman Ernst
Martin Lenk

# Filmwirkung

# 1. Warum Wirkungsmessung?

Wirkungsmessung bei Filmen ist ein besonderer Bereich im Gesamtfeld der Wirkungsforschung über Massenmedien. Viele Theorien und methodische Ansätze sind für Wirkungsmessung bei Filmen im Laufe von Jahrzehnten entstanden; die meisten waren nur vorübergehend von Bedeutung, wenige sind auch heute noch aktuell.

Eine einheitliche Theorie darüber, was „Wirkung" ist, eine einzige Methode um Wirkung zu messen, gibt es nicht. Kann es auch nicht geben, weil das jeweilige Interesse des Untersuchers, seine Praxisbezüge, bestimmte Theorien brauchbar und bestimmte Methoden einsetzbar machen.

Die Vielzahl unterschiedlicher Interessen, die der Absicht, Filmwirkung zu messen zugrundeliegen, lassen sich in vier Bereiche gliedern:

## 1.1 Kommerzielle Interessen

Viele Methoden der Wirkungsmessung sind aufgrund kommerzieller Interessen entwickelt worden; viele Impulse gingen davon aus. Z.B. die Wirkung eines Werbefilms festzustellen, dient dem optimalen Einsatz finanzieller Werbemittel. Meist werden verschiedene Versionen eines Werbespots produziert, die dann miteinander im Test verglichen werden. Für den internen Vergleich dieser Entwürfe stehen dabei hohe Aufmerksamkeitswerte und hohe Erinnerungswerte im Vordergrund. Das entscheidende Kriterium ist allerdings das spätere Kaufverhalten, das einen objektiven Maßstab für Wirkung liefert und als „Kaufbereitschaft" erhoben wird.

## 1.2. Politische Interessen

Breiten Raum in der Entwicklung der Medienwirkungsforschung nahm die Untersuchung von Filmen ein, die politisch überzeugen sollten (Persuasion). Hierzu gehören nicht zuletzt Filme, die auch auf das Wahlverhalten der Bevölkerung Einfluß nehmen sollten. Dabei kann man unterscheiden, ob das Wirkungsziel (wähle Partei X) direkt angesprochen wird, oder ob es indirekt etwa unter Verwendung von Symbolen, Selektion bestimmter Sachverhalte, atmosphärische Einbettung etc. verwirklicht wird. Filme dieser Kategorie wurden z. B. auch mit dem Ziel gemacht, ein System zu stabilisieren, etwa indem die für wünschenswert gehaltenen Normen und Werte für die handelnden Personen im Film eine „natürliche" Selbstverständlichkeit sind (z.b. Propagandafilme der NS-Zeit).

### 1.3 Gesellschaftspolitische Interessen

In den letzten 15 Jahren sind diese Interessen stark in den Vordergrund gerückt; Inhalte der Massenmedien wurden von ihren Kritikern analysiert und in Bezug zu gesellschaftspolitisch wünschenswerten Normen und Werten gesetzt. Diese „kulturkritischen" Analysen brachten die *Medien und ihre Verantwortlichen da und dort zwar in Bedrängnis*, haben jedoch inhaltlich wenig verändert und zur Weiterentwicklung von Methoden wenig beigetragen.
Die aufgrund dieser Interessen thematisierte Grundfrage, ob die in den Inhalten der Massenmedien enthaltenen Werte und Normen das gesellschaftspolitische Bewußtsein insgesamt nur widerspiegeln oder es auch zu verändern vermögen, führte jedoch zu einer erhöhten Sensibilität bei den Verantwortlichen. Sie gaben z.b. selbst Forschungsprojekte in Auftrag, die den negativen, sozial nicht-erwünschten Einfluß von Fernsehinhalten auf das Verhalten von Zuschauern untersuchen sollten. (Etwa Forschungsprojekt: „Die Wirkung von Gewaltdarstellungen im Fernsehen auf Zuschauer – ein Sozialisationsprojekt").
Positive Wirkungen der Massenmedien waren leichter zu beweisen und auch längst bewiesen: Verhaltensvorschläge für das konkrete Alltagsleben („legen Sie die Beine hoch, das ist gesünder"), und „Lebenshilfe" wie etwa Gesundheitskampagnen („Trimm Dich") oder soziale Fürsorgekampagnen (AKTION SORGENKIND) wirkten sich insgesamt auf das gesellschaftspolitische Bewußtsein und Verhalten der Bevölkerung – mit einfachen Indikatoren meßbar – aus.

### 1.4 Pädagogische Interessen

Der hier wichtigste Bereich ist der der pädagogischen Interessen. So in einem eher technokratischen Sinn: schon sehr früh wurden in der amerikanischen Armee Lehrfilme eingesetzt und auf ihre Wirksamkeit hin untersucht, rein technische Fertigkeiten zu vermitteln.
Spezielle Gestaltungsmerkmale der Filme – vor allen Dingen Visualisierungsprobleme, bis hin zur Größe von Hinweispfeilen – wurden variiert und entsprechend der Wirkungsergebnisse umgesetzt. Bis heute ist dieser spezielle Bereich unter dem Stichwort Instruktionspsychologie im Rahmen von tech-

nischen Lehrfilmen, Sach-Unterrichtsfilmen und programmiertem Lernen Gegenstand von Wirkungsforschung. Wirkungskriterien sind hier abgeleitet aus spezifischen Lehrzielkatalogen. Von besonderer Bedeutung aber sind auf der anderen Seite übergreifende, pädagogische Interessen, die Filme mit dem Ziel einsetzen, gesellschaftspolitisches Bewußtsein zu schaffen bzw. zu verändern. (Neuestes Stichwort: soziale Kompetenz). Dies ist mit Abstand das schwierigste Feld für Wirkungsforschung, da hierzu in nur geringem Umfang Grundlagenforschung betrieben wurde und das Individuum in all seinen individuellen Prädispositionen *und* sozialen Bezügen gesehen werden muß. Noch gibt es keine einheitliche Theorie vom Verhalten des Menschen (es kann sie wohl auch nicht geben), so daß die Wahl der Wirkungskriterien immer auch von subjektiven Entscheidungen, von Werthaltungen und den vom Untersucher für sozial erwünscht angesehenen Normen abhängig ist. Allerdings wird das Problem dadurch erleichtert, daß der Pädagoge, der einen Film ausgewählt hat und einsetzt, damit ein pädagogisches Ziel verfolgt, das er benennen und u.U. auch ausdifferenzieren kann.

Diese Ausführungen sollten zeigen, daß je nach Interessenbereich unterschiedliche Wirkungskriterien definiert werden, die aus unterschiedlichen theoretischen Ansätzen entwickelt wurden. Kommerzielle Interessen z.B., die über sehr „harte" Wirkungskriterien verfügen, kommen mit relativ einfachen, fast „mechanischen" Wirkungsmodellen zurecht.

Pädagogische Interessen, die auf die Schaffung bzw. Veränderung gesellschaftspolitisch notwendigen Verhaltens hin arbeiten, die sowohl das Individuum als auch seine Bestimmtheit in sozialen Bezügen mit in Betracht ziehen müssen, können nur Wirkungskriterien entwickeln, die in den seltensten Fällen durch *einen* Film oder durch Filme *allein* auch nur teilweise beeinflußbar sind.

Deshalb gilt noch immer: Der Filmeinsetzer mit pädagogischen Absichten muß sich auf sein Fingerspitzengefühl und seine pädagogische Erfahrung verlassen, welchen Film er für welche Zielgruppe zur Erreichung eines bestimmten Lehrzieles wählt. Allerdings kann ihm Wirkungsforschung dabei einige Hilfen geben, die nicht nur seine Entscheidungen verbessern können, sondern auch die didaktische Aufbereitung des Films erleichtern.

# 2. Was ist Wirkung?

Die Frage, „Was ist Wirkung"?, wird am besten beantwortbar sein, wenn man sich in einem gegebenen Fall ansieht, welches theoretische Modell einer Untersuchung zugrunde liegt und welche Wirkungskriterien davon abgeleitet werden. Generell ist diese Frage nicht zu beantworten. Sicher ist Wirkung in sehr abstrakter Weise immer „Veränderung", „Innovation". In ganz konkreten Lebenssituationen ist jedoch schwer auszumachen, ob die beobachtete Veränderung mit einem spezifischen Ereignis (z.B. Filmeinsatz) schlüssig in Zusammenhang zu bringen ist.

Dennoch gibt es eine Fülle von Untersuchungen im Bereich der Medienforschung, die einen monokausalen Ansatz verwenden, d.h., ein Ergebnis auf einen Anlaß zurückführen. Dagegen stehen Ansätze, die ein multikausales Gefüge in Betracht ziehen. In der täglichen Praxis des Filmeinsatzes aber wird man beide Ansätze in reiner Form nicht verwenden können. Man wird immer auf Zusammenhänge stoßen, bei denen man nicht angeben kann, welches Teil von einem anderen Teil abhängig ist. Deshalb wird man wohl froh sein, wenn es gelingt, zwischen Filminhalten und den Äußerungen von Zuschauern über diese Inhalte *Beziehungen* zu entdecken, die einheitlich und stark genug sind, um sie interpretieren zu können.

Der folgende Überblick über die Vielzahl von theoretischen Modellen zur Wirkung verdeutlicht, daß es für einen Filmeinsetzer, der die Wirkung eines Films untersuchen will, gerechtfertigt ist, sich aus dem jeweiligen praktischen Zusammenhang heraus und je nach eigenen Interessen ein passendes Modell herauszusuchen, bzw. das für ihn beste aus verschiedenen Ansätzen zusammenzubauen.

## 2.1. Lerntheoretische Ansätze

In ihrer einfachsten Form beschreibt die Lerntheorie einen Reiz-Reaktions-Zusammenhang, in dem ein Reiz (z.B. ein Bild mit einer Zitrone) eine Reaktion (dem Betrachter läuft das Wasser im Mund zusammen), unabhängig von der umgebenden Situation geradezu zwangsläufig und immer auftritt. Auf das Problem Filmwirkung übertragen würde dies bedeuten, daß der Film X (Reiz) beim Zuschauer ein bestimmtes Verhalten (Reaktion Y) zwangsläufig auslöst.

Filmwirkung 157

Die Suche nach solchen geradezu „naturgesetzlich" ablaufenden Reiz-Reaktions-Mustern hat in der Erklärung menschlichen Verhaltens zwar unbestreitbare Erfolge gehabt, für die Erklärung vielschichtiger Zusammenhänge zum Beispiel für die Vorhersage von sozialem Verhalten ist es wenig tauglich.
Dies hat zur Erweiterung des Reiz-Reaktions-Ansatzes geführt, die seine praktische Bedeutung wesentlich erhöht hat. Während der klassische Ansatz nur einen beobachtbaren Reiz mit einem beobachtbaren Verhalten in Beziehung setzte, nehmen die differenzierteren Modelle sogenannte „intervenierende Variable" an, d.h. nicht-beobachtbare, in der Psyche des Individuums vorhandene Einflußgrößen, die den Prozeß zwischen Reiz und Reaktion mit steuern. Unter Begriffen wie „Einstellung" oder „Motivation" sind verzweigte Theoriengebilde entstanden, die den Zusammenhang zwischen Reiz und Reaktion zu erklären suchen. Übersetzt auf die Filmwirkungsforschung wurde näher analysiert der Reiz, also die Filminhalte: Etwa hinsichtlich ihrer Vertrautheit, ihrer Bewertung durch das Individuum, ihrer äußeren Gestaltung, Gliederung etc., oder mit Bezug auf das reizverarbeitende Individuum: Hinsichtlich soziologischer Variable (etwa Alter, Geschlecht, Schulbildung etc.) oder psychologischer Variable (wie Sensibilität für Reize der Art X, frühere Erfahrungen damit, Motiviertheit etc.).
Besonders im Zusammenhang mit der Diskussion um die Wirkung von Gewaltdarstellungen im Fernsehen sind Wirkungsmodelle bekannt geworden, wie „Imitationslernen", also Lernen durch Vorbilder, oder „Habitualisierung", d.h. Gewöhnung des Zuschauers an die Reize, so daß er nicht mehr darauf reagiert, dafür unsensibel wird. (Das für Imitationslernen klassische Experiment: Kinder sehen im Film, wie eine Puppe verprügelt wird; nach dem Film verprügeln sie ebenfalls eine Puppe).
Ein anderes lerntheoretisches Modell ist im Zusammenhang mit Wirkungsforschung bekannt geworden: Die „kognitive Dissonanz". Dabei wird angenommen, daß ein Mensch generell versucht, mit sich und der Umwelt in einem Gleichgewicht zu leben (Homöostase). Er wird also auch versuchen, sich einander widersprechende Informationen auszubalancieren. Das hierfür klassische Beispiel ist das eines Autokäufers, der sich die Richtigkeit seiner Wahl im Nachhinein dadurch zu bestätigen sucht, daß er immer noch Preisvergleiche anstellt und nach Bestätigungen für die Vorzüge seines von ihm gewählten Autos sucht bzw. Nachteile über andere Autos besonders gerne hört. Übertragen auf einen Film hieße das, daß ein Film dann Wirkung zeigt, wenn er dem bisherigen Wissen des Adressaten zuwiderlaufende Informationen enthält, so daß der Adressat „gezwungen" wird, sich intensiv mit den neuen Informationen auseinanderzusetzen.
Im Bereich der Werbung bzw. der Werbefilme hat der Imitationsansatz und das „kognitive Dissonanz"-Modell beträchtlichen Erfolg gehabt. Ein aktuelles Beispiel für die vermutete (und mit Wirkungstests bewiesene) Wirksamkeit eines Werbekonzepts, das auf Imitation abstellt, ist die Maxwell-Kampagne

mit Curd Jürgens. Modelle der kognitiven Dissonanz werden Werbekonzepten vor allem im Bereich der vergleichenden Werbeaussagen zugrunde gelegt.
Die Anwendung von lerntheoretischen Wirkungsmodellen im gesellschaftspolitischen bzw. pädagogischen Interessenbereich führte zu einem Ausbau in der Weise, daß man als intervenierende Variable nun auch *Einstellungen* zu definieren suchte, die den Wirkungsprozeß zwischen Reiz und Reaktion in spezifischer Weise formen. Hier wird nun in Betracht gezogen, daß das Individuum in entscheidendem Maße durch seine sozialen Bezüge und seine sozialen Erfahrungen geprägt ist. Einstellungen werden definiert als *erlernte* Prädispositionen bzw. Verhaltensbereitschaften, auf Gegebenheiten in der persönlichen Umwelt des Individuums in ständig gleicher Weise zu reagieren. Zum Beispiel mit Bezug auf Gastarbeiter, auf religiöse Gemeinschaften, auf Politiker im allgemeinen etc. (z.B. auch mit Bezug auf Praxistauglichkeit von Wissenschaft).
Im Zusammenhang mit Wirkungsforschung sind Einstellungen in den letzten Jahren in den Mittelpunkt des Interesses gerückt: Man untersucht, wie Filme gestaltet sein müssen, um bestimmte Einstellungen zu tangieren bzw. zu verändern. Stärker berücksichtigt werden in diesem Zusammenhang nun auch soziologische Merkmale wie Alter, Geschlecht, Schulbildung, Einkommen etc., um je nach unterschiedlichen sozialen Gruppen unterschiedliche Wirkungen zu erklären (ein klassisches Beispiel für die Notwendigkeit von Differenzierungen dieser Art ist eine Untersuchung, die nachwies, daß *arme* Kinder z.B. die Größe eines Fünf-Mark-Stückes eher überschätzen und *reiche* Kinder die Größe eben dieses Geldstückes unterschätzen.)

## 2.2 Psychoanalytische Ansätze

Auch aus dem Theoriengebilde der Psychoanalyse wurden Wirkungsmodelle entwickelt, von denen insbesondere die „Katharsis-These" im Zusammenhang mit dem Problem von Gewaltdarstellungen im Fernsehen bekannt geworden ist. Die Katharsis-These behauptet, daß durch das Sehen von Gewalt und Aggressionen sonst unterdrückte Triebregungen sich ausleben, sich entspannen können, so daß das Individuum davon „gereinigt" ist. Sicher ist es so, daß man bei einzelnen Individuen solche Effekte nachweisen kann; als genereller Erklärungsansatz für Wirkung ist die Katharsis-These kaum brauchbar.
Für die Praxis von Bedeutung sind jedoch zwei andere Begriffe der Psychoanalyse: „Selektion" und „Projektion". Das Individuum nutzt das Filmangebot entsprechend seiner psychischen Befindlichkeit selektiv und es nutzt Filme als „Projektionsangebot", auf das es seine Wünsche und Ängste überträgt (etwa wenn ein Zuschauer empört äußert, daß das „schamlose" Mädchen im Bikini sich z.B. hätte erkälten können bzw. eine „unsittliche Gefährdung" für andere darstellt). Diese Erscheinungen zu berücksichtigen ist wichtig, weil dadurch

Filmwirkung 159

u.U. Nebenpersonen in einem Film ein Gewicht erhalten können, das dramaturgisch nicht beabsichtigt ist und das adäquate Verständnis des Films zumindest erschwert.
Boulevardzeitungen setzen diese Erkenntnisse häufig so um: Sie zeigen ein (fast) nacktes Mädchen und entschärfen das Bild für den Betrachter dadurch, daß sie dazuschreiben: „Anja zeigt stolz ihre Blinddarmnarbe, die man kaum noch erkennen kann, weil ihr Arzt so sorgfältig war".

### 2.3 Persönlichkeitstheoretische Ansätze, systemtheoretische Ansätze

Es würde zu weit führen, hier alle Persönlichkeitstheorien aufzuzählen, die im Zusammenhang mit Filmwirkung als Erklärungshintergrund verwendet wurden. Hier wird besonders deutlich, wie zersplittert der theoretische Bereich zur Wirkungsforschung ist und wie notwendig ein interdisziplinärer Konsens zu einem systematischen und umfassenden Konzept wäre. Hervorzuheben sind jedoch systemtheoretische Ansätze, weil sie dazu zwingen, auch das Medium selbst als einen sich verändernden Prozeß (nicht fixen Reiz) zu betrachten. Aus systemtheoretischen Modellen stammt der Begriff „Feed-back", der inzwischen zu einem gern gebrauchten Wort zur Beschreibung eines erwünschten Austausches zwischen Macher und Zuschauer geworden ist. Daneben hat die soziologisch ausgerichtete Systemtheorie Wirkungsmodelle entwickelt, die das soziale Beziehungsgeflecht, in dem sich ein Rezipient befindet, sowie die Interaktion zwischen Kommunikator und Rezipient mit in Betracht ziehen. Dies ist ein erheblicher Fortschritt gegenüber allen Ansätzen, die den Rezipienten isoliert betrachtet haben.

Die bisherigen Ausführungen über die Ansätze in der Medienwirkungsforschung sollten drei Punkte deutlich machen, die Wirkungsforschungsansätze berücksichtigen müssen:
— Die Suche nach naturgesetzmäßig ablaufenden Mechanismen zwischen Medium und Rezipient ist eine Sackgasse, da es um sozialvermittelte Verhaltensweisen geht.
— Psychoanalytische Ansätze sind nur dort sinnvoll, wo es um allgemein verbreitete, zumindest für eine große Gruppe von Adressaten relevante „Deformierungen" geht, die durch ein Medium ansprechbar sind. Ein wichtiger Gesichtspunkt ist jedoch die Frage nach der *Funktion* eines Medieninhaltes für die psychische Balance des Individuums.
— Die Vielzahl der persönlichkeitstheoretischen Ansätze weist auf eine gewisse Beliebigkeit hin, mit der Kriterien für Wirkung definiert werden. Die systemtheoretische Sichtweise zwingt jedoch, eine Vielzahl von Kriterien und vor allen Dingen ihre Abhängigkeit untereinander (vermaschtes Netz) zu beachten.
Kurz zusammengefaßt sind dies die kritischen Punkte der bisher in der überwiegenden Mehrzahl von Wirkungsuntersuchungen angewandten Modelle:

1. Der Film wird nicht im Detail analysiert; er bleibt eine „black-box", so daß nicht gesagt werden kann, welche spezifische Wirkung auf welches spezifische Merkmal des Films zurückzuführen ist.
2. Meist wird nur ein Film untersucht. Nicht bekannt ist dessen Stellenwert im Gesamt vergleichbarer Filme, so daß z.b. die Frage offen bleiben muß, welchen Anteil an der Wirkung die Machart des Filmes hat und welchen Anteil seine Inhalte.
3. Der soziale Kontext während und nach der Vorführung wird nicht berücksichtigt; es spielt eine Rolle, ob der Film in einer volle Konzentration erlaubenden Umgebung vorgeführt wird oder ob ständig Störungen auftreten.
Es spielt eine Rolle, ob der Zuschauer allein oder z.B. mit gut bekannten Personen zusammen einen Film sieht und während der Vorstellung darüber spricht.
Ebenso spielt es eine Rolle, ob der Zuschauer in Gesprächen mit anderen Argumente aus dem Film erfolgreich verwenden kann oder nicht.
4. Vor allem werden die Bedingungen zu wenig berücksichtigt, die Wirkung möglich machen. Um Wirkung abschätzen zu können, muß festgestellt werden, welche Prädispositionen, welches Wissen der Rezipient — unabhängig von dem analysierten Film — ohnehin hat.

### 2.4 Der Nutzen-Ansatz

Dieser Ansatz versucht, die oben dargelegten Schwächen der traditionellen Wirkungsforschung aufzuheben. Er ist bekannt geworden unter der Bezeichnung „Nutzen-Ansatz", eine nicht ganz zutreffende Übersetzung des amerikanischen Begriffes: Uses-and-gratifications-approach. Die Grundannahme ist, daß auch der „Wirkungsprozeß" zwischen Medium und Individuum soziales Handeln ist („Fernsehen als soziales Handeln"). Das Individuum wird im Kommunikationsprozeß selbst aktiv, etwa durch die Übernahme von sozialen Rollen, d.h. das Individuum verhält sich so, als wäre das Medium eine Person und als bestünde ein persönlicher Kontakt mit ihm. Damit wird der Versuch gemacht, die Einbahnstraße medialer Kommunikation aufzuheben. Gefragt wird nicht mehr: Was machen die Medien mit dem Rezipienten?; vielmehr: Was machen die Rezipienten mit den Medien? Es wird also nicht mehr nach Wirkung im klassischen Sinn gefragt, vielmehr nach der Art und Weise des Umgangs mit den Medien, der zu erklären ist, aus den vorhandenen Bedürfnissen, den vom Rezipienten wahrgenommenen Problemen und Interessen. Diese wiederum sind in Abhängigkeit zu sehen von den persönlichen sozialen Bedingungen, in denen sich ein Individuum befindet. Danach haben Medien dann keine „Wirkung" mehr, vielmehr werden sie *benutzt,* um Bedürfnisse und Interessen zu befriedigen und zur Lösung von Problemen beizutragen. Dieser Ansatz verdient aus zwei Gründen besondere Beachtung: Zum einen ist er in der Lage, psychologische *und* soziologische

# Filmwirkung

Kriterien miteinzubeziehen, die für den Zusammenhang Medien — Individuum bedeutsam sind. Zum zweiten bietet er in der praktischen Arbeit mit Filmen unter pädagogischen Aspekten mehr brauchbare Ansatzpunkte, die auch didaktisch verwertbar sind, als etwa ein lupenreines lerntheoretisches Modell. Die Frage nach der „Betroffenheit", die Frage nach dem Bezug der Filminhalte zum alltäglichen Leben des Rezipienten ist bereits Bestandteil des Nutzen-Ansatzes.
Ein weiterer Vorteil ist, daß dieser Ansatz die Fixierung auf einen ganz bestimmten Film bzw. die Fixierung auf den Anspruch, durch einen Film mit einem Schlag wesentliches schaffen oder verändern zu können, verhindert; vielmehr macht dieser Ansatz auch den Blick frei für das Problem, daß Individuen bestimmte Filme überhaupt nicht sehen wollen oder bestimmte Filme nur unter äußerem Zwang gesehen haben.
Zusammenfassend könnten die bisherigen Überlegungen, was Wirkung ist, zwei übergreifenden Wirkungszielen zugeordnet werden:
1. Wirkung ist Veränderung beim Rezipienten, und zwar nach Kriterien, die den Intentionen des Kommunikators abgeleitet sind. Maximale Wirkung ist erreicht, wenn diese Kriterien erfüllt werden (etwa Rezipient kauft Produkt X, wählt politische Partei Y, hat Fakten des Films erlernt etc.).
2. Wirkung ist, was dem Rezipienten nützt. Dieses Wirkungsziel gibt nicht Kriterien vor, sondern berücksichtigt die vorhandenen Bedürfnisse und Interessen der Adressaten und fragt nach der Verwendbarkeit der Filminhalte im sozialen Bezugsfeld des Rezipienten.

# 3. Wirkungsebenen

Im folgenden soll versucht werden, aus den bisher beschriebenen Ansätzen die Ebenen und Kriterien herauszufiltern, die in einem umfassenden Medienwirkungsansatz zu berücksichtigen sind. Obwohl betont wurde, daß der Nutzen-Ansatz zumindest z.Z. die „Methode der Wahl" ist, sollen doch auch jene „klassischen" Wirkungskriterien Berücksichtigung finden, die in einem zugegebenermaßen „technischen" Sinn von Filmwirkung relevant sind.

## 3.1 Kognitive Ebene

Wirkung ist Lernzuwachs, Erwerb neuer Fakten, Vermittlung größerer Zusammenhänge, bessere Strukturierung, Differenzierung, neues Wissen etc.
Auf der Seite des Films gefördert durch Gestaltungsmerkmale wie Verständlichkeit, Klarheit, Ansprechen von Hintergründen, logische Ableitungen, Veranschaulichungen etc.

## 3.2 Emotionale Ebene

Sympathie gegenüber Akteuren, Gefühls-„Äquivalenz", d.h. der Zuschauer empfindet die Gefühlsstimmungen des Films entsprechend der Intention des Filmemachers (er lacht nicht, wenn der Hauptdarstellerin Tränen kommen), Ansprechen affektiver Komponenten von Einstellungen, Vorurteilen, Meinungen etc.
Hierfür relevante Gestaltungsmerkmale des Films sind etwa Profilierung der Akteure, Bekanntheit der Akteure, Vorbildfunktion der Akteure, Omnipotenz des Hauptakteurs etc.

## 3.3 Verhalten/Verhaltensbereitschaft, Handlungsanreiz

Wirkungskriterien zu dieser Ebene sind aus jedem Film spezifisch abzuleiten und in eine Frage bzw. Beobachtungskategorie umzusetzen. Wegen des Untersuchungsaufwandes werden hier meist nur simulierte Situationen vorgegeben, auf die der Befragte hypothetisch reagieren soll.

Filmwirkung

## 3.4 Sensibilisierung für das eigene soziale Feld

Gemeint sind hier Kriterien, die den Nutzen des Films für die eigenen Interessen und Bedürfnisse des Individuums erfassen. Hierzu gehören auch Kriterien, inwieweit bestimmte Filminhalte den Rezipienten für soziale Probleme aufschließen.

Diese kurze Gliederung ist sicher noch ausbaufähig, hier dient sie nur dazu, ein Raster abzugeben, in das Wirkungskriterien einordenbar sind, bzw. aus dem Wirkungskriterien ableitbar sind.

# 4. Schaubild für Wirkung, Ansätze für Wirkungen; Interessen und Bereiche

Das folgende Schaubild soll noch einmal verdeutlichen, in welchem Umfeld sich ein Filmeinsetzer befindet, der die Wirkung von Filmen messen will.
Das Schaubild beschreibt von links nach rechts gesehen den Entstehungszusammenhang eines Filmes bzw. eines Filmangebotes bis hin zum praktischen Einsatz eines Films in einer gegebenen Situation. Die rechte Seite der Abbildung beschreibt die Rezeptionsphase, d.h. die akuten Vorgänge während der Vorführung des Films, die Wirkungsebenen und die damit in Zusammenhang stehenden Erwartungen des Rezipienten und seine Prädispositionen sowie diese wiederum übergreifend den Bereich des sozialen Kontextes, in dem sich ein Individuum befindet.
Von oben nach unten wird gezeigt, für welche Stufen oder Phasen in diesem Gesamtzusammenhang welcher Ansatz (Wirkungs- oder Nutzen-Ansatz) bevorzugt zu wählen ist.
Von unten nach oben werden die über die verschiedenen Ansätze zu lösenden Aufgaben empirischer Medienforschung bezeichnet.
Das für uns wichtigste Problem dürfte wohl die Optimierung des Einsatzes sein, d.h. die näherungsweise Beantwortung der Fragen: richtiger Film für die Erwartungen und Prädispositionen der Adressaten gewählt, Rezeption des Films in einer ungestörten und fördernden Situation gelaufen, Intentionen des Films und Intentionen des Einsetzers beim Adressaten adäquat verstanden, Filminhalte für Interessen und Bedürfnisse der Adressaten tauglich.
Der letzte Punkt des Schemas, Planung gesellschaftspolitisch wünschenswerter Filmangebote, soll deutlich machen, daß zum Verständnis des eigenen Tuns auch das Verhältnis zwischen Produktionsinteressen und Produktions-„Zwängen" einerseits und den Erwartungen und Prädispositionen von Individuen und ihrem sozialen Kontext andererseits zu thematisieren ist.

Filmwirkung

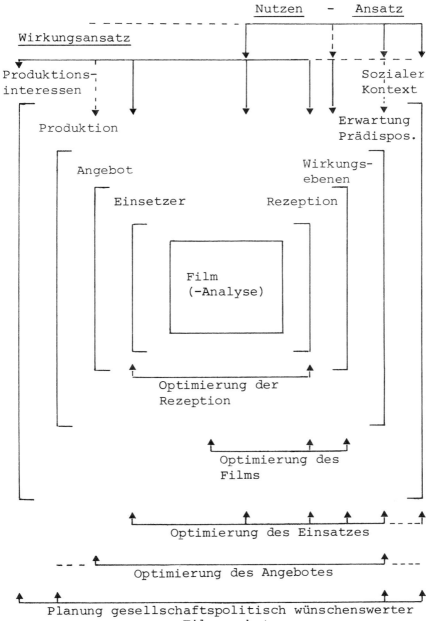

# 5. Wie mißt man Wirkung?

Noch vor allen methodischen Überlegungen muß man sich selbst darüber klar sein, was man mit dem Film erreichen will, bzw. welchen Nutzen die Adressaten von dem ausgewählten Film haben sollen. Zudem ist es wichtig zu entscheiden, ob die erhobenen Daten zur Wirkung in einem pädagogischen Nachbereitungsgespräch verwendet werden sollen, oder ob die Wirkungsergebnisse zu anderen Zwecken verwendet werden. Im ersten Fall käme es darauf an, „Wirkungsdefizite" im Gespräch auszugleichen, im anderen Fall darauf, das *Filmangebot* zu optimieren.

Vom Formalisierungsgrad her kann man die einzelnen Wirkungs-Meßmethoden einer Dimension zuordnen, die die Spannbreite zwischen „offenen" und „geschlossenen" Verfahren beschreibt. Im folgenden sind nun einige dieser Methoden zur Wirkungsmessung dargestellt, die zur „Standard-Ausrüstung" der Wirkungsmessung gehören und von Filmeinsetzern für die pädagogische Praxis verwendet werden können.

## 5.1 Offene Verfahren

*Gruppendiskussion*

Die Gruppendiskussion kommt einem pädagogischen Gespräch über den Film am nächsten. Sie ist relativ einfach zu organisieren, billig und führt sehr schnell zu einem Überblick über das, was den Filmeinsetzer hinsichtlich „Wirkung" des Films interessiert. Die Methode der Gruppendiskussion ist allerdings nur bis zu einer Gruppengröße von etwa 12, allerhöchstens 15 Personen geeignet. Wenn es auf Details in den Aussagen der Diskutierenden ankommt, muß möglichst lückenlos dokumentiert werden (Tonbandmitschnitt); andererseits aber gewinnt der Filmansetzer einen raschen Überblick über die wichtigsten Effekte des Films und wie er beurteilt wird. Zugleich können in pädagogischer Absicht bestimmte Filmaussagen verstärkt werden, indem man sie thematisiert und das Gespräch darauf hinlenkt. Hat man sich vorher einen *Frageleitfaden* gemacht, der die wichtigsten Probleme enthält, können nach der Diskussion die Hauptergebnisse dazu zusammengefaßt werden. So entstehen auch brauchbare Unterlagen für den nächsten Einsatz des Films bzw. für den Vergleich ver-

Filmwirkung 167

schiedener Adressatengruppen. (Dieser Frageleitfaden kann sich durchaus orientieren an dem „offenen Teil" des weiter unten dargestellten Fragebogens.) Neben der Gruppendiskussion spielen in der Filmwirkungsforschung — besonders, wenn es um die qualitative Seite von Wirkung geht — eine Rolle:

*Exploration*

*Ein* Individuum wird interviewt; es soll, nur sehr vorsichtig durch vorgegebene Fragen gesteuert, seinen Eindruck von dem Film wiedergeben.

*Fragebogen mit „offenen Fragen"*

Ein Beispiel hierfür ist der offene Teil des weiter unten dargestellten Fragebogens.

*Projektive Verfahren*

Etwa Assoziationstests, bei denen die Adressaten spontan angeben sollen, an wen oder was sie bestimmte Ereignisse im Film oder Personen des Films erinnern; Satzergänzungsverfahren, bei denen die Adressaten Satzanfänge zu einem ganzen Satz vervollständigen sollen, etwa „Die Hauptaussage des Films ist für mich . . ." oder „Der Hauptdarsteller des Films war . . ."

Alle offenen Verfahren haben den Vorteil, daß sie sehr differenzierte, qualitative Aussagen liefern, die für Aufarbeitung in Lehrgesprächen verwendet werden können. Zudem kann jede Aussage des Adressaten über Wirkung auf spezifische Inhalte des Films zurückgeführt werden. Offene Verfahren haben allerdings den Nachteil, daß bei einem Vergleich der Aussagen von Personen oder zur Gewinnung eines Gesamtüberblicks über die Aussagen größerer Gruppen von Adressaten umfangreiche und zeitraubende Auswertungsarbeiten betrieben werden müssen. Die Zeit hierfür wird der Filmeinsetzer in der Praxis selten haben bzw. sich nehmen wollen, obwohl er nach einigen Auswertungen sehr schnell zum Experten hierfür werden könnte.

## 5.2 Geschlossene Verfahren

*Fragen mit Antwortvorgaben*

Die wohl gängigste Methode zur Messung von Filmwirkung ist die Konstruktion von Fragen mit mehreren Antwortvorgaben. Die Fragen können nach den Wirkungsebenen: allgemeiner Eindruck, kognitiver Bereich, emotionaler Bereich, Handlungsanreiz und Sensibilisierung geordnet werden und je nach

Hauptinteresse des Untersuchers entwickelt werden. Zu diesen Fragen werden dann Antworten vorgegeben, die von den Adressaten nur noch angekreuzt werden müssen.
Beispiel: „Welche Probleme hat der Film angesprochen?"
Antwortvorgaben: Gastarbeiterprobleme, Familienprobleme, allgemeine zwischenmenschliche Probleme, Ärger mit Behörden, Kindererziehung.
Das Beispiel macht deutlich, daß man schon selbst sehr genau Bescheid wissen muß, welche Inhalte der Film hat, um die Antwortvorgaben systematisch entwickeln zu können. Um zu sehen, wie gründlich der Adressat die Frage beantwortet, können auch im Film nicht vorhandene Inhalte vorgegeben werden.

*Fragen mit Skalierung*

Der unten dargestellte Fragebogen ist nach diesem Verfahren aufgebaut. Er enthält zu den verschiedenen Wirkungsebenen bzw. -bereichen eine Reihe von „Statements", also Sätzen, zu denen der Adressat seine Zustimmung bzw. Ablehnung graduell abgestuft angeben kann. Die Probleme bei der Zusammenstellung der Statements sind: Sie müssen einen genau definierten Bezug zu den verschiedenen Bereichen haben, d.h., hinter ihnen muß eine „Wirkungsthese" stehen. Es muß der Nachweis erbracht werden, daß alle Statements des einen Bereiches auch wirklich zu diesem Bereich gehören, also auf einer Dimension liegen. (Erst dann können die Antworten summiert bzw. verrechnet werden.) Ist nicht nachgewiesen, daß die Statements auf einer Dimension liegen, ist ihre Verrechnung zu einem einheitlichen Gesamtindex spekulativ und nur für die „spielerische" Verwendung brauchbar.

*Polaritätenprofile*

Mit dem Polaritätenprofil ist es möglich, einen Film bzw. einzelne Personen des Films sehr schnell und differenziert und vor allen Dingen vergleichbar zu beschreiben. Will man z.B. die Hauptperson eines Films beurteilen lassen, sucht man Gegensatzpaare, die allgemein zur Beschreibung und Beurteilung von Personen verwendet werden. Diese Gegensatzpaare können zwar nach spezifischen Interessen des Filmeinsetzers ausgesucht werden, müssen aber für die Adressaten die gleiche Bedeutung besitzen, d.h. generell in gleicher Weise verständlich sein. Für die Bewertung eines Films können z.B. Gegensatzpaare wie spannend-langweilig, verständlich-unverständlich etc. verwendet werden, für die Beurteilung von Personen Gegensatzpaare wie hart-weich, aktiv-passiv, sympathisch-unsympathisch etc.
Der Befragte kann seinen Eindruck je nach erlebtem Ausprägungsgrad der gegensätzlichen Eigenschaften abstufen, indem er eine bestimmte Stelle im Polaritätenprofil ankreuzt.

Beispiel:     hart   −O−O−O−O−O−O−O−   weich

# Filmwirkung

Die Auswertung von Polaritätenprofilen erfordert einige Zeit, die bei einem praktischen Einsatz von Filmen am selben Tag (zur weiteren Verwendung im pädagogischen Gespräch mit den Adressaten) selten zur Verfügung steht. Dafür aber bringt das Polaritätenprofil sehr gut zu veranschaulichende Ergebnisse, die individuelle Vergleiche und Gruppenvergleiche auch optisch darstellbar machen.

Soweit nur einige (wenige) Verfahren, mit denen man Wirkung von Filmen messen kann. Die Wahl des Meßverfahrens hängt ab vom Erkenntnisinteresse des Einsetzers, von seinem gewählten Wirkungsmodell und von den Wirkungsebenen. Ist der Filmeinsetzer z.b. nur daran interssiert, ob der Film verstanden wurde, ob er seine „Botschaft" dem Adressaten vermitteln konnte, genügt oft eine schlichte Nacherzählung des Filminhalts, die dann vom Einsetzer ausgewertet wird. Soll die Wirkung eines Films auf so komplexe Gebilde wie z.B. politisches Bewußtsein gemessen werden, müssen andere Verfahren, auch mehrere Verfahren, die das gleiche zu messen beabsichtigen, eingesetzt werden. Dies ist immer so zeitaufwendig, daß sich der Filmeinsetzer für zeitökonomische und leicht auswertbare Instrumente entscheiden muß, auch wenn er dadurch in nur begrenztem Umfang Informationen über die Wirkung des Films erhält. Darüber hinaus muß er sich zur Erreichung seines pädagogischen Zieles auf sein eigenes pädagogisches und didaktisches Geschick verlassen. Aber dieser Weg kann durch den Einsatz von Wirkungs-Meßverfahren abgesteckt und geebnet werden, die so ermittelten Ergebnisse können ihrerseits in didaktischer Absicht in den pädagogischen Prozeß zurückgeführt werden.

Im folgenden ist die Entwicklung eines Fragebogens* dargestellt, der in der Praxis von Filmeinsetzern verwendbar ist. Er ist mit dem Ziel entstanden, ein leicht handhabares, leicht auswertbares und zeitökonomisches Meßinstrument zur Wirkungsmessung von Filmen zur Verfügung zu haben.

Er soll weniger einem wissenschaftlichen Anspruch genügen; vielmehr soll er Praktikern der Film-Pädagogik eine Hilfe sein.

---

* Als Einsatzmaterial auch in der Tasche vor dem hinteren Buchdeckel.

Dieser Fragebogen wird für den Film: ..............................
.............................. ausgefüllt.

## Anleitung

Sie finden in dem folgenden Fragebogen eine Reihe von Aussagen oder Fragen zu dem soeben gesehenen Film, zu denen Sie Stellung nehmen sollen. Es gibt keine richtige oder falsche Antwort; wichtig ist nur der Eindruck, den der Film auf Sie gemacht hat.
Die Angaben werden vertraulich behandelt und bleiben anonym.
Kreuzen Sie bitte für jede Aussage oder Frage die Antwort an, die für Sie zutrifft.

|  | trifft zu |  |  |  | trifft nicht zu |
|---|---|---|---|---|---|

Wenn Sie einer Aussage zustimmen wollen, ziehen Sie bitte einen Kreis um die Zahl in dem Kästchen unter der Antwort "trifft zu".
(Die Zahl selbst ist zunächst nicht von Bedeutung, sie wird erst für die Auswertung wichtig.)

| ④ | 3 | 2 | 1 | 0 |
|---|---|---|---|---|

Ihre Zustimmung zu einer Aussage können Sie abschwächen, indem Sie einen Kreis in einem der rechts danebenliegenden Kästchen machen; je weiter rechts Sie Ihren Kreis setzen, desto weniger stimmen Sie einer Aussage zu.

| 0 | ① | 2 | 3 | 4 |
|---|---|---|---|---|

| 4 | 3 | ② | 1 | 0 |
|---|---|---|---|---|

Wenn Sie eine Aussage ganz ablehnen wollen, ziehen Sie bitte einen Kreis um die Zahl in dem ganz rechten Kästchen unter der Antwort "trifft nicht zu".

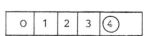

Beantworten Sie bitte alle Fragen! Bitte, achten Sie darauf, daß Sie bei jeder Frage oder Aussage nur eine Antwort ankreuzen. Wenn Sie Ihre Antwort nachträglich ändern wollen, kreuzen Sie bitte die erste Antwort aus und kreisen die neue Antwort ein.

# Filmwirkung

Block A

|     | | trifft zu | | | trifft nicht zu |
| --- | --- | --- | --- | --- | --- |
| 1. Der Film behandelt ein deutlich erkennbares Thema | | 4 | 3 | 2 | 1 | 0 |
| 2. Der Film bietet einen guten Einstieg in das Thema | | 4 | 3 | 2 | 1 | 0 |
| 3. Der Film bietet gute Unterhaltung | | 4 | 3 | 2 | 1 | 0 |
| 4. Der Film ist interessant gemacht | | 4 | 3 | 2 | 1 | 0 |
| 5. Der Film behandelt ein wichtiges Problem | | 4 | 3 | 2 | 1 | 0 |
| 6. Der Film hat viele Schwachstellen | | 0 | 1 | 2 | 3 | 4 |
| 7. Der Film macht Probleme deutlich | | 4 | 3 | 2 | 1 | 0 |
| 8. Der Film zeigt Lösungen auf | | 4 | 3 | 2 | 1 | 0 |
| 9. Der Film zeigt Mißstände auf | | 4 | 3 | 2 | 1 | 0 |
| 10. Ich habe den Film mit großer Aufmerksamkeit gesehen | | 4 | 3 | 2 | 1 | 0 |
| 11. Das Thema des Films hat mich interessiert | | 4 | 3 | 2 | 1 | 0 |
| 12. Technische Mängel am Film haben mich gestört | | 0 | 1 | 2 | 3 | 4 |
| 13. Die Handlung des Films hat nichts mit der Wirklichkeit zu tun | | 0 | 1 | 2 | 3 | 4 |
| 14. Es hat mir Spaß gemacht, den Film zu sehen | | 4 | 3 | 2 | 1 | 0 |
| 15. Ich wurde während der Vorführung des Films häufig abgelenkt | | 0 | 1 | 2 | 3 | 4 |
| 16. Der Film macht es mir möglich, das Thema wie ein Augenzeuge mitzuerleben | | 4 | 3 | 2 | 1 | 0 |
| 17. Die Darstellung des Films ist zu kritisch | | 0 | 1 | 2 | 3 | 4 |
| 18. Die Darstellung des Films ist zu belehrend | | 0 | 1 | 2 | 3 | 4 |
| 19. Die Darstellung des Films ist zu einseitig | | 0 | 1 | 2 | 3 | 4 |
| 20. Die Darstellung des Films ist zu oberflächlich | | 0 | 1 | 2 | 3 | 4 |
| 21. Die Darstellung des Films ist zu schwer verständlich | | 0 | 1 | 2 | 3 | 4 |

Summe

Block B

|  | trifft zu |  |  |  | trifft nicht zu |
|---|---|---|---|---|---|
| 22. Der Film erweitert mein Tatsachenwissen | 4 | 3 | 2 | 1 | 0 |
| 23. Der Film hilft mir, meine eigenen Interessen besser zu erkennen | 4 | 3 | 2 | 1 | 0 |
| 24. Der Film steigert meine Fähigkeit, andere besser zu verstehen | 4 | 3 | 2 | 1 | 0 |
| 25. Der Film regt mich zum Nachdenken an | 4 | 3 | 2 | 1 | 0 |
| 26. Der Film macht mir Probleme deutlich | 4 | 3 | 2 | 1 | 0 |
| 27. Der Film liefert mir neue Informationen | 4 | 3 | 2 | 1 | 0 |
| 28. Der Film zeigt mir, wie man Probleme angehen kann | 4 | 3 | 2 | 1 | 0 |
| 29. Der Film macht mir wenig durchschaubare Dinge klarer | 4 | 3 | 2 | 1 | 0 |
| 30. Ich werde mich künftig (verstärkt) mit den dargestellten Problemen befassen | 4 | 3 | 2 | 1 | 0 |
| 31. Ich habe durch den Film für mich nützliche Informationen erhalten | 4 | 3 | 2 | 1 | 0 |

Summe

# Filmwirkung

Block C

|  | trifft zu |  |  |  | trifft nicht zu |
|---|---|---|---|---|---|
| 32. Der Film hat meine Gefühle stark angesprochen | 4 | 3 | 2 | 1 | 0 |
| 33. Ich finde, daß die Personen im Film glaubwürdig handeln | 4 | 3 | 2 | 1 | 0 |
| 34. Ich sehe nun die Probleme meines eigenen Lebens klarer | 4 | 3 | 2 | 1 | 0 |
| 35. Eine Personenrolle war mir besonders sympathisch | 4 | 3 | 2 | 1 | 0 |
| 36. Ein Darsteller war mir besonders sympathisch | 4 | 3 | 2 | 1 | 0 |
| 37. Der Film macht mir wieder Hoffnung | 4 | 3 | 2 | 1 | 0 |
| 38. Ich bin froh, den Film gesehen zu haben | 4 | 3 | 2 | 1 | 0 |
| 39. Der Film hat mich innerlich betroffen gemacht | 4 | 3 | 2 | 1 | 0 |

Summe

Block D

|  | trifft zu |  |  |  | trifft nicht zu |
|---|---|---|---|---|---|
| 40. Ich habe den Wunsch, über diesen Film mit anderen zu diskutieren | 4 | 3 | 2 | 1 | 0 |
| 41. Der Film hat Veränderungen bei mir bewirkt | 4 | 3 | 2 | 1 | 0 |
| 42. Der Film bewirkte, daß ich künftig entschlossener handeln werde | 4 | 3 | 2 | 1 | 0 |
| 43. Der Film hat meine Einstellung zu dem Hauptproblem des Films verändert | 4 | 3 | 2 | 1 | 0 |
| 44. Der Film hat meine Einstellung zu dem Hauptproblem des Films bestätigt | 0 | 1 | 2 | 3 | 4 |
| 45. Die durch den Film bei mir bewirkten Veränderungen halten voraussichtlich längere Zeit an | 4 | 3 | 2 | 1 | 0 |
| 46. Auf Grund des Films werde ich mich weiter mit dem dargestellten Thema beschäftigen | 4 | 3 | 2 | 1 | 0 |
| 47. Ich werde mich in vergleichbaren Situationen ähnlich verhalten wie eine Person im Film | 4 | 3 | 2 | 1 | 0 |

Summe

Filmwirkung

1. Was hat Ihnen an dem Film gut bzw. besonders gut gefallen?
   ................................................................
   ................................................................

2. Was hat Ihnen an dem Film weniger gut bzw. nicht gefallen?
   ................................................................
   ................................................................

3. Was ist Ihrer Meinung nach die Zielsetzung des Films?
   ................................................................
   ................................................................

4. An welchen Stellen wurde besonders deutlich, welche Zielsetzung der Film verfolgte?
   ................................................................
   ................................................................

5. Welche Person(en) oder Gruppe in diesem Film hat/haben Ihrer Meinung nach die Zielsetzung des Films am stärksten zum Ausdruck gebracht?
   ................................................................

6. Welche Person(en) oder Gruppe in diesem Film hat/haben auf Sie einen besonders starken Eindruck gemacht?
   ................................................................

7. Welche Person(en) oder Gruppe in diesem Film war(en) Ihnen am sympathischsten?
   ................................................................

## Auswertung

Und nun machen Sie die Probe aufs Exempel. Um zu erkennen, wie wirkungsvoll der Film bei Ihnen war, können Sie den Fragebogen selbst auswerten.

Dazu addieren Sie die Punktwerte der von Ihnen eingekreisten Kästchen, und zwar jeweils getrennt für die vier schwarz umrandeten Blocks. Tragen Sie die errechneten Summen in die dafür vorgesehenen Kästchen unter jedem Block ein.

Fassen Sie diese vier Zahlen nun zusammen in dem folgenden Kästchen-Schema, wobei Sie die errechnete Summe von Block 1 auf die ersten beiden Kästchen übertragen, die Summe von Block 2 auf die nächsten beiden Kästchen usw.

| Summe | Summe | Summe | Summe |
| Block A | Block B | Block C | Block D |
| | | | | | | | |

Diese vier Zahlen sind <u>Ihre persönliche Wirkungs-Kennzahl</u>. Diese Wirkungs-Kennzahl können Sie vergleichen mit der erreichbaren Ideal-Kennzahl, oder mit der Durchschnitts-Kennzahl der Gruppe, mit der zusammen Sie den Film gesehen haben.

Vergleichskennzahl
..........

Vergleichskennzahl
..........

Filmwirkung    177

## Blatt für Berufstätige

Zum Schluß bitten wir Sie noch um einige kurze Angaben zu Ihrer Person, die selbstverständlich anonym bleiben. Bitte keinen Namen eintragen!

bitte kreuzen Sie an

| Geschlecht: | männlich | ☐ |
| | weiblich | ☐ |

Alter: (bitte jede Ziffer in ein Kästchen eintragen)  ☐☐ Jahre

| Familienstand: | ledig | ☐ |
| | verheiratet | ☐ |
| | verwitwet | ☐ |
| | geschieden | ☐ |
| | Lebensgemeinschaft | ☐ |

| Schulabschluß: | Volksschule/Hauptschule | ☐ |
| | abgeschlossene Berufsausbildung bzw. Lehre | ☐ |
| | Realschule/Fachschule | ☐ |
| | Gymnasium/Abitur | ☐ |
| | Hochschule/Universität | |
| | ohne Abschluß | ☐ |
| | mit Abschluß | ☐ |

| Beruf: | voll berufstätig | ☐ |
| | zum Teil berufstätig | ☐ |
| | vorübergehend arbeitslos | ☐ |
| | Ruhestand | ☐ |

erlernter Beruf: ........................................
zuletzt ausgeübter Beruf: ..............................

| Wo leben Sie? | Großstadtzentrum | ☐ |
| | Großstadtrand | ☐ |
| | Mittlere-/Kleinstadt | ☐ |
| | Land | ☐ |

### Blatt für Schüler

Zum Schluß bitten wir Sie noch um einige kurze Angaben zu Ihrer Person, die selbstverständlich anonym bleiben.

Bitte <u>keinen Namen</u> eintragen!

bitte kreuzen Sie an

| Geschlecht: | männlich | ☐ |
| --- | --- | --- |
|  | weiblich | ☐ |

| Alter: (bitte jede Ziffer in ein Kästchen eintragen) | ☐☐ | Jahre |
| --- | --- | --- |

| Schule: | Volksschule/Hauptschule | ☐ |
| --- | --- | --- |
|  | Berufsschule | ☐ |
|  | Fachschule | ☐ |
|  | Realschule | ☐ |
|  | Gymnasium | ☐ |

Beruf der Eltern: ............................................
................................................

| Wo lebt Ihre Familie? | Großstadtzentrum | ☐ |
| --- | --- | --- |
|  | Großstadtrand | ☐ |
|  | Mittlere-/Kleinstadt | ☐ |
|  | Land | ☐ |

# 6. Unser Ansatz

Uns kam es darauf an, für jeden gebräuchlichen Film ein „Wirkungsprofil" zu erstellen. Das Verfahren muß deshalb bei unterschiedlichen Filmen vergleichbare Ergebnisse liefern. Bei dem vorliegenden Instrument handelt es sich um ein geschlossenes Verfahren, und zwar um einen Fragebogen mit Statements, die zu befürworten oder abzulehnen sind mit der Möglichkeit, Zustimmung oder Ablehnung abzustufen.
Es lag nicht in unserem Interesse, Filmwirkung „objektiv" zu messen. Wir haben uns deshalb für einen Fragebogen entschieden, der *subjektive Wirkungsvermutungen* erfaßt.
Außerdem sollte das Instrument möglichst vielseitig einsetzbar sein, also nicht nur für *einen* bestimmten Film. Wir haben ein unspezifisches Instrument gewählt, allerdings mit spezifischen Ergänzungen in Form von offenen Fragen.
Die Wirkung soll zunächst nur kurzfristig, also direkt nach dem Sehen des Filmes, gemessen werden. Es ist allerdings denkbar, daß dasselbe Instrument wiederholt bei der gleichen Gruppe eingesetzt wird, um Veränderungen im Laufe der Zeit zu erfassen.
Vom theoretischen Ansatz her haben wir einen kombinierten Ansatz gewählt. Wir gehen sowohl vom Nutzenansatz aus, der die Bedürfnisse und Interessen der Adressaten in den Vordergrund stellt und didaktisch verwertbare Ansatzpunkte liefert, als auch von klassischen Wirkunsebenen und -kriterien, weil diese ein übersichtliches Raster für die Analyse von Veränderungen anbieten, die der Film bei Rezipienten bewirkt hat.
Demnach ist unser Fragebogen in 4 Blöcke gegliedert, die Fragen bzw. Statements zu folgenden Bereichen enthalten:

1. Gesamtbeurteilung des Films
2. Kognitive Ebene
3. Emotionale Ebene/Einstellungen
4. Verhaltensebene
5. Beispiele für „offene" Fragen (spezifische Fragen zum Film)

## 6.1 Gesamtbeurteilung des Filmes (Block A)

Block A des Fragebogens enthält Statements, an deren Bewertung festgestellt werden kann, wie der Rezipient den Film insgesamt beurteilt. Folgende Kriterien werden hier überprüft:

— Aufmerksamkeit
— Interesse
— Gestaltung des Films/Kritikpunkte
— Aktualität
— Authentizität
— Verständlichkeit
— Unterhaltung/Interesse am Thema

„Aufmerksamkeit" wird durch folgende Statements überprüft:
— „Ich habe den Film mit großer Aufmerksamkeit gesehen"
— „Ich wurde während der Vorführung des Films häufig abgelenkt"

Das 2. Statement enthält eine situative Komponente: Es soll festgestellt werden, ob die Rezeptionssituation ein aufmerksames Sehen des Filmes überhaupt zugelassen hat.

„Interesse" wird im Fragebogen von folgenden Statements repräsentiert:
— „Der Film ist interessant gemacht"
— „Der Film hat mich interessiert"

Die erste Frage hebt mehr auf den technischen Aspekt ab, die zweite mehr auf die individuelle Wirkung.

Die Kriterien „Aufmerksamkeit" und „Interesse" sind von großer Wichtigkeit für das restliche Wirkungsmessungsverfahren. Wenn der Film beim Rezipienten nicht auf Interesse stößt oder nicht aufmerksam gesehen wurde, darf der Einsetzer nicht mehr viel hinsichtlich Filmwirkung erwarten.

Die Kriterien „Gestaltung des Films/Kritikpunkte" sind eigentlich eher analyserelevante Punkte, die aber hier geprüft werden müssen, weil sie Wirkungspotentiale enthalten. Folgende Statements repräsentieren diese Kriterien:

— „Die Darstellung des Films ist zu kritisch"
— „Die Darstellung des Films ist zu belehrend"
— „Die Darstellung des Films ist zu einseitig"
— „Die Darstellung des Films ist zu oberflächlich"
— „Technische Mängel am Film haben mich gestört"

„Aktualität" fragt nach der zeitgemäßen Auswahl und Präsentation von Inhalten: Empfindet der Rezipient die Inhalte als aktuell und zeitnah oder eher als „alten Hut".
Die zugehörigen Statements sind:

— „Der Film behandelt ein wichtiges Problem"

# Filmwirkung

- „Der Film zeigt Lösungen auf"
- „Der Film macht Probleme deutlich"
- „Der Film zeigt Mißstände auf"

Das Kriterium „Authentizität" prüft die Wirklichkeitsnähe des Films bzw. vergleicht die Wirklichkeitsauffassung des Rezipienten mit der Darstellung des Films.
Folgende Statements gehören zu diesem Kriterium:

- „Die Darstellung des Films entspricht der Wirklichkeit"
- „Die Handlung des Films ist frei erfunden und hat nichts mit der Wirklichkeit zu tun"
- „Der Film macht es mir möglich, das Thema wie ein Augenzeuge mitzuerleben"

Das Kriterium „Verständlichkeit" prüft, ob der Film vom Rezipienten verstanden wurde, wobei nicht technische Mängel gemeint sind, sondern das inhaltliche Begreifen.
Einziges Statement zu diesem Kriterium ist:
- „Die Darstellung des Films ist zu schwer verständlich"

„Unterhaltung" und „Interesse am Thema" sollen Vergnügen beim Sehen und spezielles inhaltliches Interesse feststellen. Hierzu wurden folgende Statements ausgewählt:

- „Der Film bietet gute Unterhaltung"
- „Es hat mir Spaß gemacht, den Film zu sehen"
- „Der Film behandelt ein deutlich erkennbares Thema"
- „Der Film bietet einen guten Einstieg in das Thema"

## 6.2 Kognitive Ebene (Block B)

Block B des Fragebogens prüft, ob der Film Wirkungen auf der kognitiven Ebene erzeugt, also Veränderungen des Wissens- und Kenntnisstandes bewirkt hat.
Folgende Variablen sind hier eingeschlossen:

- Hilfe beim Durchschauen komplizierter Sachverhalte
- Hilfe beim Erkennen eigener Interessen/Probleme und Verständnis anderer
- Nutzen für eigene Informationsbedürfnisse

Zur ersten Variablen „Hilfe beim Durchschauen komplizierter Sachverhalte" wurden folgende Statements entwickelt:

- „Der Film zeigt mir, wie man Probleme angehen kann"
- „Der Film macht mir wenig durchschaubare Dinge klarer"
- „Ich werde mich künftig (verstärkt) mit den dargestellten Problemen befassen"

Die zweite Variable „Hilfe beim Erkennen eigener Interessen/Probleme und Verständnis anderer" erscheint im Fragebogen durch folgende Statements:
- „Der Film hilft mir, meine eigenen Interessen besser zu erkennen"
- „Der Film steigert meine Fähigkeit, andere besser zu verstehen"
- „Der Film regt mich zum Nachdenken an"
- „Der Film macht mir Probleme deutlich"

Die dritte und letzte Variable aus dieser Gruppe fragt nach dem Nutzen für das eigene Informationsbedürfnis:
- „Der Film erweitert mein Tatsachenwissen"
- „Der Film liefert mir neue Informationen"
- „Ich habe durch den Film für mich nützliche Informationen erhalten"

### 6.3 Emotionale Ebene (Block C)

Da auf der emotionalen Ebene u.a. nach Darstellern und Personenrollen gefragt wird, ist dieser Block nicht für alle Filmtypen sinnvoll einsetzbar. Es empfiehlt sich, Block C nur bei Spielfilmen, nicht aber bei Arbeitsstreifen und Sachfilmen (Dokumentarfilme etc.) einzusetzen.

Die Variablen dieses Blocks sind:
- „Emotionale Betroffenheit/Tiefe"
- „Nutzen für Selbstwertgefühl"

Die erste Variable „Emotionale Betroffenheit/Tiefe" wird durch 3 Statements erfaßt:
- „Ich finde, daß die Personen im Film glaubwürdig handeln"
- „Ich bin froh, den Film gesehen zu haben"
- „Der Film hat mich innerlich stark betroffen gemacht"

Die Variable „Nutzen für Selbstwertgefühl" wird von den Statements abgedeckt:
- „Eine Personenrolle war mir besonders sympathisch"
- „Ein Darsteller war mir besonders sympathisch"
- „Der Film macht mir wieder Hoffnung"
- „Ich sehe nun die Probleme meines eigenen Lebens klarer"

### 6.4 Verhaltensebene/Handlungsanreiz (Block D)

Block D des Fragebogen prüft, inwiefern ein Film auf der Verhaltensebene wirkt und Handlungsanreize enthält. Diese Feststellung kann nicht „objektiv" erfaßt werden, sondern nur als *subjektive Wirkungsvermutung*.

Folgende Variablen sind hier verwendet:
- „Verwertung der Filminhalte in Gesprächen mit anderen"
- „Bekräftigung positiver Verhaltensabsichten"
- „Veränderungen/Tangierung von Einstellungen/Vorurteilen"

Filmwirkung

Die Variable „Verwertung der Filminhalte in Gesprächen mit anderen" wird durch das Statement:

– „Ich habe den Wunsch, über diesen Film mit anderen zu diskutieren"
überprüft.

Die Variable „Bekräftigung positiver Verhaltensabsichten" wird so umgesetzt:
– „Der Film bewirkte, daß ich künftig entschlossener handeln werde"
– „Aufgrund des Films werde ich mich weiter mit dem dargestellten Thema beschäftigen"
– „Ich werde mich wahrscheinlich in ähnlichen Situationen genauso verhalten, wie es im Film gezeigt wurde"

Die letzte Variable „Veränderungen/Tangierung von Einstellungen/Vorurteilen" wird durch 4 Statements dargestellt:

– „Der Film hat Veränderungen bei mir bewirkt"
– „Die durch den Film bei mir bewirkten Veränderungen halten voraussichtlich längere Zeit an"
– „Der Film hat meine Einstellung zu dem Hauptproblem des Films verändert"
– „Der Film hat meine Einstellung zu dem Hauptproblem des Films bestätigt"

## 6.5 Beispiele für offene Fragen

Als Ergänzung zum unspezifischen Fragebogen sind nach der Statistik auch einige Beispiele für offene Fragen, also Fragen ohne vorgegebenen Antwortmodus, die spezifisch auf die Inhalte des Films eingehen, angegeben. Diese sind fakultativ einzusetzen und können durch eigene Fragen ergänzt oder ersetzt werden.

Beispiele für „offene Fragen":
1. Was hat Ihnen an dem Film gut bzw. besonders gut gefallen?
2. Was hat Ihnen an dem Film weniger gut bzw. nicht gefallen?
3. Was ist Ihrer Meinung nach die Zielsetzung des Films?
4. An welchen Stellen wurde besonders deutlich, welche Zielsetzung der Film verfolgte?
5. Welche Person(en) oder Gruppe in diesem Film hat/haben Ihrer Meinung nach die Zielsetzung des Films am stärksten zum Ausdruck gebracht?
6. Welche Person(en) oder Gruppe in diesem Film hat/haben auf Sie einen besonders starken Eindruck gemacht?
7. Welche Person(en) oder Gruppe in diesem Film war(en) Ihnen am sympathischsten?

An diesen Beispielen wird deutlich, daß hier die Nahtstellen zum Filmanalyseteil liegen.

## 6.6 Was der Fragebogen nicht enthält

Der Fragebogen enthält einige in der theoretischen Übersicht erwähnte wirkungsrelevante Bedingungen nicht:
Nämlich
— Prädispositionen und
— Erwartungshaltungen
Diese Bereiche sind nur filmspezifisch bzw. themenspezifisch zu bearbeiten und zu untersuchen.

# 7. Einsatz des Fragebogens

Nachdem unser Modellfragebogen mit allen wichtigen Einschränkungen vorgestellt ist, sollen noch einige Worte zum praktischen Einsatz gesagt werden.

## 7.1 Äußere Bedingungen

Die äußeren Bedingungen müssen einer Testsituation gerecht werden: Hinter diesem Satz stecken ganz simple Wahrheiten, die aber – gerade weil sie so simpel sind – oft genug nicht beachtet werden, z.B.:
- Ist nach der Filmvorführung genügend Licht vorhanden?
- Hat jede der Testpersonen einen Sitzplatz, eine feste Schreibunterlage, möglichst einen Tisch vor sich?
- Hat jede Testperon einen Kugelschreiber oder Bleistift?.

## 7.2 Erklärung

Da Testpersonen, die erstmalig an einer Befragungsaktion teilnehmen, teilweise verunsichert sind, muß alles vermieden werden, was sie in ihrer Unsicherheit bestärkt, etwa dadurch, daß die Befragung für sie den Charakter einer Prüfungssituation annimmt. Aus diesem Grunde sollte der Testleiter vor dem Austeilen der Fragebögen kurz den Sinn der Befragung erläutern und ganz klar machen, daß es nicht auf „richtige" und „falsche" Antworten ankommt, sondern auf persönliche, individuelle Eindrücke.

## 7.3 Zwischenfragen

Der Testleiter sollte Zwischenfragen, soweit sie technische Probleme aufgreifen, sofort beantworten. Jeder Hinweis auf den konkreten Fragebogeninhalt sowie eine ausführliche Diskussion über das Für und Wider einer solchen Befragung muß jedoch unterbleiben. Dagegen sollte der Hinweis gesetzt werden, daß die Frage nach der generellen Funktion einer solchen Befragung wie auch nach dem konkreten Inhalt des vorgelegten Fragebogens am Schluß diskutiert wird.

## 7.4 Fragebogen

Nach der kurzen Einführung wird der Fragebogen ausgeteilt. Es hat sich als zweckmäßig erwiesen, daß der Testleiter die Testanweisungen laut vorliest. Im Anschluß werden die Testpersonen gebeten, den Fragebogen einschließlich der Statistik gem. den Instruktionen auszufüllen.

## 7.5 Selbstauswertung

Entsprechend der Einleitung im Anschluß an den Fragebogen die Testpersonen die Selbstauswertung durchführen lassen, falls dies für pädagogisch sinnvoll gehalten wird.

## 7.6 Markieren und Einsammeln der Fragebögen

Die Testpersonen markieren ihren Fragebogen so, daß sie ihn wiedererkennen können (keine Namen; empfehlenswert sechsstellige Kennziffern oder Buchstaben, Geburtsdatum). Fragebögen einsammeln.

# 8. Verwertung der Ergebnisse

## 8.1 Für den Unterricht

Die Selbstauswertung der Fragebögen durch die Testpersonen ergibt eine Wirkungskennzahl, die als solche aber noch nicht aussagekräftig ist. Der Einsetzer sollte deshalb erst für sich definieren, welches Ergebnis für ihn „wünschenswert" ist. Sodann hat er die Möglichkeit, persönliche Kennzahlen der Testpersonen zu vergleichen mit

a) den Durchschnittswerten der Blockergebnisse über alle Testpersonen
b) den Durchschnittswerten für jedes Statement über alle Testpersonen
c) der definierten Idealkennzahl (der Einsetzer füllt am besten während der Vorbereitungsphase den Fragebogen so aus, wie es an seinem Interesse gemessen *ideal* wäre).

Aus diesen Vergleichen können sich schon konkrete Hinweise für den Einsetzer ergeben, wo er z.B. im Unterricht noch vertiefen muß, wenn der Film didaktisch eingesetzt wurde. Sehr konkrete (aber nicht standardisierte Hinweise) ergeben sich aus den Antworten zu den offenen Fragen, da diese ja von vornherein an den Lehrzielen orientiert sind. Allerdings ist hier die Auswertung schwieriger und – je nach Fallzahl – umfangreicher. Es bietet sich an, die Antworten nach Gleichheit/Ähnlichkeit zusammenzufassen und so zu quantifizieren.

## 8.2 Genereller Einsatz

Über diese einsetzerorientierte Auswertung hinaus kann es ein generelles Interesse an den Ergebnissen geben. Es ist beabsichtigt, über einen längeren Zeitraum hinweg Wirkungsprofile für möglichst viele Filme zu erstellen, um den Einsetzern konkrete Hinweise geben zu können, welchen Film er zu welchem Zweck für welche Gruppe verwenden kann. Für die Erstellung solcher Wirkungsprofile ist es notwendig, daß Ergebnisse möglichst vieler Fälle vorliegen. Deshalb bitten wir alle Einsetzer, die Wirkungsmessung mit dem standardisierten Fragebogen vorgenommen haben, die ausgefüllten Fragebögen einschließlich Statistik einzusenden an die folgende Anschrift:
Bundeszentrale für politische Bildung, Berliner Freiheit 7, 5300 Bonn, versehen mit dem Wort: „Film-Wirkungsprofile".

Die Auswertung wird selbstverständlich anonym und vertraulich gehandhabt. Die auf die jeweiligen Filme bezogenen Auswertungsergebnisse werden den Einsetzern übermittelt.

# Anhang

# Gerd Albrecht
# Wichtige Elemente der Filmsprache

## I. Einstellungen

Entsprechend den Fixierungen unserer Augen auf Einzelheiten oder Überblicke, auf Vorder- oder Hintergrund können auch durch das technische Gerät „Kamera" unterschiedliche Einstellungen vorgenommen werden.
Einstellungen sind insofern die kleinsten gestalterischen Einheiten eines Films; sie betonen das jeweils Wichtige. Man unterscheidet Einstellungen nach

*1. Länge,* die in Sekunden oder in Metern angegeben wird.
Eine auf die Leinwand kontinuierlich projizierte Aufnahme ist von ihrem Anfang bis zu ihrem Ende eine Einstellung.

*2. Größe,* die nach den wichtigen Geschehensmomenten und Handlungsträgern angegeben wird. Man unterscheidet hauptsächlich:

| | |
|---|---|
| Totale: | Überblick über den gesamten Handlungsraum einschließlich Hintergrund und Umfeld. |
| Halbnah: | (Ähnlich: Halbtotale bzw. amerikanische Einstellung): Die handelnden Gestalten bestimmen das Bild, sind aber nicht mehr mit dem ganzen Körper sichtbar. |
| Nah: | Die handlungswichtigen Teile der Gestalten, beim Menschen also normalerweise der Oberkörper, werden bildbestimmend. |
| Groß (bis Detail bzw. Ganz Groß): | Ein handlungswichtiger Teil, beim Menschen etwa Kopf, Hand oder Augen, wird bildfüllend. |

*3. Perspektive,* die nach der jeweiligen Position der Kamera im Raum angegeben wird. Die Kamera beobachtet das Geschehen hauptsächlich aus

| | |
|---|---|
| Normalsicht: | Etwa in Augenhöhe des Geschehens |
| Vogelperspektive: | Mehr oder weniger von oben |
| Froschperspektive: | Mehr oder weniger von unten |

*4. Licht,* das nach der jeweiligen Position der Lichtquellen im Raum angegeben wird. Das Licht erhellt die Szene – meist verschieden kombiniert – als

| | |
|---|---|
| Frontallicht: | Von vorn |
| Gegenlicht: | Von hinten |
| Seitenlicht: | Von den Seiten |
| Oberlicht: | Von oben |
| Unterlicht: | Von unten. |

5. *Kamerabewegung,* die nach ihren technischen Formen angegeben wird, auch wenn sie oft schwer zu ermitteln sind. Die Kamera beteiligt sich vor allem durch

| | |
|---|---|
| Fahrt: | Meist seitliche, aber auch vorwärts- oder rückwärtsführende, prinzipiell horizontale und/oder vertikale Bewegung der ganzen Kamera im Raum |
| Schwenk: | Meist horizontales und/oder vertikales Schwenken der auf ihrem Platz stehenden Kamera |
| Zoom: | „Heranholen" oder „Abstandnehmen" bezüglich der Kameraobjekte mit Hilfe eines variierbaren Objektivs bei stehender Kamera |
| Stand: | Aufnahme ohne die vorgenannten Änderungen. |

Kamerabewegungen können objektbezogen, d.h. durch den Gegenstand der Aufnahme motiviert, können aber auch selbständig, d.h. unabhängig vom Gegenstand motiviert sein.
Größe der Einstellungen und Perspektive der Kamera verändern sich oft durch Kamerabewegungen.

6. *Farbwertigkeit,* die nach der technischen Beschaffenheit des Filmmaterials angegeben werden kann, meist aber nur unterschieden wird nach

| | |
|---|---|
| Schwarz-Weiß: | Nur die Farben schwarz und weiß tauchen in verschiedenen Sättigungsgraden auf |
| Farbe: | Die Grundfarben grün, rot, blau tauchen in verschiedener Mischung und Sättigung auf. |
| Einfärbung: | Die Aufnahmen erscheinen in einer einzigen Farbe. |

7. *Objektiv* (Brennweite), die technisch zwar genau angegeben werden kann, meist aber nur unterschieden wird nach

| | |
|---|---|
| Weitwinkel: | betont die Raumtiefe, entfernt die Dinge voneinander, verzerrt die Perspektive |
| Tele-Objektiv: | Geringe Raumtiefe, drängt die Dinge zusammen, verzerrt die Perspektive |
| Normal: | „Natürliche" Raumtiefe und „natürlicher" Abstand der Dinge, keine auffälligen Perspektivverzerrungen |
| Schärfentiefe (auch: Tiefenschärfe): | Die Schärfe kann die Aufnahme in Vorder-. Mittel- und Hintergrund in gleicher Weise bestimmen, kann aber auch nur für den Vorder- und/oder Hintergrund bzw. Mittelgrund gegeben sein. |

## II. Ton

Entsprechend der Fähigkeit unserer Ohren, die Umwelt durch Gehörtes wahrzunehmen und zu gliedern, kann auch durch den Ton in jedem Film die Umwelt gestaltet werden. Dabei spielen eine wesentliche Rolle:

*8. Die Herkunft des Tons,* die nach der Erscheinungsweise angegeben wird:
Off: Die Tonquelle (Sprecher, Musik, Geräusche) erscheint nicht im Bild; der Ton ist also außerhalb des Bildes hinzugesetzt.
On: Die Tonquellen erscheinen im Bild; der Ton ist also selbst bei inszenierten Darbietungen „real".

*9. Die Sprache,* die nach vielfältigen sprachlichen Gesichtspunkten angegeben wird, zum Beispiel
Sprachinhalt: Was wird inhaltlich gesagt?
Sprachanspruch: Ausgeformtheit der Sätze, Sprachniveau, fachspezifische Sprache
Sprachbeteiligte: Monolog (Kommentar), Dialog (Gespräch, Kontroverse usw.)

*10. Die Musik,* die nach musikalischen Gesichtspunkten angegeben wird, zum Beispiel
Instrumentierung: Welche Instrumente werden benutzt?
Musikalische Formen: „Programm-Musik", Aufgreifen älterer Formen und Motive
Plazierung: An welchen Stellen taucht Musik auf?
Art: Welche Musik taucht auf?
Atmosphäre: Welche Stimmung erzeugt die Musik?

*11. Die Geräusche,* die nach recht wenigen Gesichtspunkten angegeben werden, zum Beispiel
Plazierung: Wo tauchen die Geräusche auf?
Art: Welche Geräusche werden benutzt?
Atmosphäre: Welche Stimmung erzeugen sie?

*12. Die Stille,* die als stimmungsbildendes Element nur selten angegeben wird, obwohl mindestens die vorgenannten Gesichtspunkte (vgl. Ziffer 11) wichtig sind.

# III. Montage

Entsprechend unseren Fähigkeiten, Bildern durch Kombination mit anderen Bildern (wie Wörtern durch Kombination in einem Satz) einen über das Einzelbild hinausgehenden Sinn zu geben, können auch im Film Einstellungen so montiert (kombiniert) werden, daß das Ganze mehr ist als die Summe seiner Teile (vgl. ein aus Worten bestehendes Gedicht, eine aus Tönen sich aufbauende Melodie, ein aus Fotos zusammengestelltes Album). Bei der Montage spielen eine wesentliche Rolle:

*13. Montage als Verfahren:* Stilbildendes Zusammenstellen der verschiedenen Einstellungen und Tonteile zu Sequenzen (vgl. Szenen im Theater und Abschnitte in der Literatur), Komplexen (vgl. Akte im Theater und Kapitel in der Literatur) und ganzen Filmen. Dabei sind für alle Einzelteile die Inhaltsbeziehungen, die Raumbeziehungen und die Zeitbeziehungen zu beachten, die im vorliegenden Falle wesentlich sind.

*14. Blenden als Montageform,* die nach ihrer Erscheinungsweise bzw. ihrer technischen Realisierung angegeben werden. Hauptsächlich unterscheidet man

| | |
|---|---|
| Aufblendung: | Das Bild erscheint langsam |
| Abblende: | Das Bild wird langsam unsichtbar |
| Überblendung: | Während das eine Bild langsam verschwindet, erscheint ein neues |
| Fett-, Rauch-, Gaze-Blende: | Der Effekt der zuerst genannten drei Blendenformen wird durch Benutzung der genannten Materialien erreicht |
| Schiebe-, Explosions-Blenden: | Der Effekt der zuerst genannten drei Blendenformen wird durch entsprechende technische Verfahren erreicht. |

*15. Schnitt als Montageform,* wobei die Erscheinungsweise angegeben wird, während die technische Realisierung immer durch die Aufeinanderfolge von Einstellungen erfolgt. Es wird hauptsächlich unterschieden

| | |
|---|---|
| Harter Schnitt: | Zwei oder mehrere Einstellungen sind nach Bildaufbau, Bewegung(srichtung), Farbe und ähnliches stark verschieden |
| Weicher Schnitt: | Zwei oder mehrere Einstellungen sind nach den gleichen Kriterien wenig verschieden, so daß die Übergänge fließender werden |

Filmsprache

| | |
|---|---|
| Schneller Schnitt | (schnelle Einstellungsfolge, schnelle Montage): Die Einstellungen sind in ihrer Gesamtheit oder doch überwiegenden Mehrheit vergleichsweise kurz |
| Langsamer (oft: ruhiger) Schnitt: | Die Einstellungen sind durchgehend oder doch überwiegend vergleichsweise lang |

*16. Montage als Ergebnis:* Stilbedingte Verdeutlichungsformen
  des Geschehens, die die für wesentlich erklärtenGeschehensabläufe und/oder Parallelhandlungen hervorheben
  der Bedeutung, die die für wesentlich erklärten größeren Zusammenhänge und/oder Assoziationen, Symbole usw. hervorheben.
Dabei erscheinen die vier genannten Montagestile in jeder Ausprägung und jeder Kombination.

# Gerd Albrecht
# Anleitung zur Inhaltsanalyse von Filmen und Fernsehsendungen (Kurzfassung)

## Grundfrage 1:

Was weiß man über
Die *Entstehung* und die *Bedeutung* des Films,
die *Absichten* und *Überzeugungen* der Filmhersteller?
Komplexe Fragestellung (B. I. 1)
Die Aussage/Tendenz/Zielsetzung ist zu erarbeiten auf Grund der darauf einwirkenden *gesellschaftlich-ökonomischen Faktoren.*

## Lernziele:

Was ist eindeutig *belegbar?*
Was ist entgegen berechtigten Erwartungen *nicht zu belegen?*
*Was ergibt sich* aus diesen Feststellungen über die Aussage/Tendenz/Zielsetzung des Films/der Sendung?

## Beobachtungsaufgaben/Feststellungen:

Durch welche *Materialien der Überlieferung*, vor allem
- Texte
- Bilder
- Filme
- Sendungen

sind welche *Besonderheiten* über
- Produktion und daran Beteiligte
- Förderungs- und Vertriebsinstitutionen
- beabsichtiges und tatsächliches Publikum
- Absichten, Wirkungen, Beurteilungen
- gesellschaftliche, ökonomische, kulturelle Zusammenhänge

*belegbar / nicht zu belegen?*

## Grundfrage 2:

An welche anderen Darstellungen *erinnert* der Film/die Sendung?
Komplexe Fragestellung (B. I. 2):
Die Aussage/Tendenz/Zielsetzung ist zu erarbeiten auf Grund der soziokulturellen Beziehungen zu *vergleichbaren Darstellungen.*

## Lernziele:

Was ist deutlich als *Parallele oder Alternative* aufeinander bezogen?
Was ist entgegen berechtigten Erwartungen *ohne derartige Beziehung?*
*Was ergibt sich* aus diesen Fragestellungen über die Aussage/Tendenz/Zielsetzung des Films, der Sendung?

## Beobachtungsaufgaben/Feststellungen:

Durch welche *Zusammenhänge*, vor allem
- der Absicht, Darstellung, Wirkung
- bei Gestaltung und -elementen
- bei Gesellschafts- und Wirklichkeitsbezug

sind *welche gestalteten Materialien*
- der gleichen oder anderer Perioden
- der gleichen oder anderer Gestalter
- der gleichen oder anderer Medien

*„angesprochen"* / nicht *„angesprochen"*?

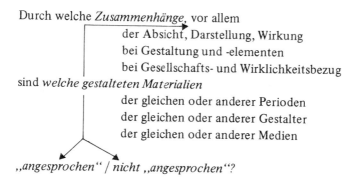

Inhaltsanalyse (Kurzfassung)    199

## Grundfrage 3:

In *welcher Zeit* und *welchem Raum* spielt der Film/die Sendung?
Komplexe Fragestellung (B. II. 4):
Die Aussage/Tendenz/Zielsetzung ist zu erarbeiten auf Grund jener
Akzentsetzungen, die gegenüber den *Realitäten von Zeit und Raum*
vorgenommen wurden.

## Lernziele:

Was wird deutlich *hervorgehoben* (akzentuiert)?
Was wird entgegen berechtigten Erwartungen *übergangen* (vernachlässigt)?
*Was ergibt sich* aus diesen Feststellungen über die Aussage/Tendenz/
Zielsetzung des Films/der Sendung?

## Beobachtungsaufgaben/Feststellungen:

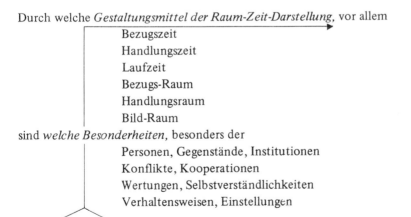

Durch welche *Gestaltungsmittel der Raum-Zeit-Darstellung,* vor allem
- Bezugszeit
- Handlungszeit
- Laufzeit
- Bezugs-Raum
- Handlungsraum
- Bild-Raum

sind *welche Besonderheiten,* besonders der
- Personen, Gegenstände, Institutionen
- Konflikte, Kooperationen
- Wertungen, Selbstverständlichkeiten
- Verhaltensweisen, Einstellungen

*hervorgehoben / übergangen?*

## Grundfrage 4:

Was wird durch die *Auswahl der Gestalten* besonders deutlich?
Komplexe Fragestellung (B. II. 3):
Die Aussage/Tendenz/Zielsetzung ist zu erarbeiten auf Grund jener Akzentsetzung, die gegenüber den *Realitäten des menschlichen Zusammenlebens* vorgenommen wird.

## Lernziele:

Was wird deutlich *hervorgehoben* (akzentuiert)?
Was wird entgegen berechtigten Erwartungen *übergangen* (vernachlässigt)?
*Was ergibt sich* aus diesen Fragestellungen über die Aussage/Tendenz/Zielsetzung des Films/der Sendung?

## Beobachtungsaufgaben/Feststellungen:

Durch welche *Gestaltungsmittel der Gesellschaftsdarstellung,* vor allem
- Haupt-, Neben-, Randfiguren
- Schauspielertypen, Rollen, Funktionen
- Handlungsabläufe, Filmgattungen
- Identifikations-, Projektionsangebote

sind *welche Besonderheiten,* besonders der
- Personen, Gegenstände, Institutionen
- Konflikte, Kooperationen
- Wertungen, Selbstverstaändlichkeiten
- Verhaltensweisen, Einstellungen

*hervorgehoben / übergangen?*

Inhaltsanalyse (Kurzfassung)   201

# Grundfrage 5:

Was wird durch den *Aufbau der Handlung* besonders deutlich?
Komplexe Fragestellung (B. III. 5):
Die Aussage/Zielsetzung des Films/der Sendung ist auf Grund der Akzentsetzungen durch die *dramaturgische Gliederung der Handlung* zu erarbeiten.

# Lernziele:

Was wird deutlich *hervorgehoben* (akzentuiert)?
Was wird entgegen berechtigten Erwartungen *übergangen* (vernachlässigt)?
*Was ergibt sich* aus diesen Feststellungen über die Aussage/Tendenz/Zielsetzung des Films/der Sendung?

# Beobachtungsaufgaben/Feststellungen:

Durch welche *Gestaltungsmittel der Gliederung*, vor allem
- Länge der einzelnen Teile
- Auf-, Ab-, Überblendungen
- Zeit- und Ortszusammenhänge
- inhaltliche Beziehungen
- Überschriften, Inserts

sind *welche Besonderheiten*, besonders der
- Personen, Gegenstände, Institutionen
- Konflikte, Kooperationen
- Wertungen, Selbstverständlichkeiten
- Verhaltensweisen, Einstellungen

*hervorgehoben / übergangen?*

## Grundfrage 6:

Was wird *durch das Bild* hervorgehoben?
Komplexe Fragestellung (B. III. 6):
Die Aussage/Tendenz/Zielsetzung ist zu erarbeiten (unter Berücksichtigung der Tongestaltung) auf Grund der *Bild-„Partitur"* (Kamera, Bild, Montage).

## Lernziele:

Was wird deutlich *hervorgehoben* (akzentuiert)?
Was wird entgegen berechtigten Erwartungen *übergangen* (vernachlässigt)?
*Was ergibt sich* aus diesen Fragestellungen über die Aussage/Tendenz/Zielsetzung des Films/der Sendung?

## Beobachtungsaufgaben/Feststellungen:

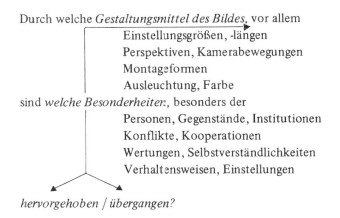

Durch welche *Gestaltungsmittel des Bildes*, vor allem
- Einstellungsgrößen, -längen
- Perspektiven, Kamerabewegungen
- Montageformen
- Ausleuchtung, Farbe

sind *welche Besonderheiten*, besonders der
- Personen, Gegenstände, Institutionen
- Konflikte, Kooperationen
- Wertungen, Selbstverständlichkeiten
- Verhaltensweisen, Einstellungen

*hervorgehoben / übergangen?*

Inhaltsanalyse (Kurzfassung)

# Grundfrage 7:

Was wird *durch den Ton* hevorgehoben?
Komplexe Fragestellung (B. III. 7):
Die Aussage/Tendenz/Zielsetzung ist zu erarbeiten (unter Berücksichtigung der Bildgestaltung) auf Grund der *Ton-„Partitur"* (Sprache, Geräusch, Musik).

## Lernziele:

Was wird deutlich *hervorgehoben* (akzentuiert)?
Was wird entgegen berechtigten Erwartungen *übergangen* (vernachlässigt)?
*Was ergibt sich* aus diesen Feststellungen über die Aussage/Tendenz/Zielsetzung des Films/der Sendung?

## Beobachtungsaufgaben/Feststellungen:

Durch welche *Gestaltungsmittel des Tons*, vor allem
- inhaltliche Aussagen
- Formen der Sprache
- Verwendung charakteristischer Geräusche
- Verwendung charakteristischer Musik
- Besonderheiten und Klischees des Sprechens

sind *welche Besonderheiten,* besonders der
- Personen, Gegenstände, Institutionen
- Konflikte, Kooperationen
- Wertungen, Selbstverständlichkeiten
- Verhaltensweisen, Einstellungen

*hervorgehoben / übergangen?*

# Rainer Salm

# Glossar wichtiger medien-pädagogischer Begriffe

Das nachfolgende Glossar gibt Erläuterungen zu einer Reihe wichtiger Begriffe, die bei der Beschäftigung mit den Medien häufig auftauchen; jedoch ist hierbei keineswegs Vollständigkeit angestrebt. Ebenso muß bemerkt werden, daß es nicht Aufgabe ist, die Begriffe, die z.T. für sehr komplexe Zusammenhänge stehen, in ihrer gesamten Bedeutungsbreite zu erläutern. Ziel ist es vielmehr, dem interessierten Laien das Lesen und Erarbeiten von medienwissenschaftlichen Texten, vor allem die des hier vorliegenden Handbuches, zu erleichtern.

**Adressat**; wird durch das Medium gezielt angesprochen, d.h. es ist der Zuschauer, Zuhörer, Leser usw., wenn er aus der Sichtweise eines Mediums betrachtet wird.
Außerhalb der Fachsprache werden einige Begriffe mit ähnlichem Bedeutungsgehalt verwendet: Publikum (als eine Gesamtheit von Adressaten), Rezipienten, Kommunikanten u.ä.m.
**Affektiver Bereich**: ist der gefühlsmäßige Bereich des menschlichen Lebens und Erlebens und wird zu einem Teil durch äußerlich sichtbare Formen der Erregung deutlich.
Im Bereich der Medienforschung erscheint der Begriff zumeist im Zusammenhang mit Fragen der Medien*wirkung;* entsprechend den theoretischen Vorstellungen, erscheint der affektive Bereich als eines der möglichen Felder auf denen sich Wirkungen widerspiegeln bzw. – je nach Sichtweise der wissenschaftlichen Bemühungen – Wirkungen erzeugen lassen.
**Aggressivität**; Verhaltenstendenz, anderen Menschen feindselig bzw. gewalttätig gegenüberzustehen.
Im Zusammenhang mit den Medien Film und Fernsehen, z.T. aber auch mit der gedruckten Presse („Groschen-Romane", Landser-Hefte etc.) wird das Problem der Gewaltdarstellungen und ihrer möglichen Wirkungen auf das Publikum diskutiert.
**Analyse**; systematische, d.h. gezielt ordnende Untersuchung eines Gegenstandes oder Vorganges zum Zweck der genaueren Erkenntnis über seine Bedingungen und inhaltlichen Zusammenhänge. Im Bereich der Medienforschung gilt es quantitative Verfahren von qualitativen zu unterscheiden. Die Quantitativen umfassen beispielsweise im Bereich der Wirkungsfeststellung die zahlenmäßige Erfassung des Publikums (Reichweiten/Einschaltquoten); demgegenüber ver-

# Glossar

suchen qualitative Verfahren den Kommunikationsverlauf zu analysieren (z.B. den Aufmerksamkeitsverlauf bei Zuschauern oder Zuhörern, die Verständlichkeit der Medieninhalte; ebenso findet der situationale Kontext Berücksichtigung). Der Begriff erscheint überwiegend im Zusammenhang mit ganz konkreten inhaltlichen Gesichtspunkten: z.B. *Aussageanalyse, Filmanalyse,* Inhaltsanalyse usw.

**Audio-visuell**; Erlebensvorgang, der durch akkustische und gleichzeitig optisch optisch übermittelte Zeichen gekennzeichnet ist, d.h. es handelt sich um Wahrnehmungsvorgänge, an denen die Sinnesorgane Auge und Ohr gleichzeitig bzw. einander ergänzend beteiligt sind. Zu den bekanntesten Medien, bei denen die Wahrnehmung audio-visuell erfolgt, gehören der Film und das Fernsehen.

**Auditive Zeichen**; hörbare Zeichen, die durch ein Medium übermittelt werden; sie bestehen entweder eigenständig oder treten in Verbindung mit *visuellen Zeichen* (d.h. durch das Auge erfassbare Signale) auf. Einzelne Töne, Geräusche, Sprache, Musik u.v.m. gehören zum sog. auditiven Zeichenvorrat.

**Aussagenanalyse**, Untersuchung inhaltlicher Aspekte, des Stils und der Gestaltung der Informationen, die durch Massenmedien übermittelt werden; ein wesentliches Merkmal dieser Methode ist, daß die Aussagen durch quantitative Verfahren (d.h. zahlenmäßiges Erfassen gleicher und unterschiedlicher Aussagenaspekte) systematisch erfaßt werden. Die Aussagenanalyse ermöglicht z.B. eine Bewertung einzelner Teilaussagen im Hinblick auf ihren Stellenwert in der gesamten Aussage. Daneben werden Verfahren der qualitativen Aussagenanalyse eingesetzt, um z.B. in Erfahrung zu bringen, wieso ein „Filmemacher" eine bestimmte Aussage in der gewählten Darstellungsform „in Szene gesetzt" hat oder z.B. welche spezifische gesellschaftliche Situation den Hintergrund für bestimmte Aussagen darstellt.

**Bezugspersonen**; Personen, an denen sich das Individuum für sein Verhalten und hinsichtlich seiner *Einstellungen* orientiert; Bezugspersonen bilden mithin auch den Orientierungsrahmen, was die Nutzung und die Einstellungen gegenüber den Medien und ihren Inhalten betrifft.
Zumeist handelt es sich jedoch nicht um einzelne Bezugspersonen, sondern vielmehr um Gruppen, die ein derartiges Beziehungsgeflecht darstellen. Derartige Bezugsgruppen verkörpern oftmals ein ganz konkretes „kulturelles Milieu", in dem sich das Individuum bewegt; so wird beispielsweise ein Student allgemeinhin ganz andere Bezugs- und Orientierungsgruppen haben, auf deren Urteil und Einstellungen er Wert legt, als ein Arbeitnehmer.

**Binnenkommunikation**; *Kommunikation* zwischen den Mitgliedern einer Gruppe, die sich einer bestimmten Aufgabe widmen. Im Medienbereich ist mit Binnenkommunikation konkret die Gruppendiskussion gemeint, die bei der Analyse eines Films, Fernsehstücks o.ä. geführt wird.

**Code**; Verschlüsselung von Aussagen, um sie durch *Medien* an das Publikum übermitteln zu können. Beim Empfänger werden diese Aussagen wieder ent-

sprechend entschlüsselt (d.h. decodiert), so daß sie sinnvoll und verständlich werden.
Für das Verständnis von verschlüsselten Aussagen ist es von großer Bedeutung, daß Codierung und Decodierung im gleichen Sinne, also mit dem gleichen „Bedeutungsschlüssel" erfolgen. Eine Vielzahl von Konventionen (d.h. mehr oder weniger bewußter Vereinbarungen zwischen den Medien „Sendern" und den Medien-„Empfängern") sollen gewährleisten, daß der Empfänger auch das versteht, was der Absender von Botschaften ausdrücken will.
Hat der Sender die Aussagen nicht entsprechend verschlüsselt (z.B. so, daß mehrdeutige Interpretationen möglich sind) oder kann der Empfänger sie nicht inhaltsangemessen entschlüsseln, so kommt es zwangsläufig im Kommunikationsprozeß zu Mißverständnissen oder Unverständlichkeiten.
**Daten;** beschreibbare Merkmale von Personen, Gruppen, Ereignissen und Vorgängen, die sich zahlenmäßig erfassen lassen. Durch die gesammelte Erfassung von Daten, lassen sich z.B. vergleichende Betrachtungen bei diesen Personen, Ereignissen usw. anstellen.
**Design;** D. ist die Anlage einer Untersuchung (Untersuchungsdesign) und beschreibt bzw. legt das methodische Vorgehen fest, das für eine Untersuchung verwendet werden soll.
**Dokumentarfilm;** Film, der mit bestimmten filmischen Gestaltungsmitteln eine Tatsachendarstellung gibt. Dies kann jedoch nicht ohne weiteres mit „Objektivität" gleichgesetzt werden, da auch Dokumentarfilme durch ihre individuelle Bearbeitung durch den „Filmemacher". und seine spezielle Sichtweise der zu behandelnden Problemkreise subjektiv beeinflußt sind.
So können beispielsweise durch die Auswahl bestimmter Szenen, die verwendet werden, durch die Schnittfolge, durch Kameraeinstellung und ähnliches mehr, gleiche „objektive" Sachverhalte unterschiedlich dargestellt und vermittelt werden.
Durchweg sind Dokumentarfilme jedoch dadurch gekennzeichnet, daß sie sich auf „Originalpersonen" und die tatsächlichen Orte des Geschehens beziehen.
**Effizienzüberprüfung;** Untersuchung von *Wirkungen,* die sich durch die Übermittlung von Botschaften und Aussagen durch Medien auf die Zuschauer, Zuhörer, Leser usw. ergeben.
Im Gegensatz zu allgemeineren Untersuchungen von Wirkungen gehen Effizienzüberprüfungen von ganz bestimmten „Soll-Vorstellungen" aus, d.h. es wird bereits im voraus festgelegt, welche Ziele z.B. ein Film erreichen soll, welche Wirkungen beim Zuschauer erreicht werden sollen.
Eine Effizienzüberprüfung gibt mithin Auskunft darüber, ob und in welchem Umfang ganz bestimmte Zwecke, die mit der Medienübermittlung beabsichtigt sind, erreicht werden können. Beispiel: Ein Film soll die Notwendigkeit demokratischer Spielregeln und Entscheidungsverfahren in verschiedenen gesellschaftlichen Situationen wiedergeben und somit das „demokratische Bewußtsein" einer bestimmten *Zielgruppe* von Zuschauern fördern. Effizienzüber-

prüfungen würden in diesem Bereich eingesetzt, um ausfindig zu machen, ob das im Film gestellte „*Lernziel*" bei den Zuschauern Wirkung gezeigt hat; werden sich die Zuschauer z.B. bei Entscheidungen in der Familie, in der Schule oder am Arbeitsplatz der demokratischen Verfahrensweisen bedienen, wie sie im Film dargelegt wurden?
Allerdings besteht bei derartigen Effizienzüberprüfungen, die sozusagen von vornherein einen bestimmten Zielkatalog festgelegt haben, die Gefahr, daß unerwünschte Wirkungen, die nicht vorausgesehen werden, nicht miterfaßt werden. Man kann jedoch dieser Gefahr vorbeugen, indem genügend umfassende Voruntersuchungen zur Festlegung der sog. „Soll-Vorstellungen" betrieben werden.
**Einstellung;** Bezeichnung für die durch Umwelteinfluß *(Sozialisation)*, bzw. durch Erfahrung erlernten Verhaltenstendenzen.
Einstellungen beeinflussen das Verhalten eines Menschen, seine Art und Weise die Umwelt wahrzunehmen und gegenüber seinen Mitmenschen zu agieren.
Den Medien wird zugeschrieben, daß sie diese Einstellungen in vielfältiger Weise berühren, z.T. prägen und unter besonderen Voraussetzungen und Umständen auch verändern können. Allerdings muß in diesem Zusammenhang darauf verwiesen werden, daß Einstellungen tendentiell eher langfristigen und situationsüberdauernden Charakter haben.
Für die Wirkungsforschung stellt dieser Bereich einen zentralen Aspekt ihrer Bemühungen dar, da davon ausgegangen werden muß, daß verhaltensrelevante Wirkungen z. gr. T. ihren Weg über einstellungsmäßige Veränderungen nehmen.
**Emanzipatorische Medienerziehung;** E. M. hat die Überwindung einer ausschließlich rezeptiven, d.h. passiv konsumierenden Haltung des Publikums gegenüber den Medien und ihren Inhalten zum Ziel.
Auf der Grundlage einer kritischen Analyse der Medien, ihrer gesellschaftlichen Funktionen, einer eventuellen „Herrschaftsanalyse" der Gruppen, die sich der Medien bedienen sowie einer kritischen Untersuchung des Verhältnisses von Medien und ihren Benutzern, sollen die Medien „entschleiert" werden und in ihrer gesellschaftlichen Stellung und Verflechtung durchschaubar gemacht werden.
**Emotional;** allgemeinumfassender Begriff für alle Dinge und Sachverhalte, die im gefühlsmäßigen, nichtrationalen Bereich des Menschen angesiedelt sind. Vielfach wird der Begriff gleichbedeutend mit „*affektiv*" verwendet.
**Empirie/empirisch;** Vorgehensweise, bei der Aussagen, Bewertungen und Schlußfolgerungen getroffen werden, die aufgrund erfaßbarer Erscheinungen getroffen werden können. Im sozialwissenschaftlichen Bereich – und mithin auch im Bereich der Medienforschung – wird zu einem großen Teil mit sog. empirischen Methoden gearbeitet, d.h. mit Verfahren, die in der Realität erfaßbare Vorgänge registrieren und aufzeichnen, die zählen und messen. Dabei gehört es zu den wesentlichen Schritten dieser Methode, mit Hilfe geeigneter Meßverfahren *Daten,* z.B. durch Beobachtung, Befragung, Experimente

usw., zu sammeln.

**Enrichment** (engl.- Anreicherung); bestimmte Einsatzart und Verwendungsweise von Medien. So wird z.B. im Schulunterricht oder in der Erwachsenenbildung das Medium Film oder Fernsehen zweckmäßigerweise nicht als alleintragendes Element verwendet, sondern dient als sog. Zusatzangebot, um den Gesamtprozeß des Unterrichts zu unterstützen.
Die Anreicherung des Unterrichts durch verschiedene Medien dient nicht zuletzt der effizienteren, d.h. schnelleren und wirksameren Erreichung von *Lernzielen.*

**Evaluierung** (od.: Evaluation); Bewertung von Verfahren (z.B. curricula, Unterrichtsmaterial, psychologische Meßinstrumente) hinsichtlich ihrer praktischen Verwendbarkeit.

**Experiment**; Versuchsanordnung, die es ermöglichen soll, Ursachen oder Wirkungen bestimmter Ereignisse oder Vorgänge herauszufinden.
Man unterscheidet grundsätzlich zwischen dem sog. „Feldexperiment" (dieses findet in einer „natürlichen" Umgebung statt) und dem „Laborexperiment" (hier wird in einer eigens geschaffenen, künstlichen Situation getestet).
Um eine Ursachenanalyse betreiben zu können, müssen in einem Experiment die vielfältigen Einflußfaktoren bis auf den einen, der untersucht werden soll, möglichst konstant gehalten werden.
Will man beispielsweise Filmwirkung in Abhängigkeit der Situationen, in der er betrachtet wird, messen, so muß man u.a. die Zusammensetzung der Untersuchungsstichproben möglichst gleichgestaltig vornehmen (also z.B. nicht einmal nur Studenten und ein anderes Mal nur Hausfrauen), man sollte eventuell die Tageszeit des Filmeinsatzes gleichhalten usw., lediglich der Untersuchungsgegenstand (hier: die Situation) wird entpsrechend variiert; denkbar wäre also z.B. der Einsatz eines Filmes einmal in einer typischen Kino-Situation und zum anderen anläßlich einer Fortbildungstagung.
Das Experiment beschränkt sich mithin nicht nur auf die Feststellung von Abhängigkeiten zwischen zwei oder mehreren Gegebenheiten, sondern soll darüber hinaus die Möglichkeit der Feststellung von Ursache und Wirkung bieten. Dieser Anspruch ist im sozialen Feld nicht zu leisten.

**Exploration**; ist ein nach psychologischen Regeln geführtes Gespräch mit einzelnen Individuen, bei dem mit möglichst wenigen Vorgaben durch den Untersucher Probleme ganz aus der Sicht des Gesprächspartners besprochen werden. Die Exploration wird eingesetzt zum einen in der psychologischen Beratung, zum anderen, um ein Untersuchungsproblem „offen" anzugehen und Ausgangsmaterial für die Formulierung von Hypothesen zu erhalten.

**Falsifikation**; Zurückweisung einer *Hypothese,* d.h. Annahme, die für eine bestimmte Aufgabe oder Fragestellung vorweg formuliert war, weil sie sich während oder aufgrund einer Untersuchung als falsch erwiesen hat. Für die *(Falsifikation),* um sie sodann zurückzuweisen.

**Image**; Vorstellungsbild, daß ein Medium besitzt, von sich selbst erzeugt oder

durch „Außenstehende" zugeschrieben bekommt.
Je nach Art des Images werden mit diesem Vorstellungsbild bestimmte Eigenschaften und Kombinationen von Eigenschaften verbunden. Z.B. Eigenschaften wie „modern", „glaubwürdig", „dynamisch", „realistisch" und vieles mehr, können Teilaspekte eines Images bilden.
Das Image eines Mediums — ähnlich dem Image eines beliebigen anderen Konsumproduktes — stellt einen bedeutsamen Faktor für seine Wirksamkeit beim Publikum dar.

**Inhaltsanalyse**: siehe Aussagenanalyse.

**Indikator**; Merkmal bzw. meß- oder beobachtbarer Tatbestand, der entweder für sich alleinstehend oder in Kombination mit weiteren Indikatoren auf einen Tatbestand schließen läßt, der sich ansonsten in direkter Weise nicht erfassen läßt.
So wird z.B. die soziale Schichtzugehörigkeit vielfach durch entsprechende Indikatoren wie „Einkommen", „ausgeübter Beruf", „formaler Schulbildungsabschluß", „Wohnqualität" u.a.m. erhoben. Aus der Kombination und Verrechnung der Einzelindikatoren lassen sich dann Aussagen hinsichtlich der Schichtzugehörigkeit treffen.

**Item** (engl.: Aufgabe); in der Fachsprache eine Aufgabe, Fragestellung oder Stellungnahme *(statement)* in einem Fragebogen.

**Katharsis-These**; Der Katharsis-These zufolge (Katharsis, griech. = Reinigung) lösen beispielsweise Gewaltdarstellungen seelische Prozesse aus, die zum psychischen „Abreagieren" des Betrachters führen.
Durch diese Vorgänge sozusagen „innerlich gereinigt", wird das Ausleben eigener gewalttätiger Verhaltenstendenzen überflüssig. Hinsichtlich der Bedeutsamkeit bei der Erklärung der Wirkung von Gewaltdarstellungen ist diese These jedoch bei Medienwissenschaftlern stark umstritten.

**Kognitiv**; Vorgänge, die das Wahrnehmen und Erkennen betreffen. Im Gegensatz zu *affektiven* Vorgängen, die das Gefühlsmäßige betreffen, sind kognitive Prozesse durch das Denken des Individuums gekennzeichnet.
Die kognitive Komponente spielt bei der Untersuchung von Medienwirkungen eine bedeutende Rolle; unter kognitiven Wirkungen versteht man in diesem Zusammenhang zumeist wissensmäßige Effekte, die sich in bestimmten Gedächtnisleistungen widerspiegeln.

**Kommunikation**; Vermittlung von Aussagen, Botschaften, Informationen usw. und zwar von einem „Sender" zu einem „Empfänger", wobei sich diese beiden Eigenschaften auch in ein und dergleichen Person oder Institution vereinigen können.
Kommunikationsvorgänge können „einseitig" verlaufen, d.h. ausschließlich in der Richtung „Sender" zum „Empfänger". Massenmediale Kommunikation wird häufig als eine derartig einseitige Kommunikation beschrieben. Auf der anderen Seite kann der Empfänger aber auch seinerseits wieder zum Sender werden und somit eine *Rückkopplung* (feed-back) hervorrufen; eine derartige Kommunikation muß dann als „zweiseitige" oder „wechselseitige" Kommunikation begriffen werden.

Der Medieninhalt bzw. das Medienprodukt, wobei die stilistische Gestaltung und die Form der Präsentation mitinbegriffen sind, wird als Kommunikat bezeichnet. Bewältigung bestimmter Forschungsvorhaben müssen vorab Annahmen über den Untersuchungsgegenstand getroffen werden, die es sodann in der Untersuchung zu überprüfen gilt. Stellt sich dabei heraus, daß die getroffenen Annahmen nicht haltbar sind (auch wenn dies nur Teilbereiche der Annahme betrifft), so sind diese falsifiziert.

**Feed-back** siehe: Rückkopplung

**Feldforschung;** Zweig der *empirischen* Sozialforschung; sie verzichtet auf künstlich geschaffene Situationen und versucht den Untersuchungsgegenstand in seiner „natürlichen" Umgebung und unter seinen „natürlichen" Bedingungen zu erfassen.
Bei einer Felduntersuchung werden z.B. Personen im Anschluß an eine Fernsehsendung durch Interviewer in ihrer eigenen Wohnung zu der untersuchten Sendung befragt. In der Laborsituation dagegen müßten die zu Befragenden in ein Institut eingeladen werden, würden den Film dort, in der für sie fremden Umgebung sehen und dann befragt bzw. getestet werden.

**Filmgenre;** Art bzw. Gattung zu der ein Film gehört. Z.B. Heimatfilm, Western, Kriminalfilme bezeichnen derartige Filmgattungen, die sich aufgrund ihrer jeweils spezifischen inhaltlichen Gesichtspunkte voneinander unterscheiden.

**Filmanalyse;** systematische Form der Untersuchung von Filmen, ihren stilistischen Formen und inhaltlichen Aspekten. Dabei werden vielfältige Methoden der Filmanalyse — je nach Erkenntniszielen — verwendet; fast immer stellt eine Inhalts- oder *Aussagenanalyse* die Grundlage für weitergehende Betrachtungen dar, die dann zumeist in Gruppendiskussionen erfolgen.

**Filmsemiotik;** Zeichen und Symbole, die in einem Film verwendet werden; diese Zeichen und Symbole dienen quasi als eine Art Filmsprache, die allgemeinverständlichen Charakter besitzt und somit durch den Betrachter logisch sinnvoll decodiert (entschlüsselt) werden kann.

**Filmwirkung** siehe: Wirkung

**Fragebogen;** Instrument zur Sammlung von *Daten* die einen Untersuchungsgegenstand betreffen bzw. kennzeichnen.
Der Fragebogen kann entweder für eine mündliche Befragung durch einen Interviewer oder für eine schriftliche Befragung konzipiert sein, er kann entweder unstrukturiert sein und dabei z.B. Zwischenfragen individueller Art durch den Interviewer zulassen oder auch standardisiert sein, d.h. Formulierung und Reihenfolge der Einzelfragen sind völlig festgelegt.
Fragebögen können entweder mit sog. „offenen" Fragen oder mit „geschlossenen" Fragen bestückt sein. Bei geschlossenen Fragen sind die unterschiedlichen Antwortmöglichkeiten bereits vorgegeben und müssen nur noch angekreuzt werden.

**Gültigkeit** siehe: Validität

**Habitualisierung;** Prozeß, in dessen Verlauf Verhaltensweisen und Einstellungen des Individuums zur Gewohnheit werden. Die H.-These nimmt an, daß sich Individuen so an bestimmte Medieninhalte (z.B. Gewalt) gewöhnen, daß keine Wirkung mehr davon ausgeht.

# Glossar

**Hypothese**; Im Rahmen von Untersuchungen – so auch in der Medienforschung – werden im voraus bestimmte Annahmen getroffen, um somit das Untersuchungsfeld auf die für die Forschungsfragen lohnenswert erscheinenden Felder und Bereiche einzuschränken. Wesentliches Charakteristikum solcher Hypothesen ist es, daß sie im Verlauf des Untersuchungsprozesses mit systematischen Methoden überprüft werden, wobei es gilt, sie entweder zu bestätigen *(Verifikation)* oder zu widerlegen
Der Begriff Kommunikator steht für die Person oder Institution, die mediale Inhalte (also: sog. Botschaften, Aussagen usw.) produziert und mit Hilfe der Medien an ein größeres Publikum übermittelt.
Kommunikant ist schließlich die Person, auf die eine durch Medien übermittelte Botschaft trifft; sie ist der Kommunikationspartner, der die massenmedialen Aussagen aufnimmt. In ähnlicher Bedeutung werden die Begriffe „Empfänger", Medienkonsument" sowie vor allem *„Rezipient"* verwendet. Kommunikanten in ihrer Gesamtheit werden dagegen auch mit den Begriffen *„Adressaten"* und „Publikum" belegt.
**Konativ**; verhaltensmäßige Aspekte eines Individuums. Im Medienbereich erscheint der Begriff vor allem im Zusammenhang mit dem Begriff *„Wirkung"*. Konative Wirkung meint mithin die Wirkungen von medialen Botschaften, die sich auf das Verhalten der Zuschauer, Zuhörer, Leser etc. auswirken; diese Effekte sind denkbar im Sinne von Verhaltensverstärkung ebenso aber auch im Sinne von Verhaltensänderung.
Gemeinsam mit den *affektiven* und *kognitiven* Wirkungen stellen die konativen die möglichen Wirkungsfelder kommunikativer Prozesse dar.
**Lernziel**; Ziel, das durch einen vermittelten Inhalt erreicht werden soll. Im Medienbereich beziehen sich diese Inhalte auf mediale Botschaften und Aussagen, die vom Publikum aufgenommen und verarbeitet werden sollen.
**Matrix**; Abgehoben vom mathematischen Bedeutungsgehalt bezeichnet M. ein System von Einzelkomponenten, das in schematischer Darstellung einen Überblick über wichtige technische Vorkehrungen und inhaltliche Gesichtspunkte gibt, die bei Medieneinsatz zu beachten sind. Die M. zum Medieneinsatz versteht sich als Erinnerungshilfe für den Medieneinsetzer ohne dabei Vollständigkeit zu beanspruchen.
**Mediator**; Person oder Institution, die vermittelnd zwischen dem Medium und seinen Inhalten sowie dem Publikum auf der anderen Seite wirkt. Beispielsweise werden Personen, die in Schule oder Erwachsenenbildung Filme oder andere Medien einsetzen, als derartige Mediatoren verstanden.
**Mediennutzung**; Verwendungshäufigkeit, Verwendungssituation und Verwendungsort von Medien durch ein bestimmtes Publikum. Eher herkömmliche Kriterien für die Mediennutzung sind die sog. „Reichweiten-Angaben" bzw. die „Einschaltquoten"; sie geben zahlenmäßig wieder, wer welche Medien in welchem Ausmaß nutzt. Diese Angaben sagen jedoch nichts über die Art der Nutzung, d.h. ob beispielsweise während einer Sendung gearbeitet oder gegessen wurde, ob das Fernsehen oder das Radio sozusagen nur die untergeordnete Rolle im Hintergrund anderer Beschäftigungen gespielt hat. Seit geraumer Zeit versucht man daher auch Informationen über die Qualität der Mediennutzung zu erhalten, um so beispielsweise Angaben über unterschiedliche Wirkungen

von Medien zu erzielen, je nachdem in welchem Situationszusammenhang diese Medien verwendet werden.

**Medienverbund**; Zusammenschluß gleicher aber auch unterschiedlicher Medien (z.b. gedruckte und elektronische Medien) zu einer effektiveren Bewältigung gestellter Aufgaben.
Dabei stößt man auf sog. Medienverbund-Systeme überwiegend im Bildungsbereich (Schule, Erwachsenenbildung). Im Verbund ergänzen und unterstützen sich beispielsweise Lehrbuch und Schulfernsehen mit dem Ziel einer „besseren" Übermittlung von Lehrinhalten.

**Medium**; umfassender Begriff für die verschiedenartigen Mittler von Aussagen, (Botschaften, Inhalten). Je nach „Gestalt" des Mediums lassen sich personale (z.b. Sprache, Gestik, Mimik), apersonale (z.b. Schrift, Zeichen, Bilder) und technische Medien (z.b. Funk, Fernsehen) unterscheiden.

**Multikausale Erklärungsansätze**; M.E. in der Wirkungsforschung bezeichnen den Sachverhalt, daß bestimmte Wirkungen auf vielfältige und verschiedenartige Faktoren zurückgeführt werden; diese stehen im Gegensatz zu sog. monokausalen Erklärungsansätzen, bei denen in zumeist unzulässiger Form der Zusammenhang von Mediendarbietung und Wirkungen darart simplifiziert werden, daß man lediglich *einen* Faktor als ausschlaggebend für bestimmte Wirkungen ansieht.

**Multiplikator**; Person bzw. Institution (z.B. Schule, Verband etc.), die eine durch Medien übermittelte Botschaft an ein breiteres Publikum weitergibt. Oftmals werden diese Multiplikatoren von den Medien ganz gezielt angesprochen, da man sich von der Weitergabe von Informationen durch sie eine größere Wirkung verspricht, als würde man das „breite Publikum" unmittelbar erreichen.

**Nutzen-Ansatz**; ein „publikums-orientierter" Ansatz in der Wirkungsforschung, der die Bedürfnisse und Interessen der Mediennutzer in den Vordergrund stellt und hinsichtlich des Kommunikationsprozesses die aktive Komponente „Publikum" heraushebt.

**Opinion-Leader**; Bezeichnung für Meinungsführer. Diese Meinungsführer werden vielfach speziell durch die Botschaften der Medien angesprochen, da von ihnen eine weitere und zudem wirksamere Verbreitung medialer Botschaften erwartet wird.
Man könnte sie somit auch als *Multiplikatoren* verstehen; durch den opinionleader werden jedoch Botschaften nicht nur weiterverbreitet, sondern erfahren gleichzeitig eine besondere subjektive Färbung; bei dem Begriff „Multiplikatoren" steht dagegen dieser Gesichtspunkt nicht so deutlich im Mittelpunkt.

**Persuasion**; Beeinflussung in einer intensiven Form mit dem Ziel, das Publikum von den dargelegten Inhalten zu überzeugen. Beispiele: Werbespots im Fernsehen oder auch die verschiedenartigen Formen politischer Propaganda; jedoch kann Persuasion ebensogut bei gesellschaftlich „positiver" bewerteten Inhalten beabsichtigt sein (Verkehrserziehung, Verbraucheraufklärung).

**Polaritätsprofil**; psychologische Meßmethode, die mit Listen von gegensätzlichen (polaren) Eigenschaftswörtern (heiß — kalt, schwach — stark, etc.) den Eindruck, den Umweltobjekte auf Testpersonen machen, quantitativ, d.h. zahlenmäßig erfassen.

Im Medienbereich lassen sich derartige Eindrucksprofile z.B. von ganzen Sendungen und sogar Sendereihen, aber auch von einzelnen Teilaspekten (Filmszenen, Personen etc.) erstellen. Vor allem für die Erfassung von Medienwirkungen wird vielfach auf diese psychologische Methode zurückgegriffen.

**Prädisposition;** Vor-*Einstellung* die ein Individuum bzw. ein Empfänger von medialen Botschaften im Kommunikationsprozeß gegenüber dem Medium bzw. seinen übermittelten Inhalt hat.
Kulturelle wie auch individuell-spezifische Einflüsse prägen dabei die sog. Prädispositionen. Psychologische Untersuchungen im Medienbereich weisen vor allem auf die Bedeutsamkeit der Prädispositionen für die selektive Wahrnehmung (d.h. die zielgerichtet, eingrenzende Beobachtung von Programm- und Sendungsaspekten) hin.
Prädispositionen gehören mithin zu den Faktoren, die man erfassen muß, wenn man Aussagen über die Wirkung von Medienbotschaften treffen will.

**Projektiver Test;** Projektion bezeichnet den Vorgang, daß Individuen eigene Bedürfnisse, Gefühle, Ängste, Vorstellungen auf andere Individuen bzw. soziale Situationen übertragen. Dies nutzt der PT. in der Weise, daß er mehrdeutige Situationen vorgibt, die von der Testperson gedeutet werden sollen. Dabei soll sie ihre eigene psychische Befindlichkeit indirekt zu erkennen geben. Bekannte PT. sind der Rohrschach-Test, bei dem Tintenkleckse zu deuten sind und der Thematische Apperzeptionstest (TAT), bei dem Bilder von sozialen Situationen zu deuten sind. Auch die Satzergänzungs-Verfahren („Unser Lehrer ist . . .") gehören zu den PT.s.

**Publikum;** siehe: Adressat

**Qualitative Analyse/Quantitative Analyse** siehe: Analyse.

**Reiz-Reaktions-Mechanismus;** Vorstellung, daß auf einen bestimmten Reiz ein ebenso bestimmter Reaktionsvorgang erfolgt.
Im Medienbereich hieße dies, daß z.B. auf bestimmte übermittelte Fernsehbilder, festumrissene und daher leicht voraussagbare Reaktionen, d.h. Einstellungs- und Verhaltensweisen der Empfänger erfolgen müßten. Darartig mechanistische Vorstellungsweisen sind in diesem Bereich jedoch kaum noch anzutreffen, da inzwischen die Vielfältigkeit der möglichen Einflußfaktoren z.B. im Kommunikations- und Wirkungsprozeß erkannt worden ist.

**Reliabilität** (entspricht: Genauigkeit); Genauigkeit mit der ein sozialwissenschaftliches Instrument mißt.
Von Genauigkeit (bzw. großer Reliabilität) kann dabei gesprochen werden, wenn das Instrument in den verschiedensten Einsatzsituationen und zu den verschiedensten Einsatzzeiten ähnlich gute Ergebnisse liefert.

**Rezeption;** Aufnahme von Medien-Inhalten durch ein Individuum bzw. durch das Publikum von Medien (Rezipienten).
Die situativen Bedingungen und Umstände, die bei der Aufnahme und Verarbeitung medialer Botschaften beim Betrachter wirksam werden können, bezeichnet man als Rezeptionssituation.

Zu den vielfältigen Situationselementen gehören u.a. Betrachtungsort (z.B. Wohnung, Schule, öffentl. Platz, wo sich der Rezipient befindet), Zeitpunkt der Aufnahme medialer Botschaften (z.B. morgens oder nachmittags), eventuelle Ablenkung durch Nebentätigkeit, Personenzusammensetzung, d.h. Personen, die sich gleichzeitig in derselben Situation befinden und vieles mehr.
**Rückkopplung** (engl. Fachbegriff: feedback); bezeichnet im Medienbereich speziell den „Informations-Rücklauf" in einem Informationssystem. Ein derartiges Informationssystem läßt sich vereinfacht für den Kommunikationsprozeß folgendermaßen darstellen:

**Semiotik** siehe: Filmsemiotik.
**Sensibilisierung**; Bezeichnet die Absicht, Individuen für bestimmte Inhalte bzw. soziale Bedingungen aufgeschlossener zu machen bzw. ihre Aufmerksamkeit darauf zu lenken.
Durch S. kann auch die Nutzung bestimmter Medien angeregt bzw. verstärkt werden.
**Skalierung**; Abstufung des Grades der Zustimmung oder Ablehnung zu einem vorgegebenen Sachverhalt, etwa einer Testfrage (statement).
**Social Desirability**; soziale Erwünschtheit, die sich bei der Beantwortung von Fragebogen-Aufgaben niederschlagen kann, d.h. die Aufgaben *(Items)* werden nicht so beantwortet, wie dies der tatsächlichen Einstellung der Versuchsperson bzw. dem „objektiven" Tatbestand entspricht, sondern werden vielmehr so beantwortet, wie das Individuum glaubt, daß es seine Umwelt von ihm erwartet.
**Sozialisation**; lebenslang währender Lern- und Anpassungsprozeß an die Normen und Werte einer Gesellschaft und ihrer Gruppen, sowie die Einübung in die Einstellungs- und Verhaltensweisen, die von ihnen als bedeutsam erachtet werden.
Spezifische Sozialisationseinflüsse durch die Medien sind jedoch nur schwer auszumachen, da diese ausschließlich im Verbund mit den anderen Sozialisationsagenten (Schule, Elternhaus, Freunde etc.) auftreten.
**Statement**; Fachbegriff für eine Aussage oder Frage in einem *Fragebogen* auf die der Befragte verschiedene Antworten geben kann.
**Transfer**; Begriff aus der Lerntheorie, der die Fähigkeit und den Vorgang der Übertragung von Erkenntnisprozessen und der daraus resultierenden Erfahrungen auf andere Gegebenheiten und Situationen bezeichnet.
**Transparenz**; Durchsichtigkeit der Funktion und Produktion von Medien und ihren Inhalten.
Die Filmanalyse hat so beispielsweise u.a. zum Ziel, die Zielsetzung, Aufgaben, Produktionsbedingungen und gesellschaftlichen Funktionen eines derartigen Medienproduktes transparent, d.h. durchschaubar zu machen.
**Two-Step-Flow of Communication**; eine Theorie, die zum wesentlichen Inhalt hat, daß massenmediale Kommunikation in zwei Phasen verläuft. In einer

ersten Phase wird ein Personenkreis mit der Medienbotschaft konfrontiert, in einer weiteren Phase, sozusagen einem zweiten Schritt im Kommunikationsablauf, kommuniziert der angesprochene Personenkreis mit einem „weiteren" Personenkreis. Meinungsführer *(opinion-leader)* sind nach dem Medium die wesentlichen Träger der zweistufigen Kommunikation.

**Untersuchungsdesign** siehe: Design

**Validität** (entspricht: Gültigkeit); zumeist im Zusammenhang mit sozialwissenschaftlichen Meß- und Erhebungsinstrumenten verwendet und bezeichnet die Tatsache, daß ein derartiges Instrument auch tatsächlich das mißt und erfaßt, was es zu messen vorgibt.

**Verifikation**; (Gegensatz: Falsifikation); Bestätigung von *Hypothesen* (Forschungsannahmen) im Verlauf oder durch die Ergebnisse von entsprechenden Untersuchungen.

**Visualisierung**; Vorgang der Umsetzung von Informationen und Inhalten, die an ein Publikum übermittelt werden sollen, in entsprechende Bilder und Symbole.

**Visuelle Zeichen** (entspricht: sichtbare Zeichen); Bilder, Formen, Farben usw., wobei die vorgenannten Elemente jedoch in einem Beziehungsgefüge von zeitlich/räumlich unterschiedlichen Abfolgen von Reizen erscheinen und nicht nur in ihrer Existenz reale Erscheinungen darstellen, sondern darüber hinaus Symbolfunktionen wahrnehmen können.

**Wirkung**; Effekte, die aufgrund bestimmter Ausgangserscheinungen und -bedingungen entstehen; im Medienbereich sind damit die Effekte auf das Publikum gemeint, die dort zu Reaktionen führen, die – den theoretischen Vorstellungen zufolge – im wesentlichen im gefühlsmäßigen (affektiven, emotionalen), wissensmäßigen (kognitiven) sowie verhaltensmäßigen (konativen) Bereich liegen. Zusammen mit der Dimension *„Sensibilisierung"* stellen diese Bereiche die Wirkungsebenen (oder Wirkungsfelder) der „klassischen" Wirkungsforschung dar.

**Zielgruppe**; Gruppe von Menschen, die für die Übermittlung von medialen Inhalten anvisiert, d.h. vom Medium aus angesteuert wird.

Dabei zeichnen sich die einzelnen Mitglieder einer solchen Zielgruppe durch spezifische Merkmale oder auch Merkmalskombinationen aus (z.B. Alter, Geschlecht, soziale Schicht etc.).

Die Ansprache bestimmter Zielgruppen durch die Medien geht von der Vorstellung aus, daß Menschen dieser Gruppen ähnliche Bedürfnisse, Wünsche und Interessen bzw. Ansprüche haben, daß sie – zumindestens zum Teil – vergleichbare Einstellungsmuster und schließlich unter der Bedingung ähnlicher Lebenssituationen, auch vergleichbare Verhaltensweisen zeigen. Besonders deutlich wird die Ansprache bestimmter Zielgruppen in der Konsumwerbung.

# Die Mitarbeiter dieses Buches

*Dr. Gerd Albrecht,* Leiter des Instituts für Medienforschung, Köln
*Ulrich Allwardt,* Leiter des Filmreferats der Bundeszentrale für politische Bildung, Bonn
*Dipl.-Psych. Tilman Ernst,* Leiter des Referats Unterrichts- und Medienforschung der Bundeszentrale für politische Bildung, Bonn
*Dipl.-Päd. Martin S. Lenk,* Freier Mitarbeiter des Referats Unterrichts- und Medienforschung der Bundeszentrale für politische Bildung, Bonn
*Rainer Salm,* Wissenschaftlicher Mitarbeiter beim Streitkräfteamt, Dezernat Wehrpsychologie, Bonn
*Dr. Bernd Schorb,* Geschäftsführer des Instituts Jugend Film Fernsehen, München
*Peter Uhlig,* Referent für Fernsehen, Film und Medienpädagogik, Landeszentrale für politische Bildung, Baden-Württemberg
*Dr. Erich Weinreuter,* Direktor der Landesbildstelle Württemberg